레닌 평전 4
볼셰비키와 세계혁명

국립중앙도서관 출판시도서목록(CIP)

레닌 평전. 4, 볼셰비키와 세계혁명 / 지은이: 토니 클리프 ; 옮긴이: 이수현. -- 서울 : 책갈피, 2013
    p. ; cm

원표제: Lenin. 4, The Bolsheviks and world revolution
색인수록
원저자명: Tony Cliff
영어 원작을 한국어로 번역
ISBN 978-89-7966-102-6 04300 : ₩15000
ISBN 978-89-7966-059-3(세트) 04300

정치가[政治家]
사회 주의 정치가[社會主義政治家]
러시아사[--史]
러시아 혁명[--革命]

929.07-KDC5
947.0841-DDC21
                              CIP2013023455

레닌 평전 4
볼셰비키와 세계혁명

토니 클리프 지음 | 이수현 옮김

책갈피

레닌 평전 4: 볼셰비키와 세계혁명

지은이 | 토니 클리프
옮긴이 | 이수현
펴낸곳 | 도서출판 책갈피

등록 | 1992년 2월 14일(제18-29호)
주소 | 서울 중구 필동 2가 106-6 2층
전화 | (02) 2265-6354
팩스 | (02) 2265-6395
이메일 | bookmarx@naver.com
홈페이지 | http://chaekgalpi.com

첫 번째 찍은 날 2013년 11월 20일
두 번째 찍은 날 2023년 1월 13일

값 15,000원

ISBN 978-89-7966-102-6 04300
ISBN 978-89-7966-059-3(세트)
잘못된 책은 바꿔 드립니다.

차례

머리말 _ 9

01 공산주의 인터내셔널의 창립과 성장 _ 12

러시아 혁명의 국제적 성격·14 / 공산주의 인터내셔널 1차 대회·15 / 임박한 세계혁명·21 / 혁명의 폭풍·23

02 프롤레타리아의 공세가 실패하다 — 새로운 정책의 필요성 _ 27

헝가리 소비에트 공화국의 몰락·27 / 독일의 실패·31 / 신생 공산당들을 가르칠 필요성·40

03 코민테른 — 전략·전술의 학교 _ 42

볼셰비키 경험의 국제적 의의·43 / 타협에 대하여·44 / 공산주의자와 의회 선거·46 / 공산주의자와 노동조합·50 / 공산당 지도부는 단련돼야 한다·51 / 실천적 조언·53 / 코민테른 2차 대회·54 / 혁명의 환희·56 / 두 전선의 전투·58 / 의회주의 논쟁·59 / 노동조합 문제·61 / 농업 문제·62 / 민족·식민지 문제·64 / 21개 조건·67

04 레닌, 볼셰비즘, 코민테른 _ 71

직접경험이 근본적이다·73 / 경제적·사회적 장애물·77 / 코민테른에서 러시아의 헤게모니·80 / 민주적 중앙집중주의와 관료주의적 명령·85 / "너무 러시아적인" 코민테른·95

05 볼셰비즘을 이식하는 데 실패하다 _ 98

프랑스 공산당의 끈질긴 우익 기회주의·98 / 이탈리아 공산당의 끈질긴 초좌파주의·102 / 독일의 3월 행동·107 / 결론·114

06 영국과 불가리아 — 정반대 사례 _ 116

영국 공산주의의 한 갈래: 사회당·117 / 사회주의노동당·122 / 직장위원회 운동·127 / 레닌이 영국 공산당 건설에서 중요한 구실을 하다·131 / 예상·136 / 결과는 예상과 달랐다·137 / 때를 놓치다·139 / 불가리아에서도 실패하다·143 / 1923년 6월의 우익 쿠데타·145 / 갈팡질팡·149 / 모험의 뒷이야기·151 / 엄청난 모험·152 / 불가리아 공산당의 실패를 어떻게 설명할 수 있을까?·153

07 거대한 은폐 _ 158

레비의 공개 비판·159 / 러시아 당의 분열·160 / 코민테른 3차 대회·162 / 레닌과 트로츠키가 3월 행동을 비판하다·165 / 레닌이 클라라 체트킨에게 속마음을 털어놓다·167 / 대회 결의안들·168 / 대단히 심각한 패배·170 / 결론·171

08 위기에 빠진 볼셰비키 정권 _ 174

노동조합의 위기·174 / 트로츠키와 부하린의 견해·177 / 노동자반대파·177 / 중앙위원 10인의 강령·178 / 노동조합 논쟁의 결론·183 / 대중의 불만·185 / 크론시타트 봉기·188 / 농민의 브레스트리토프스크·190 / 규율 강화: 분파를 금지하다·192

09 신경제정책 _ 197

"상업을 배우시오"·200 / 다시 국가자본주의로·202 / 위험을 숨기지 않기·204 / 후퇴하는 프롤레타리아·207 / 신경제정책 시기 노동조합의 구실·211 / 특권의 남용·215 / 얼마나 오래 후퇴할까? 신경제정책은 얼마나 오래갈까?·220 / 후퇴에서 … 참패로?·222 / 신경제정책 시기에 관료화가 더 심해지다·224

10 독일 혁명의 패배 _ 228

혁명적 상황·228 / 거리의 소요·232 / 독일 공산당의 정책·235 / 슐라게터 전환·238 / 코민테른 집행위원회가 정신 차리다·243 / 코민테른 4차 대회가 씨앗을 뿌리다·252 / 독일 혁명의 패배와 러시아 관료의 강화·255 / 거대한 은폐·257

11 레닌이 필생의 과업을 위해 투쟁하다 _ 265

레닌이 병으로 쓰러지다·265 / 침투하는 자본주의를 격퇴하기·268 / 대외무역 독점을 옹호하기·269 / 계획의 필요성·272 / 대러시아 국수주의가 대두하다·277

12 필사적 투쟁 _ 290

라브크린·290 / 처방·293 / 레닌의 유언장·298

13 마지막 패배 _ 307

트로츠키가 꾸물거리다·307 / 트로츠키는 왜 침묵했는가?·314 / 후일담·322 / 레닌의 죽음·322 / 돌이켜 생각해 보기: 도덕적 고통·326

후주 _ 334

찾아보기 _ 355

일러두기

1. 인명과 지명 등의 외래어는 되도록 외래어 표기법에 맞춰 표기했다.
2. 《 》 부호는 책과 잡지를 나타내고, 〈 〉 부호는 신문과 주간지를 나타낸다. 논문과 신문 기사 제목은 " "로 나타냈다.
3. 이 책에서 쓰인 날짜는 구력을 기초로 삼은 것이다. 구력은 신력보다 13일 늦다.
4. 본문에서 [ ]는 옮긴이가 독자의 이해를 돕거나 문맥을 매끄럽게 하려고 덧붙인 것이고, 지은이가 인용문에서 덧붙인 것은 [─ 지은이]라고 표기했다.
5. 본문의 각주는 옮긴이가 넣은 것이고, 지은이의 각주는 [─ 지은이]라고 표기했다.
6. 원문에서 이탤릭체로 강조한 부분은 고딕체로 나타냈다.

머리말

　3권에서는 1917년 10월(신력으로는 11월) 러시아 혁명이 승리한 후부터 내전이 끝나고 혁명이 고립되기까지의 과정을 살펴봤다. 러시아 프롤레타리아는 경제적·사회적·정치적으로 해체됐다. 노동계급에게 일어난 변화는 볼셰비키당에 중대한 영향을 미쳤다. 그 결과 1920년의 볼셰비키당은 더는 1917년의 볼셰비키당이 아니었다. 당원 중에 노동자는 거의 없었고, 경험 많고 노련한 선임 당원은 극소수였고, 당은 심각하게 관료화했다.

　레닌은 서구 프롤레타리아의 승리 없이는 러시아 프롤레타리아가 국가권력을 유지할 수 없을 것이라고 생각했다. 그에게 러시아 혁명은 세계혁명의 첫 단계에 불과했다. 4권은 레닌과 볼셰비키가 공산주의 인터내셔널(코민테른)을 건설해서 혁명을 확산시키려고 했던 노력, 그들의 성공과 실패를 다룬다. 그들은 매우 짧은 시간에 강력한 혁명적 인터내셔널을 건설했다. 그것은 놀라운 성과였다. 그러나 역사가 보여 줬듯이, 전통이 사뭇 다른 외국 공산당들에 볼셰비즘을 신속하게 이식하는 것은 불가능했다. 이런 이식이 실패하자 1918~23년의 혁명들은 잇따라 패배했다. 대체로 신생 공산당들의 경험 부족과 미숙함 때문이었다. 그런 미숙함은 시간이 흐르면 극복될 수 있었을 것이다. 그러나 안타깝게도 시간이 부족했다. 혁명이 고립되자 러시아에서는 관료의 권력이 강해졌고 코민테른은 크렘린의 외교정책 도구로 전락했다. 이로써 각국 공산당이 혁명의 도구 구실을 할 가능성은 완전히 사라졌다(이 문제는 이 책에서 다루는 주제의 범위 밖이다).

4권에서는 레닌과 볼셰비키의 실수를 거듭거듭 다룰 것이다. 레닌이 생애 말년에 더 많이 실수했기 때문이 아니라 실수와 그 결과 사이에 불균형이 존재했기 때문이다. 바로 이 불균형에서 당시 역사적 운동의 쇠퇴가 드러난다. 레닌은 1917년에도 실수를 했지만 혁명이 급속히 발전한 덕분에 이를 극복할 수 있었다. 그러나 1921~23년에는 프롤레타리아가 기진맥진한 데다 당·국가 관료가 부상하고 서유럽 혁명도 실패했으므로, 지도부가 '실수'할 때마다 상황 덕분에 실수가 무마되기는커녕 오히려 더 악화하기만 했다.

* * *

이 기회를 빌려 여러 사람에게 고마움을 전하고 싶다. 메리 필립스는 많은 독일어 인용문을 번역해 줬고, 도니 글룩스타인은 프랑스어 자료를 번역해 줬다. 특히, 조 브래들리는 1권부터 4권까지 원고 전체를 꼼꼼히 읽으면서 문체와 관련된 귀중한 조언을 해 줬을 뿐 아니라 네 권을 모두 편집해 줬다. 특히 하니 로젠버그에게 큰 빚을 졌다. 하니는 내가 수도 없이 원고를 고쳐 쓸 때마다 꼬박꼬박 타이핑해 줬고 책 전체를 적어도 세 번이나 타이핑해 줬다. 그러나 내가 진 빚은 그보다 훨씬 더 크다. 《레닌 평전》을 쓴 지난 6년 동안 하니는 나에게 한없는 정신적 지지와 애정을 보내 줬다.

1978년 4월 런던에서, 토니 클리프

01 공산주의 인터내셔널의 창립과 성장

1914년 8월 제1차세계대전이 발발한 후부터 레닌은 혁명적 노동자 인터내셔널을 새로 건설해야 한다고 확신하고 있었다. 1914년 10월 18일(11월 1일) 스위스 망명 초기에 레닌은 볼셰비키 중앙위원회 명의로 선언문을 발표했는데, 그 선언문은 다음과 같이 끝맺고 있다.

프롤레타리아의 인터내셔널은 아직 파멸하지 않았고 앞으로도 파멸하지 않을 것이다. 온갖 장애물에도 불구하고 노동자 대중은 새 인터내셔널을 건설할 것이다. … 모든 나라 부르주아지의 국수주의와 애국주의에 반대하는 노동자들의 국제적 우애 만세! 기회주의가 없는 프롤레타리아 인터내셔널 만세![1]

선언문을 발표한 뒤 쓴 글에서 레닌은 새 인터내셔널이 과거의 제2인터내셔널과 근본적으로 다르겠지만 그래도 제2인터내셔널이 구축한 토대 위에서 건설될 것이고 제2인터내셔널의 역사적 구실을 계승할 것이라고 강조했다.

제2인터내셔널은 가장 야만적인 자본주의 노예제의 시기, 자본주의가 가장 급속하게 발전하던 19세기 말과 20세기 초의 오랜 '평화적' 시기에 프롤레타리아 대중을 미리 조직하는 유용한 준비 활동을 함으로써 제 몫을 다했다. 각국 자본주의 정부에 대한 혁명적 공격을 위해, 부르주아지한테서 정치권력을 쟁취하려는 내전을 위해, 사회주의의 승리를 위해 프롤레타리아 세력을 조직하는 과제는 이제 제3인터내셔널의 몫이 됐다![2]

새 인터내셔널을 건설할 목적으로 레닌은 치머발트(1915년 9월)와 키엔탈(1916년 4월)에서 열린 사회주의자들의 국제회의에 참가해서 이른바 치머발트 좌파를 조직했다.

두 회의에서는 전쟁에 반대하는 한 줌의 사회주의자들조차 양대 분파, 즉 평화주의 다수파와 볼셰비키가 주도하는 혁명적 소수 강경파로 분열돼 있다는 것이 드러났는데, 이런 상황은 전쟁이 끝날 때까지 지속됐다.

치머발트 회의에서 레닌은 새 인터내셔널 건설 요구를 강하게 내세우지 않았다. 결의안 초안은 장차 "인터내셔널을 재건한다"고 말하는 선에서 그쳤다. 키엔탈 회의에서도 볼셰비키가 제출한 결의안은 제3인터내셔널 건설 필요성을 언급하지 않았다.[3]

그러나 1916년 말쯤 레닌은 "이제 국제 수준에서 분열할 때가 됐다. 제2인터내셔널과 결별하고 … 제3인터내셔널을 건설해야 한다"고 결론 내렸다.[4]

레닌은 "4월 테제"에서 "우리는 **사회주의적 국수주의자들**과 '중간주의자들'에 반대하는 인터내셔널, 혁명적 인터내셔널 창건을 주도해야 한다"고 주장했다.[5]

러시아 혁명의 국제적 성격

권력을 장악하자마자 레닌은 러시아 혁명이 세계혁명의 시작일 뿐이며 러시아 혁명의 운명은 세계혁명의 발전에 따라 결정될 것이라고 거듭거듭 강조했다. 그는 1918년 1월 11일(24일) 제3차 소비에트 대회에서 다음과 같이 말했다.

> 물론 한 나라에서 사회주의가 최종 승리를 거둘 수는 없습니다. 소비에트 권력을 지탱하고 있는 우리 노동자·농민 분견대는 위대한 세계 군대의 일부입니다.[6]
>
> 우리가 아무리 어렵고 아무리 결함이 많더라도, 세계 사회주의 혁명은 일어날 것입니다.[7]
>
> 절대 진리는 독일 혁명 없이는 우리가 망하고 말 것이라는 사실입니다.[8]

1919년 3월 18일 8차 당대회에서는 다음과 같이 말했다. "우리는 단지 한 국가에서 살고 있는 것이 아니라 **국가들의 체계** 속에서 살고 있습니다. 소비에트 공화국이 제국주의 국가들과 오랫동안 공존하는 것은 상상도 할 수 없습니다. 결국은 소비에트 공화국이 승리하든지 아니면 제국주의 국가들이 승리할 것입니다."[9]

이 근본적 국제주의 신념은 혁명의 확산 속도가 더딜 때조차 결코 흔들리지 않았다. 10월 혁명 3주년 기념식에서 레닌은 다음과 같이 말했다.

> 그때 우리는 우리의 대의가 전 세계에서 승리할 때만 우리의 승리가 지속적인 것이 된다는 사실을 알고 있었고, 그래서 우리의 대의를 위해 일하기 시

작했을 때 오로지 세계혁명에만 의지했습니다. … 우리는 세계혁명에 운명을 걸었고, 그렇게 한 것은 분명히 옳았습니다.[10]

1920년 12월 6일 연설에서는 다음과 같이 말했다.

자본주의와 사회주의가 나란히 존재하는 한, 둘은 평화롭게 지낼 수 없습니다. 결국 둘 중 하나가 승리할 것입니다. 최후의 장례식은 소비에트 공화국이 치르거나 아니면 세계 자본주의가 치를 것입니다.[11]

공산주의 인터내셔널 1차 대회

그러나 레닌은 아주 현실적인 사람이었으므로 새 인터내셔널 건설 염원과 실제 출범은 완전히 다르다는 점을 잘 알고 있었다. 그의 계획은 대담했지만, 새 인터내셔널 건설을 실행할 때는 매우 신중했다.

1915년 여름에 레닌과 지노비예프가 쓴 소책자 《사회주의와 전쟁》은 새 인터내셔널이 필요하다고 강조하면서도 국제 프롤레타리아의 가장 중요한 일부인 독일 혁명가들이 새 인터내셔널을 창립할 준비가 될 때까지는 혁명가들이 당분간 사회주의 인터내셔널 안에 극좌파로서 남아 있어야 할 것이라고 주장했다.

주지하다시피, 국제 마르크스주의 조직을 만들려면 여러 나라에서 독자적 마르크스주의 정당을 건설할 준비가 돼야 한다. 노동계급 운동이 가장 오래되고 가장 강력한 나라인 독일이 결정적으로 중요하다. 조만간 새로운 마르크스주의 인터내셔널을 건설할 조건이 무르익었는지 아닌지 드러날 것이다. 그런 조건이 무르익었다면 우리 당은 기회주의와 국수주의가 일소된 제3인터내셔널에 기꺼이 동참할 것이다. 그런 조건이 무르익지 않았다면 기회주의와 국수주의를 일소하기 위해 약간 더 시간이 필요할 것이다. 그렇다면 우리 당은 혁명적 마르크스주의를 바탕으로 국제노동자협회를 결성할 수 있을 만큼 각국의 조건이 무르익을 때까지 옛 인터내셔널 안에서 극좌파를 형성할 것이다.[12]

볼셰비키는 권력을 장악하자마자 전선의 모든 지역에서 국제주의적 선전을 시작했다.

브레스트리토프스크 강화 회담의 시작과 거의 동시에 … 외무 인민위원인 트로츠키는 페트로그라드에서 "어제 사회주의 선전물이 가득 찬 화물차가 독일로 급파됐다"고 발표했다. 트로츠키는 "우리가 비록 독일과 강화 협상을 하고 있지만 우리의 혁명적 주장은 계속될 것"이라고 선언했다.[13]

12월 13일 공포되고 사흘 뒤 〈프라우다〉에 실린 인민위원회 포고령은 다음과 같이 선언했다. 인민위원회는

러시아의 교전국이든 동맹국이든 아니면 중립국이든 상관없이 모든 나라 노동운동의 좌익 국제주의 분파를 지원하기 위해 재정 지원 등 가능한 수단을 모두 동원해야 한다고 생각한다. 이를 위해 다음과 같이 결의한다. 외무부의 외교 대표들이 혁명적 국제주의 운동의 필요에 맞게 사용하도록 총 200만 루블을 외무부에 배정한다.[14]

10월 혁명 직후 외무부 산하에 라데크를 책임자로 하는 국제국이 설치됐다. 국제국은 주로 여러 나라의 전쟁 포로들로 구성됐다. 독일·오스트리아·유고슬라비아 포로들로 이뤄진 각국 분과는 저마다 정기간행물을 비롯한 각종 선전물을 발행했다. 레닌이 나중에 말했듯이, 이 전쟁 포로들의 활동이 "제3인터내셔널 창립의 실질적 토대"가 됐다.[15] 수많은 소책자와 인쇄물이 영어와 프랑스어로 제작돼 러시아 땅에 상륙한 연합국 병사들에게 뿌려졌다.

1918년 11월 독일 혁명이 일어나자 볼셰비키 지도부는 새 인터내셔널을 창립하기 위해 즉시 행동에 나서기로 결정했다. 1919년 1월 24일 〈라디오 모스크바〉 방송은 새로운 공산주의 인터내셔널을 창립하기 위한 국제 대회에 대표를 파견해 달라고 전 세계의 혁명적 조직들에 호소했다.

1919년 3월 2~6일 모스크바에서 공산주의 인터내셔널 창립 대회가 열렸다. 참석자들은 낙관주의로 들떠 있었다. 전례 없는 사회·경제·정치 위기가 유럽을 휩쓸고 있었다. 독일·오스트리아·헝가리·이탈리아에서 대중 파업과 혁명적 봉기의 물결이 일고 있었다. 창립 대회에 참석한 각국 대표는 51명이었다. 19개 정당과 조직을 대표한 35명은 표결권이 있었고, 16개 조직을 대표한 19명은 발언권만 있었다. 이런 숫자는 사실, 오해의 소지가 다분하다. 대표들의 대표성이 의심스러웠기 때문이다. 표결권이 있는 35명 가운데 당시 러시아에 거주하지 않은 사람은 4명뿐이었다. 1명은 노르웨이, 1명은 스웨덴 대표였고(둘 다 공산당이 없는 나라였다), 다른 2명은 공산당이 있는 나라에서 특별히 대표로 파견된 사람들이었다. 독일과 오스트리아에서 각각 소규모 공산주의 조직의 대표로 참석한 막스 알베르트(후고 에벌라인의 가명)와 그루버(카를 슈타인하르트의 가명)가 그들이었다. 대표의 다수는 볼셰비키의 해외공산주의연맹에 가입된 각국 공산주의 조직들을 대표했다. 이 조직들은 규모가 매우 작았다. 프랑스 조직은 10명이었고 헝가리 조직은 (1918년 12월에) 90명이었고 유고슬라비아 조직은 112명이었다.[16]

이 창립 대회는 공산주의 인터내셔널의 역대 대회 중에서 레닌이 모든 회의에 참석하고 실제로 모든 회의를 주재한 유일한 대회였다. 또, 레닌은 인터내셔널 창립에 관한 글을 썼을 뿐 아니라 부르주아 민주주의와 프롤레타리아 독재에 관한 결의안도 작성했고 폐막 연설도 했다.

국제 노동운동의 역사에서 그토록 초라하고 대표성 없는 회의가 실제로는 거대하고 강력한 국제 운동의 출발점이 된 적은 한 번도 없었다. 레닌은 소규모 종파들의 잡동사니에 인터내셔널이라는 이름을 붙여 줄 생각이 추호도 없었다. 그는 장차 유럽의 혁명적 투쟁 속에서 대중적 공산당들이 출현할 것이라는 자신의 예상을 바탕으로 공산주의 인터내셔널을 창립했다. 러시아에서 승리한 볼셰비키의 전례가 있으므로 전후의 혁명적 상황에서 유럽의 공산주의 종파들이 성장해 대중적 영향력을 획득할 것이라는 레닌의 생각은 옳았다.

개막 연설에서 레닌은 내전이 러시아뿐 아니라 독일에서도 사실이 됐고, 자본주의 세계는 종말을 향해 치닫고 있고, 중요한 것은 자본주의의 보루가 된 개혁주의자들에 맞서 싸우는 것이라고 강조했다. 그래서 그는 의회주의를 강력하게 비판하고 프롤레타리아 독재를 옹호하는 "부르주아 민주주의와 프롤레타리아 독재에 관한 테제와 보고서"를 제출했다. 결의안 형태로 작성된 그 테제는 대회에서 만장일치로 채택됐다.

소비에트 정부가 수립되지 않은 모든 나라에서 공산당의 주된 과제는 다음과 같다.

1. 부르주아 민주주의와 의회 제도를 대체할 새로운 프롤레타리아 민주주의의 역사적 중요성과 정치적·역사적 필요성을 광범한 노동자 대중에게 설명한다.
2. 모든 산업 분야의 노동자 사이에서, 육군 병사와 해군 수병 사이에서, 그리고 농업 노동자와 빈농 사이에서도 소비에트 조직을 확대한다.
3. 소비에트 안에서 안정적인 공산주의자 다수파를 구축한다.[17]

대회는 공산주의자들이 개혁주의자들뿐 아니라 중간주의자들과도 달라야 한다는 것을 분명히 했다.

가장 혁명적인 투사들과 '중간주의자들'을 분열시키는 것이 절대로 중요하다. '중간주의' 지도자들을 가차없이 비판하고 폭로해야만 그럴 수 있다. '중간주의자들'과 조직을 분리하는 것은 절대적인 역사적 요구다. 각국 공산주의자들의 과제는 운동의 발전 단계에 따라 이런 분리의 순간을 결정하는 것이다.[18]

대회에서 견해 차이가 불거진 것은 공산주의 인터내셔널을 즉시 창립할 것인지 말 것인지를 둘러싼 토론에서였다. 볼셰비키당을 제외하면 대회에 참가한 정당들 가운데 가장 중요한 당은 독일 공산당KPD이었다. 독일 공산당 대표인 에벌라인이 5년 뒤 "러시아 당을 제외하면 공산주의 정당의 대표라고 할 만한 사람은 나뿐이었다"고 쓴 것은 당연했다.[19] 에벌라인은 새 인터내셔널 창립이 아직 시기상조이므로 반대하라는 지침을 받고 대회에 참석한 상태였다. 그는 대회에서 다음과 같이 말했다.

진정한 공산주의 정당은 오직 몇몇 나라에만 있습니다. 다른 나라들의 공산당은 지난 몇 주 사이에야 만들어졌고, 몇몇 나라의 공산주의자들은 아직 조직을 만들지도 못했습니다. … 서유럽 나라들은 모두 빠져 있습니다. 예컨대, 벨기에와 이탈리아에는 공산당이 아예 없습니다. 스위스 대표들은 정당을 대표한다고 할 수 없습니다. 프랑스·영국·스페인·포르투갈도 빠져 있습니다. 미국도 어느 정당이 우리와 함께할지 말할 수 있는 상황이 아닙니다.[20]

그러나 에벌라인은 순조로운 의사 진행을 방해하지 말라는 설득을 받아들여 표결에서 기권했다. 그래서 3월 4일 회의는 공산주의 인터내셔널 제1차 대회로 명칭이 변경됐다.

대회에서는 트로츠키가 작성한 선언문 "전 세계 노동자들에게"가 채택됐다. 마르크스와 엥겔스의 《공산당 선언》 출간 이후 72년간 자본주의의 성장과 쇠퇴, 공산주의의 발전을 검토한 그 선언문을 나중에 지노비예프는 "제2의 《공산당 선언》"이라고 불렀다.[21]

대회 폐막 연설에서 레닌은 다음과 같은 말로 결론을 맺었다. "세계 수준에서 프롤레타리아 혁명의 승리는 확실합니다. 우리는 지금 국제 소비에트 공화국 창건을 향해 나아가고 있습니다."[22]

1919년 4월 15일에 쓴 "제3인터내셔널과 그 역사적 지위"라는 글에서 레닌은 다음과 같이 주장했다.

제1인터내셔널(1864~72년)은 자본에 대한 노동자들의 혁명적 공격을 준비하려는 국제 노동자 조직의 토대를 놓았다. 제2인터내셔널(1889~1914년)은 프롤레타리아 운동의 국제 조직이었지만, 그 폭이 넓어진 대가로 혁명적 깊이가 일시적으로 얕아지더니, 즉 기회주의가 일시적으로 강해지더니 결국 수치스럽게 붕괴했다. …

제3인터내셔널은 제2인터내셔널의 성과를 계승하고 그 기회주의, 사회주의적 국수주의, 부르주아적·프티부르주아적 찌꺼기를 폐기하고, 프롤레타리아 독재를 실현하기 시작했다.[23]

임박한 세계혁명

혁명 진영이든 반혁명 진영이든 모두 체제에 대한 총공격이 진행 중이고 세계혁명의 승리가 확실하다는 생각이 널리 퍼져 있었다.

그래서 1919년 3월 21일, 즉 코민테른 창립 대회 후 겨우 2주 만에 부다페스트에서 소비에트 공화국이 선포됐다. 이튿날 파리 주재 미국 대사인 하우스 대령은 일기에 다음과 같이 썼다. "도처에서 볼셰비즘이 득세하고 있다. 헝가리가 방금 넘어갔다. 우리는 뚜껑이 열린 화약고 위에 앉아 있고 언제 불똥이 튀어 화약고가 폭발할지 모른다."[24] 비슷한 시기에 로이드조지[영국 총리]는 클레망소[프랑스 총리]에게 다음과 같이 써 보냈다.

> 유럽 전역에 혁명의 정신이 가득 차 있습니다. 전쟁 전과 다름없는 상황에 대한 근로자들의 불만뿐 아니라 분노와 반감도 매우 심각합니다. 유럽의 이쪽 끝에서 저쪽 끝까지 대중은 기존의 정치·사회·경제 질서를 모두 문제 삼고 있습니다.[25]

혁명가들의 주장도 비슷했다. 앞서 인용한 "제3인터내셔널과 그 역사적 지위"에서 레닌은 다음과 같이 말했다.

세계에서 가장 혁명적인 운동, 즉 자본주의의 멍에를 깨뜨리기 위한 프롤레타리아 운동을 지도하는 정당들의 국제적 동맹은 이제 전례 없이 확고한 기반 위에 서 있고 몇몇 나라에서는 **소비에트 공화국**의 형태로 나타나고 있다. 이 소비에트 공화국들은 프롤레타리아 독재를 실시하고 있고 국제 수준에서 자본주의에 승리하고 있다. … 새로 만들어진 세 번째 '국제노동자협회'는 이미 소비에트 사회주의 공화국들의 연합으로 어느 정도 발전하기 시작했다.[26]

1919년 7월 레닌은 "독일을 보라. 베르사유 조약이 체결되자마자 대규모 혁명운동이 시작됐다"고 썼다. 그리고 다음과 같이 예측했다. "올해 7월은 힘들고 어려운 마지막 7월이 될 것이다. 내년 7월에 우리는 세계 소비에트 공화국의 승리를 환영할 것이다. 그것은 완벽한 승리가 될 것이다."[27]

공산주의 인터내셔널의 의장인 지노비예프는 세계혁명이 임박했다는 전망에 대해 레닌보다 훨씬 더 낙관적이었다. 지노비예프가 작성해서 코민테른 집행위원회가 발표한 메이데이 선언문(1919년)은 다음과 같이 주장했다.

이 글을 쓰는 지금 제3인터내셔널은 러시아·헝가리·바이에른의 세 소비에트 공화국에서 중요한 기반을 확보하고 있다. 그리고 이 글이 인쇄·배포될 때쯤 우리에게 소비에트 공화국이 셋이 아니라 여섯 개 이상 생긴다 해도 아무도 놀라지 않을 것이다. … 이제 유럽의 운동이 모스크바 제3인터내셔널 대회 참석자 중 가장 낙관적인 사람이 예상했던 것보다 훨씬 더 빠르게 전진하고 있다는 사실은 아주 분명하다. 유럽 전역에서 내전의 불길이 타오르고 있다. 독일에서 공산주의가 승리하는 것은 완전히 필연적이다. 몇몇 개별적 패배는 있을 것이다. 여기저기서 어쩌면 한동안 어둠의 세력이 공산주의 세력을 이길지 모른다. 그렇지만 최종 승리는 공산주의 세력에게 돌아갈 것이다. 그것도 앞으로 몇 달 뒤에, 어쩌면 몇 주 뒤에 그럴 것이다. 운동이 현기증이 날 만큼 빠르게 전진하고 있으므로 1년 뒤에는 유럽에서 공산주의를 위한 투쟁이 있었다는 사실조차 벌써 망각하기 시작할 것이라고 확실히 말할 수 있다. 1년 뒤에는 유럽 전체가 공산주의로 바뀌어 있을 테니까 말이다. 그리고 공산주의를 위한 투쟁은 아메리카로, 어쩌면 아시아를 비롯한 다른 대륙으로도 확산되고 있을 것이다. 어쩌면 아메리카에서는 자본주의가 공산주의 유럽과 나란히 1~2년 더 존속할 수 있을지 모른다. 어쩌면 영국에서도 자본주의가 유럽 대륙 전역에서 승리한 공산주의와 나란히 1~2년 더 존속할지 모른다. 그러나 언제까지나 그렇게 공존할 수는 없다. …
1년이 채 안 돼 유럽 전체가 소비에트 체제로 바뀔 것이다. 모든 나라에서 노동자들이 결정적 순간의 도래를 깨달을 것이다. …
1919년에 위대한 공산주의 인터내셔널이 탄생했다. 1920년에는 위대한 국제 소비에트 공화국이 탄생할 것이다.[28]

혁명의 폭풍

코민테른 창립 대회 후의 시기는 열광적 낙관주의가 지속된 시기였다. 혁명적 소요의 물결이 유럽 대륙 전체를 계속 휩쓸었다. 1919년 3월 21일에는 부다페스트에서, 4월 7일에는 뮌헨에서 소비에트 공화국이 선포됐다. 빈에서는 노동자들이 들끓기 시작했다. 베를린에서 스파르타쿠스단의 봉기가 혹독한 탄압으로 실패하고 나서 몇 주 뒤인 2월 중순에는 독일 중부의 고타·마그데부르크·브라운슈바이크에서 노동자들과 정부군 사이에 유혈 낭자한 전투가 벌어져 4월 초까지 계속됐다. 5월에는 라이프치히·아이제나흐·에르푸르트에서 격렬한 투쟁이 벌어졌다. 대중 파업 물결이 루르 지방을 휩쓸었고, 3월 중순에는 베를린이 다시 한 번 유혈 낭자한 내전의 무대가 돼 2주 동안 거의 1200명이 살해당했다. 4월 중순에는 흑해에 정박 중인 프랑스 함대에서 반란이 일어났고, 5월 1일 파리에서는 사회당이 호소한 거리 시위에 수만 명이 참가해 군대·경찰과 격렬한 전투를 벌였다. 6월 2일에는 파리에서 금속 노동자 20만 명이 파업을 벌이고 거리로 뛰쳐나왔다.[29]

영국에서도 혁명의 물결이 고조됐다. 1919년 초에 대규모 파업 운동이 시작됐다. 신호탄을 쏘아 올린 것은 2월 초 클라이드사이드와 벨파스트에서 비공인 파업을 시작한 7만 명의 항만노동자·조선노동자·광원이었다. 투쟁의 중심지였던 글래스고는 내전 일보 직전 상황처럼 보였다. 노동자들은 시청 꼭대기에 적기赤旗를 매달았다. 비상사태가 선포됐고 탱크와 기관총 등으로 중무장한 군인 1만 명이 도시의 주요 전략 거점을 점령했다. 그 밖의 다른 산업 지역에서도 간헐적 파업이 잇따랐고, 광원과 철도 노동자 수십만 명이 파업을 벌이겠다고 위협하기도 했다.[30]*

1919년 3월에 (러시아 공산당을 제외하면) 소규모 종파들의 집합체였던 공산주의 인터내셔널은 이제 대중조직으로 성장했다. 이탈리아에서는 사회당이 1919년 9월 볼로냐 당대회에서 표결 끝에 코민테른 가입을 결정했다. 30만 명이 코민테른 회원으로 추가된 것이다. 1919년 6월에는 [1903년] 창당 이후 볼셰비키와 거의 비슷한 혁명적 국제주의 태도를 일관

---

* 1919년 초에 영국 전쟁부가 국내 주둔 중인 군부대 지휘관들에게 보낸 회람문은 정부의 우려가 얼마나 심각했는지를 잘 보여 준다. 그 회람문은 지휘관에게 휘하 부대가 "파업을 분쇄하고 법질서를 회복하라는 명령"에 복종할지 안 할지를 파악해서 보고하라는 내용이었다.[31] — 지은이.

되게 견지했던 불가리아 사회당(테스냐키, 즉 협소파)이 코민테른에 가입하기로 결정하고 당명을 공산당으로 바꿨다. 1920년에 불가리아 공산당은 당원이 3만 5478명인 대중정당이었다. 역시 대중정당이었던 유고슬라비아 사회당도 코민테른에 가입했다. 1920년 12월 체코슬로바키아 사회민주당이 분열했다. 공산주의 좌파가 당원의 절반을 이끌고 떨어져 나와 당원 35만 명의 공산당을 건설했다. 독일어를 사용하는 소수도 사회민주당에서 떨어져 나와 독자 세력을 형성했다가 나중에 공산당과 통합했다. 그래서 체코슬로바키아 공산당은 당원이 40만 명으로 늘어났다. 노르웨이 노동당도 1919년 봄 코민테른에 가입했다. 스웨덴에서는 사회당이 분열한 뒤 다수파가 코민테른에 가입해서 코민테른 회원이 1만 7000명 더 늘어났다.

독일에서는 1917년 4월 대중의 혁명적 분위기에 압력을 받아 사회민주당SPD이 분열했고, 사회민주당에서 떨어져 나온 독립사회민주당USPD 당원 80만 명이 1919년과 1920년에 눈에 띄게 좌경화했다. 독립사회민주당은 1919년 12월 라이프치히 당대회에서 227표 대 54표로 제2인터내셔널을 탈퇴하기로 결정했다(그러나 제3인터내셔널 가입은 169표 대 114표로 부결됐다). 독립사회민주당은 "제3인터내셔널과 그 밖의 사회주의 혁명 조직들"을 모두 포괄하는 인터내셔널 창립을 논의하기 위한 국제 대회를 제안했다. 1920년 10월 할레 당대회에서 독립사회민주당은 236표 대 156표로 코민테른 가입을 결정했다. 독립사회민주당원 80만 명 가운데 30만 명이 공산당에 가입하는 것을 지지했고, 그래서 1920년 12월 통합 당대회가 열렸다(30만 명은 여전히 힐퍼딩과 카우츠키가 이끄는 독립사회민주당에 남았고, 20만 명은 탈당했지만 공산당에 가입하지는 않았다). 통합공산당VKPD은 1920년 창립 당시 당원이 약 35만 명에 달했다.

독일 독립사회민주당의 경험은 프랑스 사회당에 큰 영향을 미쳤다. 스트라스부르에서 열린 프랑스 사회당 당대회에서는 코민테른 가입 권고안이 찬성 1600표, 반대 3000표로 부결됐다. 그러나 제2인터내셔널 탈퇴가 찬성 4330표 대 반대 331표로 통과됐고, 코민테른의 기본 원칙들, 특히 프롤레타리아 독재 원칙에 동의한다는 결의안이 채택됐다. 또, 코민테른 가입 문제를 깔끔하게 정리하기 위해 코민테른 2차 대회에 대표단을 보내기로 결정됐다. 이 문제는 1920년 12월 25일 투르에서 열린 당대회에서 결국 해결됐다. 코민테른에 가입한다는 방침이 3247표를 얻은 반면, 코민테른이 제시한 가입 조건을 거부하지만 협상은 지속한다는 방침이 1308표, 코민테른을 완전히 거부한다는 우파의 방침은 150표를 얻는 데 그쳤다. 그래서 코민테른은 당원 14만 명의 대중정당을 얻은 반면, 프랑스 사회당의 분열 과정에서 떨어져 나간 당원은 3만 명에 불과했다.

02 프롤레타리아의 공세가 실패하다 — 새로운 정책의 필요성

헝가리 소비에트 공화국의 몰락

1919년은 부르주아지에게 결정적으로 중요한 해였다. 2~3년 뒤 트로츠키는 당시 상황을 다음과 같이 설명했다.

> 1919년에 유럽의 부르주아지는 극심한 혼란에서 헤어나지 못하고 있었다. 당시 그들은 공황 상태에 빠져 있었고 볼셰비즘에 대한 두려움으로 거의 정신을 잃을 지경이었다. … 전쟁으로 부르주아 사회의 경제적 토대가 산산조각 났다. 그와 동시에 국가·군대·경찰·의회·언론 등 부르주아 지배의 정치적 도구도 산산조각 나고 허약해지고 신뢰를 잃고 마비된 상태였다.[1]

그러나 러시아 밖에서는 자본주의에 대한 혁명적 공세가 패배했다. 헝가리에서는 3월 21일 소비에트 정권이 들어섰지만 133일 뒤인 8월 1일 정권이 전복됐다.(다른 소비에트 정부, 즉 바이에른 소비에트 정부는 훨씬 더 단명했다. 4월 7일부터 메이데이까지 겨우 23일간 집권하는 데 그쳤다.)

헝가리 사태는 헝가리의 공산주의 지도자들이 극히 미숙하고 무능하다는 것을 보여 줬다. 그들은 중대한 실수를 잇따라 저질렀는데, 기회주의적 실수와 초좌파주의적 실수를 모두 저질렀다.

첫째, 그들은 사회민주주의자들과 타협했다.

헝가리 사회민주당 지도자들이 3월 21일 감옥에 갇혀 있던 공산당 지도자 벨러 쿤을 만나 권력 분점을 논의했을 때 쿤은 코민테른 가입을 조건의 하나로 내걸었다. 사회민주당 지도자들은 동의했고, 공산당과 사회민주당은 통합[해서 사회당을 결성]했다. 사회당 내 볼셰비키파의 지도자였을 뿐 아니라 새 정부의 외무 인민위원이기도 했던 쿤은 처음부터 레닌과 무전으로 연락을 주고받았는데, 레닌이 쿤에게 보낸 첫 메시지 중 하나는 새 헝가리 정권이 공산주의 정권이 되리라고 확신할 수 있는지를 빨리 알려 달라는 것이었다.

> 헝가리의 새 정부가 단순한 사회주의 정부, 즉 사회주의를 배신한 자들의 정부가 아니라 진정한 공산주의 정부가 될 것이라고 확신할 수 있는 근거를 우리에게 알려 주시기 바랍니다.
>
> 공산주의자들이 정부 안에서 다수파를 차지하고 있습니까? 소비에트 대회는 언제 열립니까? 사회[민주]주의자들은 프롤레타리아 독재를 실질적으로 인정하고 있습니까?[2]

쿤의 답변을 들은 레닌은 의심을 거두고 헝가리 정권이 공산주의 노선에 따라 전진하고 있다고 생각해서 만족한 듯하다.

공산주의 인터내셔널 집행위원회는 새 정당의 당대회에 보낸 편지에서 "여러분의 독재 첫 달 동안 헝가리 소비에트 정부와 헝가리 공산당의 활동은 프롤레타리아의 용기, 공산주의자들의 선견지명과 지혜를 보여 주는 모범으로 영원히 남을 것"이라며 헝가리 동지들의 활동을 승인했다.[3]

그러나 향후 사태 전개에서 드러났듯이, 벨러 쿤은 레닌을 오도誤導했다. 사회민주당 지도자들은 위기가 닥치자 혁명을 배신했다. 그들은 몰래 연합국과 협상을 벌이다가 소비에트 공화국이 궁지에 몰린 결정적 순간에 반혁명 진영으로 넘어갔다.

헝가리 혁명의 패배 직후 레닌은 사회민주주의자들과의 제휴 사례에서 교훈을 배워야 한다고 강조했다. 그는 사회민주주의자들과 손잡고 권력을 장악하는 것은 혁명을 배신하도록 부추기는 것과 마찬가지임을 입증하는 증거로 헝가리의 경험을 거듭거듭 인용했다. 1920년 2월 레닌은 프랑스 공산주의자들에게 다음과 같이 경고했다.

> 말로만 프롤레타리아 독재와 소비에트 정부를 인정하는 사회주의 지도자들은 실제로는 프롤레타리아 독재의 적이거나 아니면 프롤레타리아 독재의 의미를 이해하고 그것을 실행할 의지도 능력도 없는 자들입니다.
> 헝가리에서 첫 번째 소비에트 공화국이 몰락한 것은 … 이런 자들의 해악이 얼마나 위험한지를 분명히 보여 줍니다.[4]

1920년 4~5월에 쓴 소책자 《'좌파' 공산주의 — 유치증》에서 레닌은 공산주의자를 자처하며 프롤레타리아 독재를 지지하는 척했던 헝가리 사회민주당 지도자들을 다시 한 번 비판했다.

> 이 신사 양반들은 결코 혁명가처럼 생각하고 판단할 줄 모른다. 그들은 칭얼거리는 속물 민주주의자들이고, 그들이 소비에트 권력과 프롤레타리아

독재를 지지한다고 주장할 때가 프롤레타리아에게는 천 배나 더 위험하다. 왜냐하면 그들은 실제로는 어렵고 위험한 순간이 닥칠 때마다 … 자신들이 프롤레타리아를 돕고 있다고 '진심으로' 믿으면서 틀림없이 배신할 것이기 때문이다! 공산주의자로 개종한 헝가리 사회민주당원들도 비겁하고 우유부단해서 헝가리에서 소비에트 권력이 가망없다고 여겨 연합국 자본가들과 연합국 사형집행인들의 끄나풀에게 칭얼거리며 매달리면서도 프롤레타리아를 '돕고' 싶어 하지 않았던가?[5]*

벨러 쿤은 사회민주주의자들에 대해서는 기회주의적 실수를 저질렀고, 헝가리 인구의 대다수를 차지하는 농민에 대해서는 재앙적인 초좌파주의적 실수를 저질렀다. 그는 농촌에서 힘들게 일하는 사람들에게 대토지를 분배하기를 거부했다. 토지 분배가 농업 집산화를 방해할 것이라고 생각했기 때문이다. 쿤은 1919년 6월 12일 당대회에서 다음과 같이 말했다. "다행히도 상황이 절묘하게 맞아떨어진 덕분에 농업 생산의 사회화가 단지 공상의 산물에 그치지 않을 수 있게 됐습니다. 이미 우리나라 농지는 대부분 집단적으로 경작되고 있습니다." 헝가리에서 소비에트 정권이 무너진 뒤에도 그는 여전히 자신의 견해를 고수하며 1919년 12월 21일 다음과 같이 주장했다. "농민 전체가 토지 소유·이용에 관한 공산주의 강령을 승인했다. 러시아와 달리 우리나라에서는 토지가 분할돼 있지 않다는 사실을 명심해야 한다."[7]

---

* 헝가리 소비에트 공화국이 붕괴한 뒤에도 벨러 쿤은 공산당과 사회민주당의 제휴를 옹호했다. "왜 우리는 혁명 초기에 전혀 혁명적이지 않은 사회민주당과 손을 잡았는가? 우리 당은 당원도 얼마 안 되는 작은 정당이었고 그래서 우리 힘만으로는 과업을 달성할 수 없었을 것이라는 점을 기억해야 한다."[6] — 지은이.

그러나 레닌은 벨러 쿤의 농업정책이 헝가리 공산주의 정권을 붕괴시킨 이유 가운데 하나라고 생각했다. "헝가리에서 프롤레타리아 독재가 수립됐지만 농촌에서는 변한 게 거의 없었다. … 일용 노동자들은 아무 변화도 느낄 수 없었고 소농小農도 얻은 게 전혀 없었다."[8] 헝가리 소비에트 정권이 붕괴한 뒤 대지주들은 아무 어려움 없이 토지를 되찾을 수 있었다.

독일의 실패

러시아 밖의 공산주의 운동 가운데 가장 중요한 것은 독일의 운동이었다. 카이저* 몰락 후의 19개월은 매우 실망스러웠다. 이 점이 특히 중요했던 이유는 독일 동지들이 유럽에서 가장 경험 많은 공산주의자들이었기 때문이다. 그러나 독일 공산당조차 매우 미숙했다.

1918년 12월 창당 대회에서 독일 공산당이 유치한 초좌파주의에 시달리고 있음이 드러났다. 대회에 참석한 대의원들은 탁월한 지도자인 로자 룩셈부르크의 지도를 따르려 하지 않았다.

대회에서 결정해야 할 문제 하나는 공산당이 제헌의회 선거에 어떤 태도를 취할 것인가였다. 로자 룩셈부르크는 다음과 같이 주장했다.

지금 우리는 혁명의 한가운데에 있고, 제헌의회는 혁명적 프롤레타리아에 맞서기 위해 설치된 반혁명 요새입니다. 따라서 우리의 과제는 이 요새를 습격해서 완전히 파괴하는 것입니다. 제헌의회에 맞서 대중을 동원하고 그들

---

* Kaiser, 독일 황제의 칭호.

에게 제헌의회 반대 투쟁을 매우 강력하게 벌일 것을 호소하기 위해 우리는 선거를 이용하고 제헌의회 연단 자체를 활용해야 합니다. … 이 그럴듯한 의회의 교활한 책략을 가차없이 큰소리로 비난하는 것, 이 의회의 반혁명 활동을 낱낱이 들춰내서 대중에게 알리는 것, 의회의 결정에 개입하고 강요하도록 대중에게 호소하는 것, 이것이 제헌의회 선거에 참여해서 우리가 해야 할 일입니다.[9]

그러나 대의원들은 선거를 보이콧하기로 결정했다. 사회민주당 국회의원 출신의 오토 륄레가 대의원 다수의 분위기를 대변했다. 그는 제헌의회를 연단으로 활용할 필요가 없다고 주장했다. "우리에게는 다른 연단이 있습니다. 거리야말로 우리가 점령한 위대한 연단이고, 우리는 저들이 우리에게 총을 쏜다 해도 거리를 포기하지 않을 것입니다."[10] 그래서 대회는 새 공화국 건설을 위해 소집되는 제헌의회 선거에 참여하지 않는다는 방침을 62 대 23으로 가결했다.

이 같은 조급성은 경제투쟁에 대한 논의에서도 드러났다. 이 토론에서 지도부를 대표해 발제한 랑게는 혁명가들이 옛 노동조합에 남아 있어야 하는지 아닌지에 대한 견해를 밝히지 않았다. 다른 많은 대의원들은 옛 노조에 남아 있는 것은 혁명적 공산주의자가 되는 것과 양립할 수 없다고 주장했다. 파울 프뢸리히는 '노조 탈퇴'라는 구호를 내놓으며, 당과 노동조합의 구분을 완전히 끝내 버릴 '혁명적 노동조합'을 건설해야 한다고 주장했다. 로자 룩셈부르크는 프뢸리히가 노동자 평의회 건설을 강조하지 않았다고 비판했고 '노조 탈퇴' 구호를 탐탁지 않게 여겼지만, '노조 해산'이 일정에 올라 있다고 넌지시 내비치기도 했다. 오직 헤케르트만이 노동조합은 결코 무력해지지 않았고, 여전히 압도 다수의 노동자가 노조를 인정하고 있으며, '노조 탈퇴' 구호는 매우 위험하다고 주장했다.

당대회에서 벌어진 노동조합 논쟁은 대의원들의 조급성을 입증한 또 다른 증거였다. 그들은 최대한 많은 대중을 혁명으로 설득하는 과제를 진지하게 추구할 수 없음을 보여 줬다.[11]

로자 룩셈부르크는 당대회에서 제헌의회 선거 문제를 놓고 자신이 패배한 사건의 심각성을 알고 있었다. 그러나 그것은 당이 아직 젊고 미숙하다는 것을 보여 주는 징후일 뿐이며 이런 미숙함은 곧 극복될 수 있다고 생각했다. 룩셈부르크는 오랜 동료인 클라라 체트킨에게 다음과 같이 써 보냈다.

> 우리의 패배는 약간 유치하고 경솔하고 편협한 급진주의의 승리였을 뿐입니다. 또, 그것은 당대회 초반에 일어난 일입니다. 나중에 우리[집행위원회 — 지은이]와 대의원들 사이에 소통 체계가 확립된 뒤에는 … 처음과는 완전히 다른 분위기가 형성됐습니다. … 스파르타쿠스단은 '훌륭한 옛 정당'의 바보 같은 전통에서 자유로운 새 세대입니다. … 우리는 모두 [보이콧 — 지은이] 문제를 주요 쟁점으로 만들지 않기로 … 그리고 너무 심각하게 여기지 않기로 만장일치로 결정했습니다.[12]

룩셈부르크가 중요하게 여긴 것은 청년 세대의 가장 뛰어난 투사들이 신생 공산당으로 끌려오고 있다는 것이었다. 그들의 미숙함과 '초좌파주의'는 젊은 혈기나 투쟁 정신과 따로 떨어진 문제가 아니었다. 그러나 룩셈부르크는 경험 많고 믿을 만한 간부가 부족한 정당에 그들이 미칠 영향을 과소평가했다. 이것은 나중에 치명적 약점으로 작용하게 된다. 비록 당대회에서는 기존 지도부가 고스란히 재선출됐지만 말이다.

당대회에서 채택된 초좌파주의적 방침은 당내 응집력 부족 문제를 악화시키는 결과도 낳았다. 베를린에서 가장 경험 많고 영향력 있는 노동자 투사 집단, 즉 대공장의 혁명적 직장위원들이 공산당 창당과 동시에 당에 가입할 것으로 다들 기대하고 있었다. 그러나 리프크네히트를 비롯한 신생 정당의 대표단과 직장위원 대표자들의 논의는 곧 난관에 부딪혔다. 직장위원회의 가장 영향력 있는 지도자들은 공산당의 조급성이 영 미덥지 않았던 것이다.

그 후 몇 주 동안 일어난 일은 재앙이었다. 신생 공산당은 대규모 투쟁에 맞닥뜨렸지만, 베를린의 공산당 대열에는 가장 영향력 있고 탁월한 노동자 지도자가 거의 없었다. 반면에, 직장위원들은 룩셈부르크·라데크·요기헤스 같은 인물들의 지도를 받지 못한 채 복잡하고 급격한 상황 변화에 대처해야 했다. 그 결과 그들은 자신들이 공산당을 비판하는 근거로 제기했던 '폭동주의'의 재앙에 빠지고 말았다.

1919년 1월 5일 여전히 소규모 조직이었던 공산당은 독립사회민주당 지역 조직의 지원을 받아 베를린에서 권력을 장악하려고 시도했다. 그 봉기는 세력 균형에 대한 평가를 바탕으로 계획하고 추진한 것이 아니었다. 그것은 정부가 베를린 경찰서장 에밀 아이히호른을 해임한 것에 대한 공산당원들과 일부 독립사회민주당 투사들의 자발적 대응이었다. 아이히호른은 11월 혁명 당시 베를린 경찰서장이 된 독립사회민주당원이었다. 룩셈부르크는 봉기에 반대했다. 그러나 반대가 기각되자 룩셈부르크는 마지못해 봉기의 선두에 섰다. 베를린에서조차 노동계급 다수의 지지를 받지 못한 봉기는 곧 분쇄됐다. 에베르트·샤이데만·노스케 같은 사회민주당 지도자들은 옛 제국 장교들의 주도로 급히 재건된 우익 군대에 '사회주의 공화국'의 군대라는 외피를 씌워 줬다. 봉기 진압 과정에서 로자 룩셈부르크, 카를 리프크네히트를 비롯한 많은 사람들이 살해됐다.

독일 공산당의 전술은 근본적으로 오류였다. 소비에트와 제헌의회를 단순 대립시키고 소비에트의 이름으로 제헌의회를 보이콧한 결과, 공산당은 궁지에 몰릴 수밖에 없었다. 이 점은 제헌의회 선거 결과뿐 아니라 노동자·병사 평의회 구성에서도 분명히 드러난다. 1918년 12월 16일 열린 제1차 전 독일 노동자·병사 평의회 대회에 참석한 대의원 488명 가운데 공산당 지지자는 겨우 10명뿐이었다. 리프크네히트와 룩셈부르크는 대의원으로 선출되지도 못했다. 1919년 1월 19일 실시된 제헌의회 선거에서 사회민주당은 1146만 6000표를 얻었고 독립사회민주당은 231만 5000표를 얻었다. 공산당은 선거를 보이콧했지만, 분명히 몇만 표 이상을 못 얻었을 것이다.(1920년 6월 6일 실시된 제국의회 선거에서는 사회민주당이 561만 4000표를 얻고 독립사회민주당이 489만 5000표를 얻은 반면, 공산당은 겨우 44만 1000표를 얻는 데 그쳤다. 베를린에서는 세 정당이 각각 18만 7000표, 45만 6000표, 1만 4000표를 얻었다.)

공산당이 1919년 1월에 취한 초좌파주의 태도는 결국 재앙으로 이어졌다. 독일의 1919년 1월 봉기는 여러모로 러시아의 1917년 7월 사태와 비교할 수 있다. 1917년 7월에 페트로그라드에서는 (1919년에 베를린에서도 그랬듯이) 노동자들과 병사들이 매우 강력한 세력이었다. 그래서 정부는 도발을 감행했다. 노동자들의 반응은 혁명을 향해 신속하게 전진하자는 것이었다. 그러나 러시아에서는 레닌이 봉기가 시기상조이며 극히 위험하다는 견해를 굳건하게 고수했다. "우리는 도발에 휩쓸리지 않도록 각별히 신중하고 조심해야 한다. … 우리의 실수 하나가 모든 것을 망칠 수 있다. … 우리가 지금 권력을 잡을 수 있다 해도 그 권력을 계속 유지할 수 있다는 생각은 너무 순진한 생각이다."[13]

볼셰비키 지도자들은 대중을 막을 수 없었다. 볼셰비키 지도자들이 반대했는데도 시위는 벌어졌다. 그렇다면 그들은 자기 당원들에게 시위에 참가하지 말라고 지시해야 했을까? 그랬다가는 치명적 타격을 입었을 것이다. 그랬다가는 이제 막 멘셰비키나 사회혁명당과 결별한 압도 다수 노동자들을 혼란에 빠뜨리고 그들의 사기를 떨어뜨렸을 것이다. 볼셰비키가 전투에서 철수했다면 그 노동자들은 볼셰비키를 자신의 정당으로 여기지 않았을 것이다. 볼셰비키는 대중과 함께 거리에 있으면서 대중을 단결시킬 시위 구호를 내놓고 대중의 투지를 과시하면서도 당장 권력을 장악하려는 시도는 피해야 했다. 앞서 [2권에서] 봤듯이, 레닌은 대중이 혼자 싸우도록 당이 내버려 둬서는 안 된다고 강력하게 주장했다. "우리 당이 7월 3~4일의 대중운동(우리가 시위를 막으려고 애썼는데도 자발적으로 분출한)을 지지하기를 거부했다면 우리는 사실상 프롤레타리아를 완전히 배신했을 것이다. 왜냐하면 민중은 충분히 이유 있고 정당한 분노에서 행동에 나섰기 때문이다."[14] 7월 사태 2년 뒤에 레닌은 다음과 같이 썼다. "대중이 투쟁할 때 실수를 저지르는 것은 피할 수 없다. 그러나 공산주의자들은 대중과 함께하면서 그런 오류를 깨닫고, 대중에게 설명하고, 바로잡으려 애쓰고, 계급의식이 자발성을 극복하도록 참을성 있게 노력해야 한다."[15]

이것의 실천적 의미는 볼셰비키가 노동자들과 병사들의 행동에 반대하려는 노력이 쓸모없음을 깨닫고 볼셰비키 스스로 무장 시위를 호소했다는 것이다. 그러나 그 시위는 "평화적·조직적 시위"여야 한다고 볼셰비키는 주장했다.

이와 대조적으로 독일 공산당 지도자들은 운동의 목표가 매우 제한적이라는 점을 분명히 밝히지 않았다. 왜냐하면 로자 룩셈부르크는 새로 급진화한 노동자들을 데리고 당을 건설하려고 필사적으로 노력하는 상황에서 그들을 너무 강경하게 비판하는 것을 두려워하고 꺼렸기 때문이다. 반면에 레닌은 이미 당을 건설해 놓은 상태였다. 볼셰비키 투사들은 이미 노동계급의 폭넓은 지지를 받고 있었으므로 새로 급진화한 노동자들과 병사들 사이에서 일시적으로 인기를 잃을 위험이 있는 방침조차 과감하게 채택할 수 있었다. 물론 그들 자신이 대중행동에 참가한다는 조건으로 말이다.

로자 룩셈부르크처럼 혁명적 사건의 와중에 거의 맨손으로 혁명적 정당을 건설하기는 정말 어렵다.* 공산당의 전술적 무능은 우연이 아니었다. 그것은 로자 룩셈부르크가 속한 조직의 과거 경험에서 비롯한 필연적 결과였다. 룩셈부르크는 규율 있는 당을 조직해 본 적도 없었고 심지어 사회민주당 안에서 분파를 결성해 본 적도 없었다. 룩셈부르크의 조

---

* 사후 약방문 격으로, 독일 혁명가들이 전쟁 전에 독자 조직을 건설했어야 한다고 주장하기는 쉽다. 1920년에 파울 레비가 말했듯이, 또는 1926년에 라데크가 클라라 체트킨에게 보낸 편지에서 다음과 같이 썼듯이 말이다.
"카를과 로자의 기일忌日에 모스크바에서 열린 공산주의청년동맹 집회에서 제가 연설했습니다. 당신도 연설하기로 예정돼 있었던 그 집회에서 말입니다. 저는 연설을 준비하면서 로자가 옛날에 쓴 글들을 훑어봤습니다. 그리고 다음과 같은 사실을 깊이 확신하게 됐습니다. 우리, 즉 독일의 좌파 급진주의자들은 위험을 일찍 깨닫지 못하고 너무 늦게 깨달았다는 것, 그리고 그런 위험에 맞선 싸움도 강력하지 못하고 너무 허약했다는 것을 말입니다."[16]
그러나 레닌조차 전쟁 전에는 독일 혁명가들이 독자 조직을 건설해야 한다고 주장하지 않았다.[17] 1930년 여름에 슬루츠키가 러시아의 주요 역사 잡지인 《프롤레타르스카야 레볼루챠》에 기고한 글에서 레닌이 전쟁 전에 국제 중간주의의 위험을 과소평가했다고 주장했을 때 스탈린은 노발대발했다. 스탈린은 "볼셰비즘 역사의 몇 가지 문제에 대하여"라는 글에서 《프롤레타르스카야 레볼루챠》 편집자들(주로 M N 포크로프스키)이 볼셰비즘의 정수에 악영향을 미칠 쟁점들에 대한 토론을 허용했다고 비난했다. 그래서 슬루츠키의 견해는 위장한 트로츠키주의라는 비난을 받았다. ─ 지은이.

직은 단지 선전 그룹이었을 뿐이다. 레닌이 엄격한 규율을 요구한 것은 무엇보다 행동 통일을 위해서였다. 자신의 활동을 대체로 선전에 국한하는 조직은 그런 엄격한 활동 방식이 필요하지 않을 것이고, 오히려 사상의 자유로운 유희가 훨씬 더 중요할 것이다. 로자 룩셈부르크의 마음이 선전에 쏠려 있었으므로, 당 규율에 복종하는 당원과 지지자·동조자 사이의 구분(레닌에게는 굉장히 중요했던 구분)이 룩셈부르크에게는 별로 중요하지 않았다. 룩셈부르크는 당이 주로 사상을 통해 프롤레타리아에게 영향을 미치지 행동을 제안하고 주도하는 능력이나 조직력을 통해 영향을 미치는 것은 아니라고 생각했다. 반면, 레닌에게는 이 두 요인이 훨씬 더 균형 잡혀 있었다.

로자 룩셈부르크가 독일에서 독자적으로 혁명적 조직을 건설하기를 주저한 데는 그럴 만한 이유가 있었다. 사회민주당 안에서 분파를 결성했다면 반드시 조직적 분열이라는 문제가 제기됐을 텐데, 룩셈부르크가 한사코 반대한 것이 바로 당의 분열이었다. 룩셈부르크가 그런 태도를 취한 데는 아마도 독립사회주의당의 운명이 영향을 미쳤을 것이다. 독립사회주의당은 1891년에 사회민주당의 개혁주의를 비판하며 탈당한 혁명가들이 만든 꽤 큰 정당이었지만, 아주 잠깐 존재하다가 흔적도 없이 사라져 버렸던 것이다. 그래서 1917년 1월까지도 로자 룩셈부르크는 여전히 조직적 분열에 반대하고 있었다.[18]

당이 없다면 로자 룩셈부르크의 사상은 혁명적 사건의 배후에서 작용하는 원동력이 아니라 혁명적 사건에 대한 해석이나 설명에 그칠 수밖에 없었다. 1918년 11월 베를린을 방문한 라데크는 "나는 아직도 정당의 행사에 참석하고 있다는 느낌이 안 든다"고 평가했다.[19] 룩셈부르크를 가장 열렬히 무비판적으로 지지한 프뢸리히 같은 사람의 말도 이런 약점을 확인시켜 준다(물론 프뢸리히는 그런 약점이 전략에 결정적으로 해로운 영향을 미쳤다는 사실은 인정하지 않는다). "혁명이 일어났을 때 스파르타쿠스단은 거의 모든 대도시에 존재하는 지역 조직들의 연맹체였을 뿐 아직 정당은 아니었다."[20]

로자 룩셈부르크의 제자로서 나중에 독일 공산당의 지도자가 되는 하인리히 브란들러는 전쟁이 끝났을 때 스파르타쿠스단 회원이 3000명에 불과했다고 회고했다. "그리고 그중에 족히 절반은 마르크스주의자들이 아니라 도덕적 평화주의자들이었다."[21]

1919년 1월의 대실패 후 공산당 지도부를 이어받은 파울 레비는 당에서 초좌파주의를 제거하려고 최선을 다했다. 그는 1919년 10월 하이델베르크 당대회에서 의회 선거와 노동조합에 참여하는 것을 승인하는 강령을 제출하기로 결심했다. 이에 동의하지 않는 당원은 모두 축출할 작정이었다. 레비가 제출한 결의안은 31표 대 18표로 가결됐다. 소수파는 당대회장을 떠나더니 나중에 공산주의노동자당KAPD을 결성했다. 공산당은 당원의 거의 절반을 잃었는데, 베를린을 비롯한 독일 북부의 여러 지역에서 손실이 가장 컸다.

1919년 가을에는 중부 유럽 전역에서 혁명의 물결이 빠르게 잦아들고 있었다. 바이에른과 헝가리에서 소비에트 정부가 붕괴하자 대중의 혁명적 신념은 더욱 약해졌다. 독일 공산당의 가장 뼈아픈 실수는 카프 쿠데타 때 벌어졌다.

1920년 3월 13일 독일 장군들이 제국 군대를 이끌고 베를린으로 쳐들어와서, 볼프강 카프라는 프로이센 관리를 총리로 하는 우익 민족주의 정부를 수립했다. 그러자 노동조합 지도자들이 총파업을 호소하며 효과적 반격을 주도했다. 나흘 뒤 카프 정권은 무너졌다. 총파업 호소가 나왔을 때 레비는 감옥에 있었고, 공산당 본부의 다른 지도자들, 즉 베를린에 있던 다른 중앙위원들은 사회민주주의자들을 지지하기를 거부한 채 노동자들에게 "민주주의 공화국을 위해서는 손가락 하나 까딱하지 말라"고 호소하는 리플릿을 발행했다. 파업 둘째 날 파업의 성공이 확실해지고 공산당원들이 노동조합 동료들의 지도를 따르고 있다는 것이 명백해지자 공산당 본부가 방침을 뒤집고 파업을 지지한 것은 사실이다. 그러나 그때는 이미 초좌파주의적 '중립'의 대가를 치른 뒤였다. 공산당 지도부의 미숙함이 다시 한 번 드러난 것이다. 볼셰비키 수병들이 코르닐로프 쿠데타에 맞서서 케렌스키의 동궁을 어떻게 방어했는지를 생각해 봤다면 좋았으련만!

신생 공산당들을 가르칠 필요성

1918년과 1919년에 레닌·트로츠키와 그 동료들이 보기에는 부르주아지가 너무 지리멸렬하고 낙담해서 프롤레타리아가 당장 공격에 나서면, 심지어 갓 창당해서 미숙하기 그지없는 공산당이 주도하는 공격조차 얼마든지 성공할 수 있을 듯했다. 그러나 유럽의 많은 나라에서 프롤레타리아가 투쟁할 태세가 돼 있고 엄청난 희생 정신과 영웅적 행동을 보여 줬지만 승리는 여전히 요원했다. 1920년 중반쯤에는 파업·시위 물결이 잦아들고 고립된 봉기들이 모두 분쇄되면서 혁명운동이 퇴조하고 있다는 것이 분명해졌다. 헝가리와 바이에른 소비에트 정부가 패배하고 독일 공산당이 1919년 1월뿐 아니라 1920년 3월 카프 쿠데타 때도 재앙적 실수를 저지르는 것을 보며 레닌은 중서부 유럽의 미숙한 신생 공산당들이 혁명의 승리를 쟁취할 가능성에 대한 환상을 떨쳐 버렸을 것이다.

이 신생 공산당들에게 전략과 전술을 가르치는 것이 중요한 문제로 떠올랐다. 그런 교육과 훈련은 공공연한 대중투쟁의 한복판에서 이뤄져야 했다. 공산당을 건설하는 과제와, 빠르게 발전하는 대중운동의 지도력을 확보하는 과제가 동시에 추진돼야 했다. 볼셰비키는 10월 혁명을 위해 오래전부터 훈련받은 반면(공세적 투쟁 뒤의 후퇴, 봉기 뒤의 패배, 이런저런 선거 활동과 노동조합 활동 등을 통해 약 14년 동안 준비했다), 중서부 유럽의 공산당들은 혁명의 승리를 위해 단기간의 훈련 과정을 거쳐야 했다.

레닌은 자신에게 남은 몇 개월의 정치 활동 기간에 신생 공산당들에게 전략과 전술을 가르치는 데 엄청난 노력을 쏟아부었다. 코민테른 2차·3차 대회는 대체로 전략·전술의 학교였고, 레닌은 이 대회들에 적극 참가했다.

03 코민테른 — 전략·전술의 학교

러시아를 제외한 유럽 전역에서 전후의 첫 혁명이 실패하자 코민테른에 꼭 필요한 전략·전술을 정교하게 발전시키는 일이 아주 중요해졌다. 혁명에서 공산당이 해야 할 구실을 분석하고, 사회민주주의자들에 대해 취해야 할 올바른 태도를 정하고, 의회 선거나 기존 노동조합에 참여하는 문제와 농업 문제나 민족·식민지 문제 등에 대한 방침을 결정하는 일이 중요해졌다.

이런 문제들이 코민테른 2차 대회의 주요 안건이었다. 또, 레닌이 1920년 4~5월에 쓴 소책자 《'좌파' 공산주의 — 유치증》도 그런 문제들을 다룬 책이다.

《'좌파' 공산주의 — 유치증》은 1920년 6월 초에 러시아어로 처음 출판됐지만 코민테른은 7월에 독일어·프랑스어·영어 번역본을 만들어서 2차 대회에 참석한 각국 대표들에게 배포했다.

그렇게 얇은 책이 국제 노동운동에 그토록 강력하고 지속적인 영향을 미친 경우도 드물다. 《'좌파' 공산주의 — 유치증》의 영향력은 《공산당 선언》에 견줄 수 있다. 《'좌파' 공산주의 — 유치증》은 혁명운동의 전략·전술을 창조적으로 발전시키는 데서 엄청나게 중요했고, 레닌이 쓴 마지막 주요 저작이다.

볼셰비키 경험의 국제적 의의

《'좌파' 공산주의 — 유치증》은 러시아 혁명의 경험이 국제적 의의가 있다는 말로 시작한다.

> 지금 우리에게는 꽤 많은 국제적 경험이 있는데, 이 경험은 우리 혁명의 몇몇 기본 특징이 지역적이거나 특별히 민족적인 의의, 다시 말해 러시아만의 의의가 아니라 국제적 의의가 있음을 아주 분명히 보여 준다.[1]

> 볼셰비즘은 … 15년간(1903~17년) 실천의 역사를 통해 세계 어느 곳에서도 찾아보기 힘든 풍부한 경험을 쌓았다. 그 15년 동안 다른 어떤 나라도 그토록 혁명적인 경험을 하지 못했고, 합법 운동과 불법 운동, 평화적 운동과 폭풍 같은 운동, 지하 운동과 공개 운동, 지역의 서클과 대중운동, 의회 활동과 테러 행위 등 온갖 형태의 운동이 그토록 신속하고 다양하게 잇따라 나타나는 것을 경험하지 못했다.

> 다른 어떤 나라에서도 그토록 짧은 기간에 현대 사회의 모든 계급의 투쟁이 그토록 풍부한 형태·색조·방식으로 집중된 경우도 없었다. 그 투쟁은 러시아의 후진성과 제정의 가혹한 멍에 때문에 유별나게 급속히 성숙했고, 미국과 유럽의 정치적 경험의 올바른 '결론'을 가장 열렬하게 성공적으로 흡수했다.[2]

타협에 대하여

먼저 레닌은 초좌파들의 주요 구호, 즉 모든 타협에 원칙적으로 반대한다는 주장을 곧장 다룬다. 초좌파들은 무슨 일이 있어도 타협은 결코 용납될 수 없다고 잘라 말하는데, 그래서는 안 된다는 것이다. 레닌은 매우 간단한 비유를 들어 효과적으로 설명한다.

당신이 타고 가는 자동차를 무장 강도들이 가로막았다고 치자. 당신은 그들에게 돈과 여권과 권총과 차를 건네준다. 그 대가로 당신은 희희낙락하는 이 떼강도한테서 풀려난다. 그것은 명백히 타협이다. 'Do ut des'*("네가" 나에게 무사히 벗어날 기회를 "주면" 내가 너에게 돈과 총과 차를 "준다"). 그러나 정신이 멀쩡한 사람 가운데 그런 타협을 "원칙적으로 용납할 수 없다"고 말하거나 타협한 사람을 강도들의 공범이라고 부르는 사람은 거의 없을 것이다(비록 강도들이 그 차와 총으로 또 강도질을 하더라도 말이다).³**

결론은 명백하다. '원칙적으로' 타협을 거부하는 것, 즉 어떤 종류의 타협이든 타협은 일절 허용할 수 없다고 거부하는 것은 진지하게 고려하기조차 어려운 어리석은 짓이다.⁴

필요한 전술을 올바로 결정하고 정당한 타협과 정당하지 않은 타협을 구분할 수 있으려면 투쟁으로 단련된 혁명적 지도부가 필요하다.

---

* Do ut des, 라틴어로 "당신이 주면 나도 준다"는 뜻으로 쌍무계약의 조건 문구.
** 어쩌면 레닌은 1919년 1월 19일 자신이 무장 강도들을 만나 강탈당한 경험을 바탕으로 이런 비유를 했을지 모른다. 《레닌 평전 3》의 37~38쪽 참조. ― 지은이.

정치에서는 때때로 여러 계급과 정당 사이의 아주 복잡한 상호 관계가(국내적 관계든 국제적 관계든) 문제가 된다. 따라서 당연히, 파업에서 문제가 되는 정당한 '타협'이냐 아니면 파업 파괴자, 배신한 지도자 등의 배신적 '타협'이냐 하는 것보다 훨씬 더 어려운 경우가 정치에서는 숱하게 많을 것이다. 모든 경우에 적용될 처방전이나 일반 법칙("어떤 타협도 안 된다!")을 만들어 내는 것은 터무니없는 짓이다. 우리는 각각의 구체적 경우에 자신의 머리를 써서 해결책을 찾아낼 수 있어야 한다. 사실, 제대로 된 당 조직과 당 지도자들의 임무 가운데 하나는 특정 계급의 사려 깊은 대표자들 전체의 끈질기고 다양하고 포괄적인 오랜 노력을 통해, 복잡한 정치적 문제들을 신속하고 올바르게 해결하는 데 필요한 지식과 경험을(여기에 덧붙여 정치 감각도) 획득하는 것이다.[5]

우리가 아니라 적이 더 유리할 게 뻔한 상황에서 싸움을 거는 것은 범죄다. 그리고 혁명적 계급의 정치 지도자가 누가 봐도 불리한 싸움을 피하려고 "방침을 바꾸거나 화해하거나 타협하지" 못한다면 그는 아무짝에도 쓸모없는 사람이다.[6]

공산주의자들은 가장 믿을 수 없고 가장 불안정한 세력과도 일시적 동맹을 맺는 일을 회피해서는 안 된다.

국제 부르주아지를 타도하기 위한 전쟁, 국가 간에 흔히 일어나는 전쟁 중에서 가장 어려운 전쟁보다 백 배나 더 힘들고 복잡하고 장기적인 전쟁을 벌이면서, 처음부터 미리 일체의 방침 변경을 거부하거나 적들 사이의 이익 다툼(비록 일시적이나마)을 이용하지 않거나 동맹할 수 있는 세력들(비록 일시적이고 불안정하고 제한적이고 동요하는 동맹 세력이지만)과의 화해나

타협을 거부하는 것은 정말로 웃기는 일 아닌가? 이것은 마치 이제껏 가까이 가지 못했던 전인미답의 산을 올라가면서 때로는 지그재그로 올라가고 때로는 되돌아가고 때로는 먼저 선택했던 길을 버리고 다른 길을 모색하는 일을 미리 포기해 버리는 것과 똑같지 않은가?[7]

공산주의자와 의회 선거

1919년에 레닌을 비롯한 공산주의 지도자들이 자본주의에 대한 혁명적 공격이 당장 성공할 수 있을 거라고 잔뜩 기대하고 있었을 때조차 레닌은 공산주의자들이 의회 선거에 참여해야 하는가 말아야 하는가 하는 문제를 매우 신중하게 다뤘다.

1919년 10월 10일 이탈리아·프랑스·독일의 공산주의자들에게 보낸 편지에서 레닌은 이 문제에 대한 견해 차이가 크게 중요한 것은 아니라고 주장했다. 그런

차이는 전혀 걱정거리가 아닙니다. 그것은 성장통이지 노망 증상이 아닙니다. 볼셰비키도 그와 비슷한 견해 차이를 여러 번 경험했고, 그런 차이에서 비롯한 사소한 분열도 몇 번 겪어 봤습니다. 그러나 결정적 순간에, 권력을 장악하고 소비에트 공화국을 수립해야 하는 결정적 순간에 볼셰비키는 단결했습니다.[8]

1919년 10월 28일에도 레닌은 독일 공산당 중앙위원회에 보낸 편지에서 노조와 의회에 참여하기를 거부하는 초좌파들을 당에서 제명하는 것에 반대했다.[9]

[영국] 노동자사회주의연맹의 지도자인 실비아 팽크허스트가 레닌에게 보낸 편지에서 영국 공산주의자의 다수는 의회 선거 참여에 반대한다고 주장했을 때 레닌은 답장에서 공산주의자들이 그런 활동에 참여해야 한다는 견해를 고수하면서도 그것은 '부차적 문제'라고 덧붙였다. 영국에서 공산주의 조직을 자처하는 다섯 단체가 모여서 단일 정당을 건설하기 바란다고 말한 뒤에 레닌은 다음과 같이 흥미로운 대안을 제시했다. 의회 활동에 관한 논쟁 때문에 조직을 통합할 수 없다면

> 먼저 두 개의 공산당으로 합치는 것도 일보 전진을 위한 좋은 방법이라고 생각합니다. … 한 공산당은 부르주아 의회 참여를 인정하고, 다른 공산당은 거부하는 것입니다. 지금 이런 차이는 아주 하찮은 것이므로 이 문제를 놓고 분열하지 않는 것이 가장 온당한 일입니다.[10]

그러나 중서부 유럽에서 부르주아지가 프롤레타리아 혁명의 물결을 잠재우고 승리한 뒤인 1920년 4~5월에 레닌은 새로운 견해를 주장하기 시작했다. 《'좌파' 공산주의 — 유치증》은 공산주의자들이 의회에 참여하고 의회에서 적극 활동해야 한다고 분명하게 주장했다. 레닌은 부르주아 민주주의, 의회주의를 반대한다고 해서 혁명을 촉진하기 위해 의회를 이용할 수 없는 것은 아니라고 썼다. 오직 개혁주의자들만이 의회를 통해 사회주의를 이룰 수 있다고 주장하겠지만 그런 주장은 틀렸다. 부르주아 의회는 파괴되고 해체돼야 하고 노동계급의 기구인 소비에트로 대체돼야 한다. 그러나 공산주의자들이 의회를 전복할 수 있을 만큼 충분히 강력하지 못할 때는 공산주의 활동을 위한 연단으로 의회를 활용할 수 있어야 한다. 물론 이를 위해서는 당이 벌이는 투쟁의 무게중심이 의회 밖

에, 즉 파업과 시위 등에 있어야 하고 공산당 의원의 활동은 이런 대중 활동에 종속돼야 한다.

레닌은 의회주의가 "역사적으로 더는 쓸모없어졌다"는 초좌파들의 주장을 정면으로 반박했다.

이 말은 선전의 의미에서는 옳다. 그러나 **실제로는** 여전히 의회주의가 극복되지 않았다는 것을 누구나 알고 있다. 물론 공산주의자들에게는 의회주의가 "역사적으로 더는 쓸모없어졌다." 그러나 우리에게 쓸모없어졌다고 해서 계급에게도, 대중에게도 쓸모없어졌다고 생각해서는 **안 된다**(이 점이 핵심이다). … 우리는 대중의 수준으로, 계급의 후진층 수준으로 떨어져서는 안 된다. 이 점은 논쟁의 여지가 없다. 우리는 대중에게 쓰디쓴 진실을 말해 줘야 한다. 그들의 부르주아 민주주의적, 의회주의적 편견을 있는 그대로, 즉 편견이라고 불러야 한다. 그러나 그와 동시에 (계급의 공산주의 전위뿐 아니라) 계급 전체, (노동 대중의 선진 부위뿐 아니라) 모든 노동 대중의 계급의식과 준비 정도의 실제 상태도 **냉철하게** 파악해야 한다.

노동자 대중이 의회에 환상을 품고 있는 동안에는

의회 선거에 참여하고 의회 연단에서 투쟁하는 것이 혁명적 프롤레타리아당의 의무다. 특히 자기 계급의 후진층을 교육하기 위해, 그리고 미개하고 천대받고 무지한 농촌 대중의 각성과 교화를 위해 그렇게 해야 한다. 부르주아 의회와 그 밖의 모든 형태의 반동적 제도를 없애 버릴 힘이 없을 때는 그 안에서 활동해야 한다.[11]

프롤레타리아 대중은 오직 실천적 경험을 통해서만 부르주아 의회주의의 진정한 본질을 깨달을 것이다.

전체 계급, 광범한 노동 대중, 자본의 억압에 고통받는 모든 사람이 그런 태도[전위를 직접 지지하거나 우호적 중립을 지키는 태도]를 취하게 하려면 선전과 선동만으로는 충분하지 않다. 이를 위해서는 대중 자신의 정치적 경험이 있어야 한다.[12]

레닌은 대중이 의회에 대한 환상에서 스스로 깨어나려면 의회를 직접 경험해 봐야 한다는 증거로 10월 혁명이 승리한 후 제헌의회 선거에 대해 볼셰비키가 취한 태도를 언급했다.

[1917년 9~11월에] 우리 러시아 볼셰비키는 러시아에서 의회주의가 정치적으로 더는 쓸모없어졌다고 생각할 권리를 어떤 서유럽 공산주의자들보다 더 **많이** 갖고 있지 않았는가? 물론 그랬다. 왜냐하면 문제는 부르주아 의회가 오랫동안 존재했느냐 아니면 잠시 존재했느냐가 아니라 광범한 노동 대중이 소비에트 체제를 받아들이고 부르주아 민주주의 의회를 해체할(또는 해체를 허용할) **준비**가 얼마나(이데올로기적·정치적·실천적으로) 돼 있느냐 하는 것이었기 때문이다. 1917년 9~11월에 러시아의 도시 노동계급과 병사와 농민이 수많은 특수한 조건 때문에 소비에트 체제를 받아들이고 가장 민주적인 부르주아 의회조차 해체할 준비가 유별나게 잘 돼 있었다는 것은 전혀 논란의 여지가 없고, 완전히 확증된 역사적 사실이다. 그렇지만 볼셰비키는 제헌의회를 보이콧하지 **않고** 프롤레타리아가 정치권력을 장악하기 전뿐 아니라 그 **후에도** 제헌의회 선거에 참여했다. … 이 선거는 대

단히 귀중한 (그리고 프롤레타리아에게 매우 유익한) 정치적 결과를 가져다줬다.

레닌은 다음과 같이 결론지었다.

부르주아 민주주의 의회에 참여한 것은, 소비에트 공화국이 승리하기 몇 주 전에도 그리고 승리한 후에도, 그런 의회가 없어져야 하는 이유를 혁명적 프롤레타리아가 후진 대중에게 입증하는 데 도움이 됐고, 그런 의회의 해체를 촉진했고, 부르주아 의회주의를 "정치적으로 더는 쓸모없게" 만드는 데 도움이 됐다.[13]

공산주의자와 노동조합

레닌은 이 소책자에서 노동조합 문제를 다루면서, 공산주의자들이 기존 노동조합에서 철수해야 한다고 주장하는 사람들의 "유치하고 어리석은 생각"을 비웃었다.

반동적 노동조합에서 활동하지 않겠다는 것은 충분히 발전하지 못한 후진적 노동자 대중을 반동적 지도자들의 영향력 아래 내버려 두겠다는 뜻이다.

혁명가들은

대중이 있는 곳이라면 어디서나 무조건 활동해야 한다. 프롤레타리아나 반#프롤레타리아 대중이 있는 기구·협회·단체(아무리 반동적이더라도)에서 체계적으로, 참을성 있게, 끈덕지게, 끈기 있게 선전과 선동을 지속하기 위해서는 어떤 희생도 치를 수 있어야 하고 어떤 난관도 극복할 수 있어야 한다. … 우리가 노동조합에 들어가서 그 안에서 버티며 무슨 일이 있어도 공산주의 활동을 지속하려 하는 한은 … 어떤 희생도 치를 수 있어야 하고 … 심지어 (필요하다면) 갖가지 책략, 술책, 불법적 방법, 침묵, 진실의 은폐에도 의지할 수 있어야 한다.14

레닌은 볼셰비키의 경험을 근거로 자신의 주장을 뒷받침했다.

제정 치하에서는 1905년까지 '합법적 기회'가 전혀 없었다. 그러나 보안경찰 책임자인 주바토프가 혁명가들을 함정에 빠뜨리고 혁명가들에 맞서 싸우려고 흑백인조*의 노동자 모임과 노동자 단체들을 조직했을 때 우리는 우리 당원들을 이런 모임과 단체에 들여보냈다.15

공산당 지도부는 단련돼야 한다

혁명 지도부는 투쟁을 전체적으로 파악하고 상황이 바뀔 때마다 올바른 구호를 내놓을 수 있어야 한다. 올바른 구호가 당 강령에서 바로 도출되는 것은 아니다. 그것은 상황에, 무엇보다 대중의 정서와 감정에 맞아야 한다. 그래야 비로소 그것은 노동자들을 이끌고 나아가는 데 쓰일 수 있다. 구호는 혁명운동의 일반적 방향뿐 아니라 대중의 의식 수준에도 맞아야 한다. 당

---

* 黑百人組. 제정 러시아의 반동적 극우 단체.

의 일반 노선은 [현실에] **적용돼야만** 그 진가가 드러난다. 일반 이론과 특수한 전술의 유기적 통일은 레닌의 투쟁과 활동 방식의 핵심에 자리 잡고 있었던 것이다.[16]

레닌은 신생 공산당의 지도부가 훈련돼야 한다고, 전략·전술에 능통해야 한다고 주장했다.

> 정치는 하늘에서 뚝 떨어지거나 공짜로 얻는 과학과 기예가 아니다. … 부르주아지에게 이기고 싶다면 프롤레타리아도 부르주아 정치가들에게 결코 뒤지지 않는 프롤레타리아 자신의 "계급 정치가들"을 훈련시켜야 한다.[17]

공산주의자들은 **모든 종류의** 투쟁 방법으로 훈련돼야 한다.

> 역사 전체, 특히 혁명의 역사는 항상 가장 뛰어난 정당, 가장 선진적인 계급의 가장 계급의식적인 전위가 생각하는 것보다 더 풍부하고 더 다양하고 더 다채롭고 더 생생하고 더 독창적이다. 이 점은 쉽게 알 수 있다. 왜냐하면 가장 훌륭한 전위도 기껏해야 수만 명의 계급의식·의지·열정·상상력을 표현할 뿐이지만, 모든 인간의 능력이 거대하게 분출하고 발휘되는 혁명의 순간에는 가장 첨예한 계급투쟁에 자극받은 수천만 명의 계급의식·의지·열정·상상력이 혁명을 만들어 내기 때문이다. 여기서 두 가지 매우 중요한 실천적 결론이 나온다. 첫째, 혁명적 계급이 자신의 과제를 완수하려면 사회적 행위의 모든 형태나 측면에 통달해야 한다. … 둘째, 혁명적 계급은 [사회적 행위의] 한 형태를 다른 형태로 가장 신속하고 과감하게 전환할 태세가 돼 있어야 한다.

적에게 있거나 있을지도 모르는 온갖 무기, 온갖 전투 수단과 방법으로 훈련하지 않는 군대는 어리석거나 심지어 범죄를 저지르고 있는 것이라는 사실에는 누구나 동의한다. 그러나 이 사실은 전쟁의 기예보다는 정치에 훨씬 더 잘 들어맞는다. 정치에서는 미래의 특정 상황에서 어떤 투쟁 방법이 우리에게 적절하거나 유리할지를 미리 알기가 훨씬 더 어렵다. 우리가 온갖 투쟁 수단을 응용하는 방법을 배워 놓지 않는다면, 우리가 전혀 손쓸 수 없을 만큼 다른 계급들의 위치가 바뀌어서 대처하기 난감한 행동 형태가 전면에 부각될 때 심각한 패배, 때로는 결정적 패배를 당할 수 있다.[18]

실천적 조언

1919~20년의 레닌 저작과 연설을 죽 살펴보면 그가 각국 공산당이 직면한 문제에 얼마나 많은 시간과 노력을 쏟았는지 알게 된다. 소비에트 국가와 당의 지도자로서 가장 중대하고 긴급한 정치·경제·군사 현안을 끊임없이 처리하면서도 말이다. 새로 결성된 외국의 공산주의 조직에서 강령과 전술을 둘러싸고 격렬한 논쟁이 벌어질 때마다 레닌은 그런 논쟁을 면밀하게 추적했다. 또, 다른 나라 혁명운동의 가장 사소하고 세부적인 문제에도 직접 관여했다.

레닌은 각국의 신생 공산당에게 일반적 조언뿐 아니라 최대한 구체적이고 세밀한 조언도 해 주려고 노력했다. 1919년 4월 27일 바이에른 소비에트 공화국에 보낸 전보를 일례로 들 수 있다.

샤이데만 일당 같은 부르주아 사형집행인들에 맞서 싸우기 위해 어떤 조치를 취했습니까? 도시의 여러 지역에서 노동자들과 하인들의 평의회가 건설됐습니까? 노동자들이 무장했습니까? 부르주아지가 무장해제됐습니까? 의류 등등의 물품 재고를 이용해 노동자, 특히 농업 노동자와 소농을 즉시 대대적으로 지원했습니까? 뮌헨에서 자본가들이 소유한 공장과 재산, 그리고 인근 지역의 자본가 소유 농장을 몰수했습니까? 소농의 부채와 지대가 탕감됐습니까? 농업 노동자와 미숙련 노동자의 임금이 두세 배 인상됐습니까? 대중에게 널리 읽힐 리플릿과 신문을 제작·인쇄하기 위해 종이 재고와 인쇄기를 모두 몰수했습니까? 국가 행정 부서에 하루 6시간 노동제를 도입하고 그중 2~3시간은 교육 시간으로 배정했습니까? 뮌헨의 부르주아지가 잉여 주택을 포기하게 만들고 노동자들이 즉시 편안한 아파트로 이주하도록 조처했습니까? 모든 은행을 인수했습니까? 부르주아지 중에서 인질들을 붙잡아 뒀습니까? 부르주아지보다 노동자에게 유리한 배급제를 도입했습니까? 모든 노동자를 동원해 인근 지역 마을에서 이데올로기 선전을 하고 방어 임무를 수행하게 했습니까? 이런 식의 조처들을 시급하고 폭넓게 실행하는 것과 동시에 노동자 평의회, 농업 노동자 평의회, 그리고 이 노동자 평의회들과 따로 활동하는 소농 평의회가 주도력을 발휘한다면 여러분의 입지는 강력해질 것입니다. 부르주아지에게 특별세를 부과해야 하고, 무슨 일이 있어도 노동자, 농업 노동자, 소농의 조건을 당장 실질적으로 개선해야 합니다.[19]

전술적 치밀함이 정말 놀랍지 않은가!

코민테른 2차 대회

코민테른 2차 대회는 1920년 7월 19일 시작해서 8월 7일 끝났다. 2차 대회는 겨우 5일 동안 열린 1차 대회보다 훨씬 더 큰 대회였고 35개국의 대표 217명이 참석했다. 러시아 밖에서는 이탈리아·노르웨이·불가리아 세 나라 공산당이 대중정당이었다. 오스트리아와 헝가리의 소규모 공산당뿐 아니라 매우 중요한 독일 공산당의 대표도 참석했다. 체코슬로바키아의 좌파사회민주당 대표도 참석했다. 독일의 독립사회민주당과 프랑스 사회당의 대표들도 [코민테른 가입] 협상을 하려고 참석했다. 프랑스의 코민테른 지지자들과 영국·미국의 다양한 조직 대표들도 참석했다. 마지막으로, 매우 중요한 아시아 각국의 대표들도 참석했는데, 그중에서는 인도 대표인 M N 로이가 가장 두드러진 인물이었다. 비록 유럽 정당들의 비중이 여전히 컸지만, 2차 대회는 진정한 세계 대회라고 할 수 있었다.

2차 대회에는 레닌이 《'좌파' 공산주의 — 유치증》에서 중요하게 다룬 문제들이 충실히 반영됐다. 의회주의, 공산당의 구실, 노동조합, (영국) 노동당에 대한 정책 등이 모두 2차 대회의 토론 주제였다. 대회의 주요 쟁점 가운데 《'좌파' 공산주의 — 유치증》에서 다루지 않은 것은 농업 문제와 민족 문제뿐이었다.

2차 대회 기간 내내 레닌은 주요 문서들을 작성하고 각종 위원회 회의와 총회의 논쟁에 주도적으로 개입하는 등 대회에 적극 참가했다. 트로츠키는 군사 전선을 돌아다니느라 바빠서 겨우 두 번 잠깐 모습을 비치는 데 그쳤다. 한 번은 [코민테른 가입 조건] 21개 조항을 승인할 때였고 다른 한 번은 대회 막바지에 자신이 인터내셔널을 대표해서 작성한 선언문을 제출하기 위해서였다.

레닌은 민족·식민지 문제, 농업 문제, 2차 대회의 기본 과제, 인터내셔널 가입 조건, 세계 상황과 코민테른의 과제 등에 대한 테제들의 초안을 작성했다.

그는 또, 많은 연설도 했다. 7월 19일 첫 회의에서는 세계 상황과 인터내셔널의 과제에 대해 보고했다. 7월 23일 두 번째 회의에서는 공산당의 구실에 대해 연설했다. 7월 26일에는 민족·식민지 문제 위원회에서 보고했다. 7월 30일에는 인터내셔널 가입 조건에 관해 토론했다. 8월 2일에는 의회 문제에 대해 연설했고, 8월 6일에는 영국 공산주의자들이 노동당에 가입해야 하는지 말아야 하는지에 대해 연설했다. 레닌은 2차 대회 도중과 전후에 열린 주요 위원회의 회의에 모두 참가했다. 그는 생애 어느 때보다 더 많이 외국 대표들을 만나 이야기를 나눴다.

혁명의 환희

코민테른 2차 대회는 적군赤軍의 바르샤바 진군으로 한창 흥분이 고조됐을 때 열렸다. 2차 대회 참석자들은 적군이 바르샤바에 입성하면 독일의 혁명적 프롤레타리아와 연결될 기회가 열릴 것이고 그러면 중부 유럽으로 혁명을 확산시키기가 더 쉬워질 것이라고 기대했다. 혁명의 승리가 임박했다는 확신이 2차 대회 내내 지속됐다. 사람들의 눈이 모두 적군에게 쏠려 있었다. 독립사회민주당 대표인 도이미히는 "적군이 1킬로미터씩 전진할 때마다 혁명이, 독일 혁명이 한 걸음씩 다가오고 있습니다" 하고 말했다.[20]

대회의 의장이었던 지노비예프는 나중에 당시의 분위기를 다음과 같이 묘사했다. 대회장 벽에는 큰 지도가 걸려 있었다. 우리는 날마다 적군의 진군 상황을 지도에 표시했고, 그럴 때마다 각국 대표들은 숨을 죽인 채 지도를 지켜봤다. … 대표들은 모두 적군의 군사적 목표가 달성되면 국제 프롤레타리아 혁명에 엄청난 가속도가 붙을 것이라는 점을 알고 있었다. 그들은 모두 적군이 내딛는 한 걸음 한 걸음에 그야말로 국제 프롤레타리아 혁명의 운명이 달려 있다는 것을 이해하고 있었다.[21]

바르샤바 진군의 영향은 지노비예프의 개막 연설에도 반영됐다. 그는 유럽 혁명의 승리가 1년쯤 남은 시간 문제일 뿐이라고 확언했다.

동지들, 공산주의 인터내셔널 창립 직후에 저는 "국제 혁명의 전망"이라는 제목으로 쓴 글에서 다소 지나치게 열광적으로 말하기를 아마 1년만 지나면 우리가 유럽에서 소비에트 권력을 위한 투쟁이 있었다는 사실을 망각하게 될 것이라고 했습니다. 이 투쟁이 유럽에서는 이미 끝나고 유럽 바깥의 나라들로 옮겨 가고 있을 것이라는 전망을 바탕으로 그렇게 말했습니다. 독일의 한 부르주아 교수는 이 말을 물고 늘어져서 … 다음과 같이 비꼬았습니다. "그래? 2차 대회가 금방 열리겠구먼." 그로부터 1년이 지났습니다. 유럽에서는 아직 소비에트 권력의 완전한 승리가 실현된 것 같지 않습니다. 이에 대해 우리는 이 교양 있는 부르주아에게 아마 다음과 같이 대답할 수 있을 것입니다. "사실은 유럽 전체가 소비에트 공화국이 되려면 십중팔구 1년이 아니라 2~3년은 걸릴 것이다."[22]
저는 파리코뮌 50주년 기념일까지는 프랑스에 소비에트 공화국이 수립되기를 바란다는 말씀을 드리고 싶습니다.[23]

파리코뮌 50주년은 1921년 3월이었다.

2차 대회에서 이렇게 열광적 반응을 보인 사람은 지노비예프만이 아니었다. 한 영국 대표도 다음과 같이 회고했다. "대회는 1920년 8월 7일 엄청나게 열광적인 분위기 속에서 막을 내렸다. … 1년 안에 다시 대회가 열릴 것이고 그때쯤이면 혁명이 전 세계를 휩쓸며 얼마나 멀리까지 확산돼 있을지 아무도 모를 것이라고 다들 생각했다."[24]

두 전선의 전투

2차 대회는 단지 열광적 행사였던 것만은 아니다. 매우 진지한 행사이기도 했다. 대회는 그때까지의 노동운동 역사상 가장 중요한 전략·전술 학교였다.

《'좌파' 공산주의 — 유치증》이 초좌파들을 비판한 것이었다면, 2차 대회에서 레닌은 두 전선에서 전투를 벌여야 했다. 즉, '좌파'뿐 아니라 오른쪽의 '중간주의자들'을 훨씬 더 강력하게 비판해야 했다.

수십만 명이 코민테른 회원이 되고 각국의 당이 통째로 코민테른에 가입하고 있었다. 그런 상황에서 코민테른 지도부가 직면한 핵심 과제 하나는 각국 당의 중간주의 지도부에 대한 투쟁이었다.

중간주의는 본래 분명하게 정의할 수 없다. 중간주의는 개혁주의와 마르크스주의 사이에 있는 모든 종류의 경향과 조직을 두루 일컫는 말이다. 중간주의자들의 주요 특징 하나는 계급의 전위와 대중을 분명히 구분해야 한다는 사실을 흐린다는 것이다. 중간주의의 주된 결점은 역사적 숙명론이다. 중간주의가 본래 분명한 정의가 없는 데다 뚜렷하고 선명한 특징도 없고 마르크스주의와 개혁주의 사이에서 동요하기 때문에 중간주의 조직들은 항상 같은 방향으로 움직이지 않는다. 일부는 마르크스주의 쪽으로 좌경화하고 다른 일부는 개혁주의 쪽으로 우경화한다. 게다가, 일관성이 없다 보니 때로는 왼쪽으로 가다가 갑자기 오른쪽으로 방향을 바꾸는 일도 곧잘 일어난다.[25]

2차 대회에서 레닌은 미숙한 신생 공산당의 주된 위험이 중간주의 지도부에서 비롯한다고 봤다. 그는 사회민주주의와 갈라서려는 노동자들의 중간주의와 노동운동 지도자들의 구제할 수 없는 직업적 중간주의를 구분했다.

부하린은 코민테른 2차 대회에서 당시 유럽의 일부 공산당 지도부를 다음과 같이 묘사했다.

> 이탈리아 당과 그 의원단을 봅시다. 우리 공산주의 인터내셔널 소속 정당 가운데 가장 뛰어난 당 가운데 하나인 이탈리아 당에 대해 우리는 다음과 같이 말할 수 있습니다. 이 당의 의원단을 세 부류로 나누면 … 30퍼센트는 투라티 경향, 55퍼센트는 중간주의, 15퍼센트는 좌파라고 할 수 있습니다. … 프랑스 당은 다음과 같이 분류할 수 있습니다. 69명의 의원단 가운데 40명은 이미 기회주의에 물든 노골적 개혁주의자들이고 26명은 중앙파인데 우리가 말하는 중간주의가 아니라 프랑스 당의 중앙에 있다는 의미에서, 즉 권력의 중앙에 있다는 의미에서 그렇습니다. 공산주의자들은 아마 2명쯤 될 것입니다. 노르웨이 당은 꽤나 훌륭한 당인데 그 당의 의원단은 19명입니다. 그중에 11명이 우파이고, 6명이 중간주의자, 2명이 공산주의자입니다. 스웨덴 당의 의원단에는 꽤 많은 동지들이 있는데, 그들은 결코 공산주의자라 할 수 없습니다.[26]

의회주의 논쟁

코민테른 2차 대회에서 의회주의 논쟁이 벌어졌을 때 레닌은 일체의 의회 활동에 참여하기를 거부하는 초좌파들뿐 아니라 '기회주의적 의회주의'를 드러낸 중간주의자들과도 논쟁을 벌여야 했다.

의회 활동 참여에 반대하는 주장은 주로 좌파 쪽에서 나왔다. 예컨대 이탈리아에서 온 아마데오 보르디가는 "지금 같은 역사적 시기에는 … 공산주의자들의 혁명적 과제를 실현하려고 의회 연단을 활용할 수 있는 방법은 존재하지 않습니다" 하고 말했다.[27]

스위스 대표단도 비슷한 태도를 취했다. "스위스 공산당은 부르주아 의회에 결코 참여하지 않을 것입니다."[28] 오스트리아 공산당도 모든 의회 선거에 대한 보이콧을 지지하고 나섰고, 헝가리 소비에트 공화국이 몰락한 후 빈으로 탈출했던 헝가리 공산당 지도자 게오르크 루카치와 벨러 쿤도 그랬다. 영국 직장위원 운동의 지도자인 윌리엄 갤러처와 독일의 신디컬리스트 조우히도 마찬가지였다.

대회에서 중간주의자들은 좌파들보다 더 조용했지만 훨씬 더 영향력 있고 위험했다. 그래서 코민테른집행위원회가 발표한 "의회주의에 관한 테제"는 주로 중간주의와 의회 개혁주의를 비판했다.

선거가 끝나면 공산당 자체가 합법이든 불법이든 상관없이 당 중앙위원회가 의원단 조직을 철저하게 통제해야 한다. 공산당 의원단의 의장과 상임 간부들은 중앙위원회의 승인을 받아야 한다. 중앙위원회는 거부권을 가진 상임대표를 의원단에 둬야 하고, 의원단은 모든 주요 정치 현안에 대해 미리 중앙위원회의 지침을 구해야 한다. 중앙위원회는 공산당 의원이 의회에서 중요한 연설을 하기 전에 미리 연설자를 지명하거나 거부할 권리와 의무가 있고, 연설자가 연설의 요점이나 연설문 자체를 미리 중앙위원회에 제출해서 승인받도록 요구할 권리와 의무도 있다. 선거에 출마한 공산당 후보는 모두 당 중앙위원회가 요구하면 즉시 의원직을 사퇴하겠다는 서약서를 공식적으로 제출해야 한다. 그래서 특정 상황에서는 일사불란하게 의회에서 철수할 수 있어야 한다. …

공산당 의원은 중앙위원회의 결정에 따라 합법 활동과 불법 활동을 결합시킬 의무가 있다. …

공산당 의원은 모든 의회 활동을 의회 밖의 당 활동에 종속시켜야 한다. 당과 중앙위원회의 지시를 받아 정기적으로 법안을 제출해야 하지만, 그 법안이 부르주아 다수파에게 받아들여질 것이라는 생각으로 그래서는 안 되고 선전·선동·조직화를 목적으로 법안을 제출해야 한다. …

모든 공산당 의원은 자신이 다른 의원들과 타협하려 애쓰는 입법부의 일원이 아니라 당의 결정을 집행하려고 적진에 파견된 선동가라는 사실을 명심해야 한다. 공산당 의원은 여기저기 흩어져 있는 유권자 대중에게 책임지는 것이 아니라 합법이든 불법이든 자신이 속한 공산당에 책임을 져야 한다.

공산당 의원이 의회에서 하는 연설은 평범한 노동자·농민·세탁부·양치기조차 쉽게 알아들을 수 있어야 하고, 그래서 당이 그 연설문을 리플릿으로 제작해서 전국 방방곡곡에 배포할 수 있어야 한다.[29]

노동조합 문제

개혁주의자들이 주도하는 기존 노조에 공산주의자들이 참여해야 하는지 아닌지도 2차 대회의 쟁점이었다.

이 논쟁은 의회 활동에 대한 공산주의자들의 태도를 둘러싼 논쟁보다 훨씬 더 격렬했다. 어쨌든, 당시 의회에 참여하는 공산주의자는 매우 드물었지만 노동조합에서 활동하는 문제는 모든 또는 거의 모든 공산주의 활동가들에게 직접 영향을 미쳤기 때문이다. 논쟁은 길고 격렬했다.

영국과 미국의 대표들은 개혁주의 노동조합을 공산주의로 설득하는 것은 불가능하므로 공산주의자들은 새로운 노조를 결성해야 한다고 주장했다. 이 문제에 관한 테제를 작성하도록 위임받은 위원회는 장시간 회의를 여섯 차례나 열었지만 끝내 이견을 좁힐 수 없었다. 이 문제가 다시 총회에 회부됐을 때 지노비예프가 제안한 토론 종결 동의안이 50표 대 20표로 통과됨으로써 마침내 논쟁은 끝났다. 레닌이 《'좌파' 공산주의 — 유치증》에서 주장한 취지에 따라 작성된 테제가 찬성 64표, 반대 0표, 기권 13표로 통과됐다(영국과 미국 대표들도 기권했다).

농업 문제

2차 대회에서는 농업 문제와 민족·식민지 문제에 관해 레닌이 작성한 테제가 채택됐다. 식민지 주민의 압도 다수가 농민이었으므로 두 문제는 밀접한 관련이 있었고 한쪽의 혁명적 잠재력은 다른 쪽의 잠재력과 맞물려 있었다.

레닌은 정치 활동의 매우 초기에 농촌 생활을 심층 탐구했고 1900년에 러시아의 농업 강령을 정교하게 다듬은 적도 있었다. 또, 1903년에 러시아 사회민주노동당이 채택한 농업 강령을 작성하기도 했다. 레닌은 1905년 혁명 기간에도 농업 문제를 매우 철저하게 검토했다.[30]

볼셰비키의 농업정책이 발전하는 과정을 죽 살펴보면 레닌의 생각에 두 가지 핵심 요인이 있었음을 알 수 있다. 첫째, 노동계급이 농민을 지도해야 한다. 둘째, 노동자들은 농민과 따로 조직돼야 한다.[31] 레닌의 이런 지침은 코민테른이 농업 문제에 관한 테제를 발전시키는 데서 중요한 구실을 했다.

공산당이 지도하는 도시 산업 프롤레타리아만이 농촌의 노동 대중을 자본과 대토지 소유의 멍에에서 해방시킬 수 있다. … 한편, 산업 노동자들이 협소한 직업별 노조의 이해관계라는 테두리 안에 스스로 갇혀 있으면 인류를 자본과 전쟁의 족쇄에서 해방시키는 세계사적 임무를 완수할 수 없다. … 프롤레타리아는 모든 피착취 노동 대중의 전위로서, 착취자들을 타도하는 투쟁의 지도자로서 앞장서서 행동할 때만 진정으로 혁명적인 계급, 진정으로 사회주의적 행동을 하는 계급이 된다. 그러나 이런 일은 계급투쟁이 농촌 지역으로 확산되지 않으면, 농촌의 노동 대중이 도시 프롤레타리아의 공산당 주위로 결집되지 않으면, 도시 프롤레타리아가 농촌 주민을 교육하지 않으면 일어나지 않을 것이다.

농촌에서 공산주의를 지지하는 사람들은 농업 노동자와 농촌 빈민뿐이다. 혁명적 프롤레타리아는 중농中農에게 진심으로 지지받을 수는 없다.

혁명적 프롤레타리아는 적어도 가까운 미래에는 그리고 프롤레타리아 독재의 초기에는 이 집단[중농]을 자기편으로 끌어당기는 것을 목표로 삼을 수 없다. 오히려 이들을 중립화시키는 데, 다시 말해 이들이 부르주아지와 프롤레타리아의 투쟁에서 부르주아지를 적극 지지하지 못하게 하는 데 집중해야 한다.

농촌에서 착취를 끝장내려면 농업이 대농장으로 조직돼야 한다. 그러나 대농장을 농촌에 도입하려 할 때는 농민이 가진 편견을 매우 세심하게 고려해야 한다.

공산주의 인터내셔널은 자본주의 선진국에서는 대규모 농장을 유지하고 러시아의 국영 농장처럼 운영하는 것이 바람직하다고 생각한다. 또, 집단적 농업 단위(협동조합, 코뮌) 건설을 장려하는 것도 적절하다. …

대규모 농장의 수가 적고 소농의 다수가 토지를 분배받기를 원하는 나라와 지역에서는 대지주의 토지를 소농에게 분배하는 것이 농민을 혁명으로 끌어당기는 가장 확실한 방법일 것이다.[32]

레닌은 테제의 이 마지막 부분을 옹호하기 위해 맹렬히 투쟁해야 했다. 독일 독립사회민주당 대표인 크리스피엔은 소비에트 정부가 "진부하고 케케묵은 프티부르주아 사상으로 완전히 퇴보했다"고 비난하고 "지주의 토지를 몰수해서 협동조합으로 넘겨야 한다"고 주장했다.[33]

이탈리아의 중간주의 지도자인 세라티도 비슷한 주장을 하며 테제를 비판했다.[34] 레닌은 헝가리 소비에트 정부의 재앙적 농업정책을 예로 들며 격렬한 논쟁을 벌인 뒤에야 겨우 승리할 수 있었다.

민족·식민지 문제

레닌은 민족·식민지 문제를 대회의 주요 쟁점으로 끌어올렸다. 제2인터내셔널에서는 결코 그런 적이 없었다.

세계 인구의 대다수인 10억 명 이상이, 아마 정확히는 12억 5000만 명이, 다시 말해 전 세계 인구를 17억 5000만 명으로 잡는다면 세계 인구의 약 70퍼센트가 피억압 민족에 속합니다. 그들은 직접적 식민지 종속 상태에 있거나 페르시아·터키·중국처럼 반#식민지 상태에 있습니다.

억압국의 공산주의자들은 식민지의 민족 운동을 완전히 지지해야 한다.

민족·식민지 문제에 관한 공산주의 인터내셔널의 모든 정책은 무엇보다 모든 민족과 나라의 프롤레타리아와 노동 대중이 지주와 부르주아지를 타도하기 위한 공동의 혁명적 투쟁 속에서 서로 굳게 단결하는 것을 중심으로 삼아야 한다. 왜냐하면 이런 단결만이 자본주의에 대한 승리를 보장할 것이고, 그런 단결이 없다면 민족 억압과 불평등을 폐지할 수 없을 것이기 때문이다. …
모든 공산당은 종속 민족이나 권리를 박탈당한 민족(예컨대, 아일랜드인과 미국의 흑인 등)의 혁명운동과 식민지의 혁명운동을 직접 원조해야 한다.

그렇다고 해서 민족 해방 투쟁이 사회주의 투쟁과 똑같다는 말은 아니다.

후진국의 부르주아 민주주의 해방 운동을 공산주의로 색칠하려는 시도에 맞서 단호하게 투쟁해야 한다. 즉, 공산주의 인터내셔널은 식민지와 후진국의 부르주아 민주주의 민족 운동을 지지해야 하지만, 이들 나라에서 미래의 프롤레타리아 정당(이름만 공산당이 아니라 진정으로 공산주의적인 정당)을 건설할 사람들을 결집하고 훈련해서 그들이 자신의 특별한 과제, 즉 자국에서 부르주아 민주주의 운동에 맞서 투쟁해야 한다는 것을 깨닫게 만드는 조건에서만 그래야 한다. 공산주의 인터내셔널은 식민지와 후진국의 부르주아 민주주의 운동과 일시적으로 동맹을 맺어야 하지만 그런 운동과 뒤죽박죽 섞여서는 안 되고 어떤 상황에서도 프롤레타리아 운동의 독립성을 유지해야 한다. 프롤레타리아 운동이 아무리 맹아적 형태에 불과해도 그래야 한다.[35]

이런 후진국의 미래는 어찌 될 것인가? 사회주의의 물질적 토대, 즉 발전된 산업과 높은 노동생산성이 그런 후진국에는 존재하지 않았다. 사회주의의 인간적 토대인 현대적 노동계급도 취약하거나 아예 존재하지 않았다. 그렇다면 이런 후진국은 선진국이 걸어간 길, 즉 자본주의적 발전의 길을 따라가야 하는가? 레닌의 대답은 조건부 부정이었다.

> 승리한 혁명적 프롤레타리아가 그들[후진국 주민] 사이에서 체계적으로 선전 활동을 펼친다면, 그리고 소비에트 정부가 온 힘을 다해 그들을 돕고 나선다면, 그럴 경우에는 후진국 주민들이 반드시 자본주의 발전 단계를 거쳐야 하는 생각은 오류일 것입니다. … 선진국 프롤레타리아가 도와준다면 후진국은 굳이 자본주의 단계를 거치지 않고도 소비에트 체제로 건너뛸 수 있고, 일정한 발전 단계를 거쳐서 공산주의로 도약할 수 있을 것입니다.[36]*

만약 아시아·아프리카·라틴아메리카가 고립돼 있었다면 자본주의는 여전히 오랫동안 발전할 가능성이 있었다. 그러나 식민지는 본국과 긴밀하게 결합돼 있었고 식민지의 운명은 본국의 운명과 밀접하게 맞물려 있었다. 민족 해방 투쟁의 중요성을 깨달은 레닌은 심지어 《공산당 선언》의

---

* 후진국에서 혁명의 가능성을 신중하게 조건부로 판단할 때 레닌은 말하자면 카를 마르크스와 프리드리히 엥겔스가 1882년에 러시아에 대해 다음과 같이 쓴 전통을 따른 셈이다. "러시아의 오브시나[원시적 공동 소유 형태 — 지은이]는 … 더 높은 공산주의 소유 형태로 곧장 나아갈 수 있는가? 아니면 반대로 서구의 역사 발전과 똑같은 해체 과정을 먼저 거쳐야 하는가? 지금 이 문제에 대해서는 다음과 같이 대답할 수밖에 없다. 러시아 혁명이 서유럽 프롤레타리아 혁명의 신호탄이 된다면, 그래서 두 혁명이 서로 보완한다면 현재 러시아의 토지 공유 제도는 공산주의적 발전의 출발점 노릇을 할 수 있다고."[37] — 지은이

마지막 구절을 바꿔서 "만국의 노동자와 모든 피억압 민중이여 단결하라!"는 구호를 만들어 내기도 했다.[38]

민족·식민지 문제에 관한 테제는 기권 3표로 통과됐다.

21개 조건

중간주의의 특징 하나는 모호하다는 것이다. 그래서 중간주의자들은 분명한 규율을 참지 못한다. 혁명적 분파와 개혁주의 분파, 둘 사이에 중간주의라는 늪지대가 모두 공존하는 당은 실천에서 규율 있는 조직이 될 수 없다. 각 경향의 목표가 근본적으로 다르기 때문이다. 그래서 레닌은 중간주의 지도부와 투쟁하기 위한 조직적 장치를 마련하기로 결심했다. 그 결과가 코민테른 가입 조건 21개 조항이다.

대회 초기에 공산주의 인터내셔널 집행위원회는 19개 조건을 발표해서 토론의 기초 자료로 삼았다. 그 초안은 레닌이 작성했다. 전문前文은 다음과 같았다.

> [제2인터내셔널과 제3인터내셔널] 사이에 있는 여러 '중간주의' 정당과 조직은 제2인터내셔널이 가망 없다는 것을 깨닫고, 날로 강력해지는 공산주의 인터내셔널에 의지하려 한다. 그러나 그러면서도 과거의 기회주의 정책, 즉 '중간주의' 정책을 계속 추진하기 위해 모종의 '자율성'을 누릴 수 있기를 바란다. 공산주의 인터내셔널은 어느 정도 유행처럼 되고 있다. …
> 상황에 따라서는, 제2인터내셔널의 이데올로기를 버리지 못한 채 동요하는 우유부단한 조직들의 유입으로 말미암아 공산주의 인터내셔널이 희석될 위험이 있다. …

이 모든 점을 고려해서, 2차 세계 대회는 새로운 정당의 가입 조건을 분명히 확정하고, 이미 가입한 당들의 의무도 확실히 밝힐 필요가 있다고 생각한다.[39]

가입 조건을 요약하면 다음과 같다.

제1조 당 기관지는 믿을 만한 공산주의자들이 편집해야 하고 프롤레타리아 독재 사상을 일관되게 전파해야 하며 부르주아지와 개혁주의자들을 가차없이 폭로해야 한다.

제2조 당 기구, 편집부, 노동조합, 의원단 등 책임 있는 직위에서 '개혁주의자와 중간주의자'를 모두 축출해야 한다.

제3조 모든 나라에서 합법 활동과 불법 활동을 결합시켜야 한다.

제4조 군대 안에서 공산당 세포를 조직하는 것을 포함해 체계적으로 선전 활동을 펼쳐야 한다.

제5조 각국의 농촌 지역에서 체계적 활동을 펼쳐야 한다.

제6조 사회주의적 애국주의와 사회주의적 평화주의를 비판해야 하고, 오직 "자본주의를 혁명적으로 전복하는 것만이 … 인류를 새로운 제국주의 전쟁에서 구할 수 있는 길"이라고 주장해야 한다.

제7조 개혁주의 정책이나 중간주의 정책과 무조건 철저하게 단절해야 한다.

제8조 공산당원들은 식민지 민중의 반제국주의 투쟁을 지지해야 한다.

제9조 노동조합, 협동조합, 그 밖의 대중조직에서 체계적으로 활동하는 것은 모든 공산당의 의무다.

제10조 암스테르담의 (사회민주주의) 노동조합 인터내셔널에 반대하고 이들과 단절해야 한다.

제11~14조는 당의 모든 활동 영역에 대한 중앙의 통제를 강화하는 조처들이다. 당 중앙위원회는 의원단의 인적 구성을 점검해서 믿을 수 없는 자들을 축출하고 의원단이 중앙의 통제를 따르게 만들어야 한다. 또, 중앙위원회는 당의 모든 출판물을 철저하게 통제해야 한다. "공산주의자들이 합법적으로 활동할 수 있는 나라에서 공산당은 불가피하게 당에 침투할 프티부르주아들을 체계적으로 배제하기 위해 주기적으로 당원을 숙청(재등록)해야 한다."

제15조 공산주의 인터내셔널에 가입하기를 원하는 정당은 반혁명에 맞서 투쟁하는 모든 소비에트 공화국을 최대한 지원해야 한다.

제16조 각국 공산당은 "공산주의 인터내셔널의 정신에 맞게" 강령을 개정하고 그 강령을 차기 코민테른 대회나 코민테른 집행위원회에 제출해서 승인받아야 한다.

제17조는 인터내셔널의 결정이 얼마나 중앙집중적이어야 하는가 그리고 각국의 현지 상황을 얼마나 고려해야 하는가 하는 문제를 다룬다.

공산주의 인터내셔널의 각 대회와 집행위원회에서 결정된 사항은 공산주의 인터내셔널에 가입한 모든 당을 구속한다. 격렬한 내전 상황에서 활동하는 공산주의 인터내셔널은 제2인터내셔널보다 훨씬 더 중앙집중적이어야 한다. 그러나 공산주의 인터내셔널과 집행위원회는 각국 공산당이 투쟁하고 활동하는 조건이 다양하다는 점을 고려해야 하고, 모든 당을 구속하는 결정을 내릴 때는 그런 결정이 가능한 문제에 관해서만 결정을 내려야 한다.

제18조 공산주의 인터내셔널에 가입하기를 원하는 당은 모두 '공산당'이라는 이름을 채택해야 한다. 이것은 단지 형식적 조건이 아니라 공산

당과 사회민주주의 정당의 근본적 차이를 분명히 나타내기 위해 꼭 필요한 조건이다.

제19조 각 당은 즉시 특별 당대회를 소집해서 코민테른 2차 대회의 결정 사항을 승인해야 한다.[40]

대회에서 벌어진 논쟁 결과로 두 가지 조건이 추가됐다.

제20조 모든 당은 중앙위원회의 3분의 2가 코민테른 2차 대회 전에 제3인터내셔널을 승인했던 사람들로 이뤄지도록 조직을 개편해야 한다.

제21조 각국 공산당은 다음 당대회에서 21개 조건을 받아들이기를 거부하는 당원을 모두 축출해야 한다.[41]

코민테른 2차 대회에서 21개 조건은 거의 만장일치로 통과됐다. 반대표를 던진 사람은 2명뿐이었다.

지노비예프는 2차 대회의 활동을 요약하며 다음과 같이 말했다. "낙타가 바늘구멍을 통과하기가 어렵듯이 중간주의자들이 21개 조건을 빠져나가기는 어려울 것입니다."[42]

앞으로 보게 되겠지만, 그것은 지노비예프의 말보다 더 쉬웠다. 많은 정당이 다양한 방법으로 21개 조건을 교묘하게 회피했다. 네덜란드의 베인코프가 다음과 같이 말한 것은 옳았다. "기회주의자들에게 종이 쪼가리가 무슨 소용이 있겠는가? 그들은 문서에 서명하는 것이 불가피하다면 얼마든지 그렇게 할 것이다. 그러고 나서 행동은 제멋대로 할 것이다. 그들은 항상 겉과 속이 다르고 한 입으로 두 말하기 일쑤다."[43]

2차 대회 후에 독일 독립사회민주당, 프랑스 사회당, 체코슬로바키아 사회당의 다수파와 이탈리아 사회당의 소수파, 불가리아·유고슬라비아·노르웨이의 대중정당들과 네덜란드·오스트리아·헝가리 등지의 소규모 정당들이 21개 조건을 승인했다.

04 레닌, 볼셰비즘, 코민테른

3장에서는 코민테른 1·2차 대회가 전략·전술의 학교였다는 사실을 강조했다. 그 학교의 성과는 교사들의 자질뿐 아니라 학생들의 출신 배경, 준비 정도, 자질에도 달려 있었다. 코민테른에서 레닌과 트로츠키를 비롯한 러시아 지도자들은 대체로 교사 구실을 했고 다른 나라 공산당 지도자들은 학생이었다. 이 학생들은 인터내셔널에 자국 고유의 특징과 전통을 들여왔다. 이런 요인들이 그들의 볼셰비즘 흡수 과정을 얼마나 촉진하거나 방해했는지가 인터내셔널의 운명에 결정적 영향을 미쳤다.

신생 공산당들의 일국적 특징과 볼셰비즘의 관계라는 중요한 문제를 다루기 전에 다음과 같은 물음을 던져야 한다. 레닌은 인터내셔널을 지도할 준비가 얼마나 잘 돼 있었는가?

레닌이 비록 혁명 전략·전술의 대가였고 러시아 혁명가들을 교육하고 훈련한 경험이 풍부했지만, 중서부 유럽의 공산당 지도자들을 훈련하는 데는 약점이 있었다. 이 분야에서 레닌의 경험은 매우 협소했다. 제1차세계대전 전까지 오랫동안 여러 나라를 전전하면서도 레닌은 자신이 망명

중인 나라의 현지 노동운동에 결코 관여하지 않았다. 영국·스위스·프랑스·폴란드 어디에서도 그러지 않았다. 레닌이 저술 활동을 시작하고 나서 25년 동안 많은 글과 책을 썼지만 러시아 밖의 독자를 겨냥해서 쓴 글은 두어 편뿐이었다. 그조차 레닌을 반대하는 러시아인들이 외국에서 발행한 출판물에서 볼셰비키를 비판하자 이에 맞서 볼셰비키를 옹호하려고 쓴 것들이었다. 레닌의 노력은 모두 러시아에서 혁명적 정당을 건설하고 지도하는 일에 집중됐는데, 이것 자체가 일종의 약점으로 작용했다. 또, 1914년 전쟁 발발 전까지 레닌이 카우츠키나 독일 사회민주당을 결코 비판하지 않았다는 사실은 중서부 유럽의 노동운동에서 개혁주의와 기회주의의 영향력이 얼마나 강력했는지를 레닌이 제대로 파악하지 못했음을 보여 준다. 이 점은 1918년과 1919년에 유럽에 대중적 공산당이나 경험 많은 공산당이 전혀 없었는데도 레닌은 프롤레타리아 혁명이 성공할 것이라고 지나치게 낙관한 데서도 드러난다.

그러나 레닌의 이런 약점은 코민테른의 운명에 영향을 미친 훨씬 더 근본적 요인과 견주면 오히려 하찮은 것이다. 그 근본적 요인이란 중서부 유럽 노동운동의 전통이었다. 레닌이 이끈 코민테른의 역사는 "모든 죽은 세대의 전통이 산 자들의 머릿속을 무겁게 짓누른다"는 마르크스의 말이 옳았음을 거듭거듭 보여 준다.

또, 공산주의 인터내셔널 초기 몇 년의 발전 과정을 살펴보면, 잇따른 세계 대회(특히 2·3차 세계 대회)에서 결정된 전략·전술 방침과 각국 지부의 실제 정책이 서로 달랐다는 사실에 충격을 받게 된다. 코민테른 초기 4년의 경험은 볼셰비즘과 국제 노동운동을 결합시키는 데 많은 어려움이 있었다는 사실을 보여 준다.

직접경험이 근본적이다

볼셰비즘은 길고 격렬한 투쟁 속에서 형성됐다. 볼셰비즘의 특징은 1905년 혁명과 그 뒤의 반동기, 다시 찾아온 혁명적 고양기의 경험을 바탕으로, 즉 불법 활동과 두마 내의 [합법] 활동, 수많은 산업 투쟁과 정치 파업, 공세적 투쟁과 방어적 전투, 무장봉기와 내전을 거치며 형성됐다. 볼셰비즘은 오랜 이데올로기 투쟁과 정치투쟁을 거치며, 그리고 자신의 경험(실수도 포함해서)을 분석하면서 성숙했다. 볼셰비키는 중간주의자들인 멘셰비키나 볼셰비키 내의 초좌파주의자들 둘 다에 맞서 싸워야 했고 그와 동시에 러시아 생활의 진정한 문제들과 씨름해야 했다. 그 과정에서 독립적이고 주체적인 지도부가 선발되고 시험을 통과하고 단련됐다.

당은 항상 자신의 경험에서 주로 배운다. 그렇다고 해서 다른 나라나 다른 정당의 경험에서 배울 것이 없다는 말은 아니다. 오히려 그 반대다. 볼셰비키는 프랑스 대혁명, 1848년 혁명, 파리코뮌의 경험을 흡수했다. 그러나 이런 흡수는 국제적 경험을 러시아의 노동자 투쟁에 활용한다는 것을 뜻했다. 볼셰비키가 혁명의 국제적 경험을 진정으로 흡수하는 데서 필수적이었던 것은 1905년 혁명의 경험이었다. 국제 노동운동의 문제점들은 러시아 프롤레타리아 투쟁의 혁명적 교훈에 비춰 검토되고 흡수됐다.

코민테른이 창립되자 많은 사람들은 간부와 지도자의 기능, 그들을 선발하는 방법, 혁명적 전략·전술을 주로 다른 나라 당(특히 러시아 볼셰비키당)의 경험에서 배울 수 있다고 생각했다. 물론 인터내셔널은 각국의 경험이 공유되도록, 그래서 각국 정당의 훈련 비용이 줄어들도록 도울 수 있었다. 그러나 모든 당은 자신의 투쟁을 통해 교훈을 배워야 한다.

코민테른 2차 대회는 다음과 같이 선언했다. "공산주의 인터내셔널은 사실상 그리고 정말로 전 세계의 단일 공산당이어야 한다. 각국에서 활동하는 공산당은 공산주의 인터내셔널의 지부일 뿐이다."[1] 정말로 통일된 국제당을 만들려면 각국의 경험을 효과적으로 다른 나라에 전해 줄 수 있어야 한다. 코민테른의 역사는 그것이 매우 어렵다는 사실을 보여 준다.

중서부 유럽 공산당들이 세계혁명의 전위인 러시아 볼셰비키의 혁명적 경험을 전수받는 데 장애물 구실을 한 것은 바로 그들의 토착 전통이었다.

수십 년 동안 유럽 노동계급은 개혁주의 정신 속에서 합법적 의회 활동과 노동조합 활동으로 훈련받았다. 그들은 러시아 노동계급과 달리 불법 활동, 무장 투쟁과 봉기, 혁명을 경험하지 못했다. 중서부 유럽의 공산당들은 과거의 의회주의·기회주의 전통에 짓눌릴 수밖에 없었다. 그들은 이 과거의 전통에 반발했지만, 그렇다고 해서 공산주의의 이론적 원칙과 혁명적 투쟁 방식을 흡수하는 데 반드시 성공한 것도 아니었다. 사실, 대중의 혁명적 정서라는 압력 때문에 관료주의·의회주의·개혁주의에 물든 수많은 사람들이 공산주의로 떠밀려 왔다.

서유럽 공산당의 가장 뛰어난 지도자들조차 점진주의 전통의 영향에서 완전히 벗어나지 못했다. 그래서 위대한 혁명가 로자 룩셈부르크도 혁명의 근본 과제에 대한 숙명론적 태도에서 완전히 자유롭지 않았고 독일 사회민주당과 노동조합 관료들의 압력에 영향을 받았다. 피에르 브루에는 로자 룩셈부르크의 조직인 스파르타쿠스단의 약점에 대해 다음과 같이 썼다.

[스파르타쿠스단의 약점은 — 지은이] 분명히 1914~18년 전쟁 전에 발전한 사회민주당의 약점을 반영한 것이었다. 사회민주당은 사회 속의 사회였고, 자본주의에 완벽하게 통합돼 있었다. 그래서 원칙적으로는 자본주의에 반대했지만 실천적으로는 자본주의에 순응했다. 사회민주당은 경험·책임·일자리를 제공했지만, 노동자들과 함께 역사를 만들 수 있는 사람들이 아니라 노동자들을 이용해 정치를 하려는 자들에게만 그것들을 제공했다. … 전쟁 전의 사회민주당 대열에서 갈라져 나온 공산당 지도자들의 수동성과 추수주의 [꽁무니 좇기] 경향에는 사회민주당의 흔적이 각인돼 있었다.[2]

공산주의 인터내셔널이 좌경화한 중간주의자들을(개인과 단체뿐 아니라 옛 지도부를 전부 또는 일부 포함하는 당 전체도) 가입시켜 조직을 키우다 보니, 부르주아 여론이 물질적·사회적·정치적 연결 고리를 통해 당 상층부에 상당한 영향을 미쳤다. 부르주아 사회에 기반을 둔 개혁주의 정치인들의 특징 하나는 순응과 책략에 능하다는 것이었다. 알프레드 로스메르는 매우 날카로운 관찰자였는데, 코민테른 2차 대회와 그 후의 프랑스 공산당 지도자들의 행태를 보며 다음과 같이 썼다.

러시아 공산주의자들은 [코민테른 가입 조건 21개 조항을 — 지은이] 매우 꼼꼼하게 만들었다. … 이 엄격한 조건은 기회주의자들이 결코 통과할 수 없는 험난한 장애물이 될 것이[라고 그들은 생각했]다. 그러나 이것이 착각이었음을 곧 깨달았다. … 러시아 공산주의자들은 의회 민주주의 관행으로 훈련받은 이 기회주의자들이 얼마나 노회한 책략을 부릴 수 있는지를 알지도 못했고 알 수도 없었다. 그 기회주의자들은 의심 많은 러시아인들이 상상할 수 있는 것보다 훨씬 더 많은 술수를 얼마든지 부릴 수 있었다. 예컨대, 프랑스 공산

당 사무총장 프로사르는 2년 동안 러시아인들에게 얼버무리기가 무엇인지를 제대로 가르쳐 줬다.³

옛 지도자들의 순응성과 진정한 혁명적 경험의 부족을 감안하면, 새 공산주의 지도자들이 볼셰비즘을 '교묘한' 책략 부리기와 동일시할 위험은 대단히 컸다. 로스메르는 벨기에 공산당 지도자가 레닌의 책 《'좌파' 공산주의 — 유치증》을 가리켜 다음과 같이 말한 것을 지지하며 인용했다.

"아주 위험한 책입니다" 하고 그는 말했다. "레닌에게는 전혀 위험하지 않습니다. 왜냐하면 그는 항상 노동계급에 유리하게 책략을 부릴 것이고, 그가 하는 타협은 노동계급에 이로울 것이기 때문입니다. 그러나 젊은 공산주의자들은(심지어 이제 더는 젊지 않은 일부 공산주의자들조차) 노동자 투쟁의 실천적 경험이 전혀 없다는 사실을 명심해야 합니다. … 그들은 이 지침서에서 부차적 사항들만을 받아들일 것입니다. 그것이 그들에게는 손쉽고 편리하기 때문입니다. 그들은 필요한 노력과 탐구를 하려고 애쓰지 않을 것입니다. 책략과 타협을 뒷받침해 줄 사회주의적 토대가 확고하지 않으므로 책략과 타협을 문제의 본질로 여기고 자신의 모든 행동을 손쉽게 정당화할 것입니다."

그리고 다음과 같이 덧붙였다. "이런 위험이 결코 허구가 아니었음을 깨닫기까지는 오래 걸리지 않았다. 레닌 사망 직후 '지노비예프가 주도한 [코민테른의] 볼셰비키화'로 말미암아 코민테른의 모든 지부에서 이런 위험이 대두하기 시작했고, 스탈린[의 집권]과 함께 '공산주의' 자체가 책략으로 전락했다."⁴

볼셰비즘의 강점은 주로 전술적 순응이 아니라 엄격하고 원칙 있는 태도였다. 나는 전에 다음과 같이 쓴 적 있다.

레닌은 임기응변을 중요하다고 생각했다. 그러나 이것이 단순히 그때그때 바뀌는 인상으로 전락하지 않으려면 정밀하게 다듬은 이론을 바탕으로 한 일반적 전망 속에 통합돼야 했다.[5]

레닌 당 이론의 기본 주제는 두 가지다. 첫째, 한동안 노동계급의 소수파가 되더라도 원칙을 확고하게 고수하는 것. 둘째, 노동자 대중이 참여하는 모든 투쟁에 실천적 지도, 즉 유연한 지도를 제공해서 그들과 최대한 긴밀한 관계를 맺는 것. 개인이나 당은 오로지 자신의 독자적 투쟁을 통해서만 이 두 가지를 모두 흡수할 수 있다. 혁명적 정당은 마르크스와 레닌의 사상을 독일어·프랑스어·이탈리아어로 옮길 수 있어야 할 뿐 아니라 독일·프랑스·이탈리아 노동자들의 고통과 염원과 희망을 마르크스주의 언어로 옮기는 법도 배워야 한다. 그러려면 엄청난 노력과 경험이 필요하다.

경제적·사회적 장애물

러시아 밖의 유럽 나라들에 볼셰비즘을 도입하는 것을 가로막은 강력한 경제적·사회적 장애물도 있었다. 엥겔스는 영국이 산업과 식민지를 독점한 덕분에 영국 노동계급의 일부가 관료화했다고 논평한 적 있는데,[6] 레닌은 그 논평을 상기하며 다음과 같이 주장했다.

수많은 산업부문 가운데 하나에서, 수많은 나라 가운데 하나에서 자본가들은 높은 독점이윤을 얻게 된 결과로 노동자들의 특정 부문을 매수하는 것이 경제적으로 가능해진다. 즉, 한동안 상당한 소수의 노동자들을 매수해서 부르주아지 편으로 만들 수 있게 된다.

이 부르주아화한 노동자층, 즉 노동귀족은 생활 방식, 소득수준, 사물을 보는 관점 자체가 매우 속물적인 자들인데, 이들이 바로 제2인터내셔널의 주요 버팀목이고 오늘날 부르주아지를 지탱하는 주요 사회적 … 버팀목이다. 왜냐하면 그들은 **노동계급** 운동에 침투한 부르주아지의 진정한 **첩자**, 즉 자본가계급의 노동 부관副官이기 때문이다.[7]

레닌이 개혁주의를 분석해서 내린 결론은, 개혁주의의 진정한 지지 기반은 오직 소수의 보수적 노동자층에서만 구축된다는 것이었다. 즉, 이들이 노동자 대중의 혁명적 열망을 은폐한다는 것이었다.

그러나 시장의 독점을 포함해 자본주의 경제의 작동 방식을 보면, 노동계급의 일부만이 경제적 혜택을 누린다는 것은 사실이 아니다. 나는 전에 다음과 같이 쓴 적 있다.

레닌의 개혁주의 분석을 다룰 때는 가장 먼저 다음과 같은 물음을 던져야 한다. 초과이윤, 예컨대 영국 기업들이 식민지에서 뽑아낸 초과이윤이 어떻게 영국 '노동귀족'이 '주워 먹는 빵 부스러기'로 바뀌는가? 이 물음에 대한 답은 레닌의 개혁주의 분석 전체가 틀렸음을 입증한다. …

노동자들에게 다음과 같이 말하는 자본가는 없다. "올해 이윤을 많이 남겼으니 여러분의 임금을 올려 주겠다."

물론 제국주의와 자본수출은 공업국의 임금수준에 큰 영향을 미칠 수 있다. 기계·철도·기관차 등을 생산하는 많은 노동자에게 일자리를 제공해서 말이다(이것이 자본수출의 실제 내용이다). 이렇게 고용수준에 미치는 영향은 분명히 전반적 임금수준에도 영향을 미친다. 그러나 이것이 왜 '극소수'의 실질임금에만 영향을 미쳐야 하는가? 고용이 증가하고 실업이 감소하면 소수의 '노동귀족'만 증가하고 노동계급 대중의 조건은 아무 변화가 없는가? 거의 완전고용에 가까운 조건은 숙련 노동자와 미숙련 노동자의 임금격차를 증대시키는가? 분명히 그렇지 않다.

자본가들이 식민지에 투자해서 얻는 높은 초과이윤은 다른 방식으로 임금을 상승시킨다고 주장할 사람도 있을지 모르겠다. 즉, 이윤이 낮다면 노동조건을 보호하는 노동법령을 강력하게 반대했을 자본가들이 높은 초과이윤 덕분에 그러지 않게 된다고 말이다. 그럴 수 있다. 그러나 그런 법령이 노동계급 내 계층 간 생활수준 격차를 증대시킨다고 말할 수는 없을 것이다. … 특정 산업에서 아동노동을 금지하거나 여성노동을 제한하는 조처 같은 간단한 사례를 보자. 이런 조처가 미숙련 노동시장보다 숙련 노동시장에, 따라서 임금에 더 많이 영향을 미치지는 않는다. 노동시간 제한도 미숙련 노동시장보다 숙련 노동시장에 더 많이 영향을 미치지는 않는다. 사실, 미숙련 노동자와 반숙련 노동자의 생활수준을 높이는 조처는 모두 그들과 숙련 노동자의 생활수준 격차를 감소시킨다. 교육 수준을 포함해 전반적 생활수준이 높을수록 미숙련 노동자가 반숙련 노동자나 숙련 노동자가 되기도 쉬워진다. 형편이 넉넉한 노동자가 견습 기간의 경제적 부담도 감당하기 쉽다. 그리고 노동자가 기술을 더 쉽게 배울수록 숙련 노동자와 미숙련 노동자의 임금격차도 감소한다.

또, 제국주의는 후진국이나 식민지에서 식량(과 원료)을 아주 싸게 얻는다는 사실 덕분에 노동자들에게 '빵 부스러기'를 던져 줄 수 있다고 주장할 사람도 있을지 모르겠다. 그러나 이 요인도 소수 '노동귀족'뿐 아니라 공업국 노동계급 전체의 생활수준에 영향을 미친다. 즉, 노동자들의 전반적 생활수준을 높여서 똑같은 노동계급 내 부문 간 격차를 감소시키는 것이다.[8]

개혁주의의 경제적 뿌리가 소수의 노동자층보다 훨씬 더 깊은 곳에 있다는 사실 때문에, 러시아보다 서유럽에서 공산당의 헤게모니를 확립하기가 훨씬 더 어려울 수밖에 없었고, 장기간의 악전고투가 필요했다. 물론 (공산당을 포함해) 어떤 대중정당도 대중이 널리 받아들이는 사상의 영향에서 완전히 자유롭지는 않다.

러시아 공산당의 레닌과 그 동지들은 매우 짧은 기간에 여러 나라에서 대중정당을 성장시키는 놀라운 성과를 거뒀다. 볼셰비키 지도자들은 혁명의 전략·전술을 가르치는 데 도움을 줄 수 있었지만, 그 어떤 것도 각국 공산당의 실제 투쟁 경험을 대체할 수는 없었다. 진정한 공산주의 지도부를 하룻밤 사이에 만들어 내는 것은 불가능했다. 그것도 자본주의가 꾸준히 성장하면서 그 부산물로 노동자들의 생활 조건도 개선되는 오랜 과정에서 형성된 개혁주의 정신을 고스란히 받아들인 노동계급을 기반으로 해서 그러기는 불가능했다. 따라서 타이밍의 문제, 즉 각국 공산당 지도자들이 경험에서 배울 수 있을 만큼 충분한 시간을 역사가 허용할지, 그리고 코민테른 지도부가 그럴 수 있을지가 결정적으로 중요해졌다.

코민테른에서 러시아의 헤게모니

러시아 혁명은 최초의 승리한 프롤레타리아 혁명이었으므로 다음 혁명들은 러시아 혁명을 모범으로 삼아야 한다고 레닌이 생각한 것은 아주 당연했다. 그래서 소책자 《프롤레타리아 혁명과 배신자 카우츠키》에서 레닌은 다음과 같이 썼다.

> 볼셰비즘은 제3인터내셔널, 즉 진정으로 프롤레타리아적이고 공산주의적인 인터내셔널의 이데올로기적·전술적 토대를 놓았다. 제3인터내셔널은 평온한 시기의 성과들과 이제 막 시작된 혁명적 시기의 경험을 모두 고려할 것이다. … 볼셰비즘은 전쟁과 제국주의의 참상에서 벗어날 수 있는 올바른 길을 보여 줬다. … 볼셰비즘은 누구나 인정하는 전술의 모범이 될 수 있다.[9]

그러나 레닌은 러시아 공산당의 주도권이 일시적 현상일 뿐이라고 굳게 확신했다. 즉, 혁명이 러시아에 국한된 동안에만 지속될 수 있는 현상이라는 것이었다. 1919년 4월에 써서 코민테른 기관지 첫 호에 실린 글 "제3인터내셔널의 역사적 위치"에서 레닌은 국제 노동운동에서 러시아가 주도력을 발휘하는 상황의 일시적 성격을 강조했다. "혁명적 프롤레타리아 인터내셔널의 지도력이 한동안(잠시 동안이라는 것은 두말하면 잔소리다) 러시아인들에게 넘어왔다. 19세기에는 처음에 영국인, 다음에 프랑스인, 그다음에는 독일인의 수중으로 넘어갔듯이 말이다."[10] 그러면서, 러시아의 경험을 기계적으로 되풀이하려 해서는 안 된다고 덧붙였다.

> 그런데 중요한 것은 각국 공산주의자들이 자국의 투쟁에서 나타날 수밖에 없는 **구체적 특징들**(각국의 경제, 정치, 문화, 민족 구성, … 식민지, 종교적 분열 등등의 특수성에 따른)을 … 매우 의식적으로 고려해야 한다는 것이다.[11]

코민테른에서 러시아 공산당은 권력을 장악하고 유지하는 유일한 당이었다. 따라서 난쟁이들 사이에 우뚝 서 있는 거인처럼 러시아 공산당이 무한한 명성과 권위를 누린 것은 당연했다. 스스로 혁명에 성공하지 못한 독일·프랑스·이탈리아 등의 공산당 지도자들은 혁명에 성공한 러시아인들에게 비범한 자질이 있다고 생각할 수밖에 없었다. 빅토르 세르주는 "러시아인들이 모든 것을 주도했다. 그들은 누가 봐도 뛰어났으므로 그들이 주도하는 것은 아주 당연했다"고 썼다. "지성과 자유로운 정신이라는 측면에서 그들과 맞먹을 수 있고 심지어 그들을 능가할 수 있는 서유럽 사회주의자는 오직 로자 룩셈부르크뿐이었지만, 그녀는 이미 1919년 1월 독일군 장교들이 휘두른 소총 개머리판에 맞아 죽고 없었다."[12]

프랑스 공산당의 주요 지도자였던 보리스 수바린은 1923년 3월 다음과 같이 말했다.

> 고맙습니다, 볼셰비키당! 우리를 진정한 혁명가로 만들어 주셔서, 그리고 우리를 민주주의의 편견에서, 인도주의의 환상에서, 개혁주의의 오류에서 구해 주셔서 감사합니다. 볼셰비키당은 자신의 모습을 본떠 세계 모든 나라에서 공산당을 만들어 냈습니다. 우리는 볼셰비키당이 앞서 간 길을 따라가고 그들의 가르침을 따르고 그들처럼 혁명에 헌신하기 위해 힘써 노력할 것입니다. 우리는 똑같은 국제당 소속이라는 것이 자랑스럽습니다. 우리의 가장 큰 자랑은 그들의 신뢰를 받고 있다는 것이고, 가장 큰 희망은 우리가 그들의 신뢰를 받을 만한 존재임을 입증하는 것입니다.[13]

이런 아부는 자주적 혁명 지도자가 아니라 지노비예프의 아첨꾼 또는 훗날 스탈린의 아첨꾼에게나 훨씬 더 어울릴 법한 말이다.

각국 공산당이 러시아 공산당에 무비판적 태도를 취했다는 사실은 코민테른 세계 대회 때마다 여실히 드러났다. 제1차 세계 대회에서는 진정한 논쟁이 딱 한 번 있었다. 그것은 인터내셔널 건설 제안을 둘러싸고 벌어진 논쟁이었다. 2차·3차·4차 세계 대회에서 독일·프랑스·이탈리아 등 각국 공산당 대표들은 저마다 자국의 문제를 제기했을 뿐 코민테른 자체는 거의 거론하지 않았다. 모든 논쟁에서 러시아 대표들은 다른 나라 공산당들을 비판했지만, 다른 나라 대표들은 러시아 대표들을 한 번도 비판하지 않았다. 2차 대회에 참석했던 [영국 공산당] 대표 J T 머피의 다음과 같은 말은 충분히 근거가 있었다. "일반적 문제나 중요한 문제를 검토할 때 각국 대표단은 모두 자국의 관점에서 문제를 바라봤다. 오직 러시아 대표들만이 국제주의에 대한 실질적 이해와 감각을 보여 줬다. 비록 러시아라는 안경을 끼고 국제적 창을 내다보는 경우가 빈번했지만 말이다."[14]

코민테른 2차 대회에서 영국 대표 잭 태너는 애처롭게 다음과 같이 말했다. "저는 러시아 대표들과 각국 대표들에게 묻습니다. 다른 사람들한테서 뭔가 배울 것도 있지 않습니까? 즉, 다른 사람들을 단지 가르치기만 하는 것이 아니라 다른 나라의 경제투쟁과 혁명운동에서 배워야 하는 것도 있지 않습니까?"[15]

2차 대회에 참석한 독일 독립사회민주당 대표 아르투어 크리스피엔은 다음과 같이 말했다. "오직 러시아 공산당만이 비판받지 않았다. 다른 나라 공산당 중에 비판받지 않은 당은 하나도 없었다."[16]

다른 나라 공산당 대표들이 국제 상황을 알고 경험한 것보다 러시아 공산주의자들이 서유럽 노동운동을 알고 경험한 것이 훨씬 더 많았다. 그래서 다른 나라 공산당 지도자들은 러시아 공산주의자들보다 진짜 열등하다고 생각했다. 예컨대, 세라티는 코민테른 2차 대회에서 다음과 같이 말했다. "저는 이탈리아 당대회에서는 제 자신이 미약하고 무기력하다고 느껴 본 적이 한 번도 없습니다. 여기 모스크바에서는 상황이 완전히 다릅니다. 제가 말하는 것은 시대나 사람들의 문화가 아니라 그들의 힘이 다르다는 것입니다. 제가 어찌 감히 레닌 동지와 저를 비교하겠습니까? 레닌 동지는 러시아 혁명의 지도자입니다. 그러나 저는 아주 작은 공산주의 사회당의 대표일 뿐입니다."[17]

심지어 러시아 지도자들이 완전히 터무니없는 소리를 해도 다른 나라 공산당 지도자들은 전혀 비판하지 않았다.

코민테른 4차 대회에서 라데크가 중국 동지들에게 멘셰비즘의 재탕이나 다름없는 강연을 했는데도 항의하는 사람이 아무도 없었다.

중국 동지들의 임무는 무엇보다 중국 운동의 모든 가능성을 고려하는 것입니다. 동지들, 지금 중국 운동의 의제는 사회주의도 아니고 소비에트 공화국도 아니라는 사실을 아셔야 합니다. 불행히도, 민족의 단결과 통일된 민족 공화국이라는 역사적 문제조차 아직 중국에서는 의제로 떠오르지 않았습니다. 지금 중국의 상태를 보면 18세기의 유럽, 특히 독일이 생각납니다. 당시 독일에서는 자본주의 발전이 너무 취약해서 통일된 국민국가가 수립될 수 없었습니다.[18]

같은 대회에서 레닌, 트로츠키, 클라라 체트킨, 벨러 쿤이 러시아 혁명 5년을 돌아보는 연설을 했을 때 청중석에서 나와 러시아 동지들에게 비판이나 조언을 한 사람은 한 명도 없었다!

지노비예프나 나중의 스탈린과 달리 레닌과 트로츠키는 외국 공산당 지도자들을 괴롭히거나 을러대지 않았다. 레닌과 트로츠키는 외국 공산당 지도자들이 자기 당의 상황을 얘기할 때처럼 솔직하게 러시아 당의 문제들에 대해서도 얘기해 주기를 기대했다. 레닌과 트로츠키는 외국 공산주의자들이 자신감이 없어서 자신들의 견해를 솔직하게 표명하지 못한 사실에 대해 책임이 없다.

러시아 당에 대한 이런 무비판적 태도는 위험했다. 러시아 공산당이 코민테른의 모든 정책을 책임졌다. 성공은 모두 러시아 공산당의 공로였고, 실패는 항상 다른 나라 공산당의 잘못 탓으로 돌려졌다.

외국 공산당들이 러시아 지도부에 수동적으로 계속 복종한 주된 이유는 국제 노동계급 운동이 겪은 패배들 때문이었다. 러시아인들만이 성공의 명성을 누렸다. 각국 공산당은 중간주의나 초좌파주의에서 비롯한 실수들을 피하는 법을 배우는 데도 더뎠고, 그래서 계속 모스크바의 비판을 받았다. 그 결과, 그들은 비판과 자기비판이라는 레닌주의 방법을 받아들인 것이 아니라 모스크바는 항상 옳다는 생각만 받아들이게 됐다.

모스크바에 아부하는 태도를 강화한 또 다른 요인은 소비에트 국가를 엄청나게 떠받드는 태도였다. 국민 위에 군림하는 강력한 국가를 떠받드는 태도는 자본주의가 사람들에게 주입하는 것 중 하나다. 그런 심리적 특징은 확실히 독립적이고 자주적인 혁명 지도부에는 어울리지 않는다.

민주적 중앙집중주의와 관료주의적 명령

코민테른은 스스로 세계 당이라고 생각했지 각국 정당들의 결집체라고 여기지 않았다. 이것은 자본주의를 대체하는 사회질서가 세계 질서가 돼야 한다는 생각의 조직적 표현이었다. 그렇게 보면, 국제 '참모부'는 세계 운동을 지도하는 데 없어서는 안 되는 존재였다.

코민테른은 자신의 중앙집중주의가 일관되게 민주적이라고 강조했다. 코민테른 4차 대회에서는 "당관료들의 수중에 '권력'이 집중돼 그들이 다른 당원들이나 당 밖에 있는 혁명적 프롤레타리아 대중을 지배하는 것"을 비난했다. "공산당 조직의 중앙집중주의는 형식적·기계적 집중이 아니라 공산주의 활동의 집중이다. 즉, 강력하고 전투적이면서도 유연한 지도의 형식이다."[19]

일국 수준이나 국제 수준에서 민주적 중앙집중주의가 제대로 작동하려면 당의 동질성 수준이 높아야 하고 의식과 교육 수준도 높아야 하며 지도자들끼리 서로 신뢰해야 할 뿐 아니라 모든 당원과 지도부 사이에도 상호 신뢰가 있어야 한다. '참모부'와 '야전군'이 긴밀하게 통합돼 있다면, 규율의 99퍼센트는 신뢰에서 나오고 1퍼센트만이 기계적 복종에서 나온다.

그런 조건이 존재하지 않으면 반드시 관료적 명령이 득세할 것이다. 모름지기 조직의 규칙은 그 규칙의 정치적 토대를 넘어설 수 없는 법이다.

러시아 외부의 공산당 지도자들이 상대적으로 매우 후진적이었기 때문에, 코민테른의 활동에서 행정적 명령이 사실상 결정적 구실을 했다. 모스크바의 권위는 행정적 조처에 의해 강화된 것이다.

제1·2인터내셔널과 제3인터내셔널의 가장 두드러진 조직적 차이는 전자가 각국 당들의 느슨한 연맹체였다면 후자는 엄격한 중앙집중적 조직을 지향했다는 점이다.

코민테른에서 최고의 권위는 1년에 한 번씩 정기적으로 열리는 세계 대회에 있었고, 다음 세계 대회가 열리기 전까지는 그 전 세계 대회에서 선출된 집행위원회가 코민테른을 운영하면서 광범한 권한을 행사했다. 2차 대회에서 채택된 코민테른 규약은 다음과 같이 돼 있다.

집행위원회는 다음 세계 대회가 열릴 때까지 공산주의 인터내셔널의 모든 활동을 지휘하고 … 인터내셔널에 소속된 당과 조직은 모두 집행위원회의 지시에 따라야 한다. 집행위원회는 인터내셔널 소속 정당에 국제 규율을 어긴 단체나 개인을 축출할 것을 요구할 권리가 있고, 세계 대회의 결정 사항을 위반한 정당을 인터내셔널에서 축출할 권리도 있다.[20]

모스크바가 인터내셔널의 각국 지부에 가할 수 있는 압력 하나는 재정 압박이었다. 코민테른의 상황과 그 전의 국제 노동자 조직들을 비교해 보자. 다음은 제1인터내셔널의 재정 상황을 간략하게 묘사한 글이다.

첫 6년 동안 총평의회의 수입으로 들어온 개별 회원 (단체)들의 회비는 1865년 23파운드, 1866년 9파운드 13실링, 1867년 5파운드 17실링, 1868년 14파운드 14실링, 1869년 30파운드 12실링, 1870년 14파운드 14실링이었다. 엥겔스가 헤이그 대회에 제출한 마지막 재정 보고서를 보면, 1870~72년에 인터내셔널은 적자 상태였고 총평의회는 "총평의회 회원들과 그 밖의 사람들"에게 "25파운드 이상"을 빚지고 있었다. 예컨대, 1869~70년 총평의회의 수입은 모두 51파운드 7실링 1펜스였다. 같은 해 지출은 47파운드 7실링 5펜스였지만, 여전히 4파운드 4펜스의 집세가 밀려 있었다.[21]

위의 금액을 오늘날 파운드화 가치로 환산하기 위해 20배 이상 부풀리더라도 그 액수는 보잘것없다.

제1인터내셔널이 가난했다는 사실은 총평의회가 집세를 내지 못해 건물에서 쫓겨난 것만 봐도 분명히 알 수 있다. 따라서 지노비예프가 코민테른 2차 대회에서 다음과 같이 말한 것이 오히려 놀라울 정도다. "제1인터내셔널은 강력한 중앙집중적 기구였다."[22]

또, 제1차세계대전 기간에 치머발트 [대회에 참가한] 좌파들의 재정 상태도 살펴보자. 카를 라데크는 자서전에서 다음과 같이 썼다.

> 이 조직[치머발트 좌파 — 지은이]의 투쟁 기금은 다음과 같이 해서 모았다. 볼셰비키를 대표해서 블라디미르 일리치[레닌]가 20프랑, 독일의 좌파들을 대표해서 보르하르트가 20프랑, 폴란드 사회민주당 이름으로 내가 하네츠키 주머니에서 나온 돈 10프랑을 냈다. 이렇게 해서 미래의 공산주의 인터내셔널은 세계 정복에 사용할 50프랑을 손에 넣었다.[23]

이 보잘것없는 금액과 1925년에 코민테른이 영국 공산당에 배정한 1만 6000파운드를 비교해 보라! 영국 공산당의 신문 〈워커스 위클리〉는 다음과 같이 썼다. "코민테른에서 받은 돈을 제외하면 우리의 주간 소득은 보통 약 20파운드다." 영국 공산당의 역사를 다룬 한 역사가는 다음과 같이 썼다.

> 영국 공산당은 1925년에 당원들한테서는 1000파운드, 코민테른한테서는 1만 6000파운드를 받을 것으로 예상했다. 따라서 영국 공산당이 당의 조직과 활동 자금, 특히 상근 간부들의 급여와 각종 산하 기구나 간행물의 운영 경비를 코민테른에 완전히 의존했다는 것은 분명하다. 이렇게 재정을 의존하다 보니 영국 공산당을 지원하는 코민테른 대표의 권위가 커질 수밖에 없었다.[24]

브란들러는 1923년에 독일 공산당이 모스크바에서 받은 돈 덕분에 일간지 27개를 운영하고 상근 활동가 200명에게 급여를 줄 수 있었다고

지적했다. 독일 공산당의 자체 재원으로는 겨우 신문 4개와 상근자 12명만 감당할 수 있었다.[25]

이 막대한 재정 지원이 각국 공산당에게 좋은 것만은 아니었다. 브란들러는 다음과 같이 말했다.

> 코민테른의 재정 지원이 없었다면 우리는 훨씬 더 건강하게 발전했을 것이다. 전에 우리는 노동자들이 한 푼 두 푼 내는 돈으로 신문 몇 개를 발행하고 있었다. 노동자들에게 의존했으므로 노동자들과 끊임없이 접촉해야 했다. 따라서 우리의 실제 정치 능력을 벗어난 일을 벌이지도 않았다. 그런데 코민테른에서 돈을 받으면서부터 모든 것이 바뀌었다. 갑자기 신문을 20개나 갖게 됐지만 편집자는 턱없이 부족했다. 우리에게는 글을 쓸 줄 모르는 노동자들이나 글을 쓸 수 있더라도 노동운동 경험은 거의 없는 '중퇴' 학생들뿐이었다. 탈하이머는 그들을 〈로테 파네〉*에 채용했다가 두 달이 채 안 돼 해고했다. 우리의 재정적 수단은 항상 정치적 가능성보다 더 컸고, 그래서 우리는 노동자들의 지지가 아니라 우리 지갑의 두께에 따라 우리의 힘과 중요성을 판단하기 시작했다. 이것은 재앙으로 이어질 수밖에 없었다.[26]

코민테른의 중앙집중화 경향을 부추긴 또 다른 요인은 코민테른을 실제로 운영한 사람들이었다. 업무를 위해 선발된 사람들과 그 업무가 그들에게 미치는 영향 사이에는 변증법적 상호작용이 있었다. 세계 당에는 세계 지도부가 필요했다. 코민테른의 지도부는 집행위원회였다. 그러나 각국 당의 가장 중요한 지도자들은 코민테른의 집행위원이 아니었다.

---

* Rote Fahne, '붉은 기'라는 뜻으로 독일 공산당 기관지.

코민테른 집행위원 명단에 볼셰비키당의 걸출한 지도자 몇 명이 포함된 것은 사실이다. 그러나 당시의 러시아 상황을 감안하면, 그들은 인터내셔널 문제를 챙길 겨를이 거의 없었다. 물론 세계 대회가 열리는 동안에는 사정이 달랐다. 제1·2차 세계 대회에서 레닌은 핵심적이고 결정적인 구실을 했다. 3차 대회에서는 활동 수준이 훨씬 낮았다. 4차 대회에서는 아주 작은 구실만을 했다. 레닌과 트로츠키는 너무 바빠서 인터내셔널의 일상 업무를 감독할 수 없었고, 따라서 그 일은 지노비예프·라데크·부하린이 맡게 됐다.

코민테른 의장 지노비예프는 '권위'에 아주 많이 의존했다. 2차 대회에서 그는 다음과 같이 말했다. "모든 나라의 당이 공산주의 인터내셔널을 두려워한다면 그들에게 대단히 이로울 것입니다. 우리는 항상 그들의 거울이 돼서 그들 자신의 모습을 비춰 볼 수 있게 해야 합니다."[27]

지노비예프는 10월 혁명 당시 무장봉기에 반대하는 개탄할 만한 구실을 했다. 그랬던 그가 독일의 10월이나 다른 나라의 무장봉기에서는 더 잘하리라고 생각할 이유는 전혀 없었다. 비록 탁월한 웅변가였지만 이론적 깊이와 강력한 개성이 없었던 지노비예프는 소심하고 변덕스러운 데다 정직하지 못하고 음모적 경향도 있었다.

트로츠키는 다음과 같이 지노비예프를 혹평했다.

그 혁명의 선동가[지노비예프]에게는 혁명적 개성이 부족했다. 사람들의 마음과 정신을 사로잡는 활동을 할 때는 지칠 줄 모르는 투사였지만, 행동의 필요성에 직면하면 갑자기 자신감을 잃어버렸다. … 그러면 그의 간드러진 목소리, 거의 여성스러운 목소리에서 확신이 사라지면서 내면의 약점을 드러내곤 했다.[28]

레닌의 말을 빌리면, 지노비예프는 "선동가였고, 단지 선동가였을 뿐"이다.[29] 그리고 빅토르 세르주는 다음과 같이 썼다. "우리는 흔히 '지노비예프는 레닌의 가장 큰 실수'라고 말했다."[30]

라데크는 10월 혁명 후에야 러시아에 와서 볼셰비키에 가입했다. 그래서 볼셰비키의 길고 험난했던 투쟁 기간에 당을 지도해 본 직접경험이 전혀 없었다. 라데크는 뛰어난 인물이었지만 매우 불안정했다.

부하린은 1917년 8월 당 중앙위원으로 선출된 선임 볼셰비크였고 10월 혁명에서 중요한 구실을 했지만, 그 후 (경제정책과 강화 문제에서) 초좌파 노선을 걸었다. 그의 사고는 매우 앙상했고 변증법적이지 못했으며 따라서 한쪽 극단에서 다른 쪽 극단으로 치닫는 경향이 있었다(레닌 사후 부하린은 러시아 당과 코민테른에서 가장 오른쪽으로 기울었다).

코민테른에서 러시아 공산당 다음으로 중요한 당은 독일 공산당이었다. 코민테른 집행위원회에는 독일인 에른스트 마이어가 있었다. 브루에는 "이 선택은 의미심장했다"고 썼다.

에른스트 마이어는 옛 스파르타쿠스단에서 핵심 단원이었고 분명히 독일 공산당의 대표적 인물이었지만, 확실히 가장 중요한 지도자급은 아니었다. 아무리 봐도 그는 인터내셔널 지도부의 요직을 차지할 만한 인물은 아니었다. 그럴 만한 독일인은 오직 파울 레비뿐이었다. 그러나 레비가 코민테른 집행위원회의 상임위원이 돼야 한다고 생각한 사람은 아무도(레비 자신을 포함해) 없었다. 누구나 그가 독일 현지에 있는 것이 독일 공산당을 건설하는 데 필수적이라고 생각했다. 또, 레비가 마이어의 대리위원으로 선출된 것은 순전히 상징적이라고 생각했다.[31]

코민테른 2차 대회에서는 프랑스인 알프레드 로스메르도 집행위원으로 선출됐다. 로스메르는 정직하고 용감하고 훌륭한 혁명가였다. 그러나 아직 프랑스 사회당에 가입하지 않은 상태였다. 사회당은 투르[에서 열린 당 대회]에서 코민테른 가입을 결정했고, 그제서야 코민테른은 프랑스 지부를 확보하게 됐다.

사실, 집행위원회의 일상 활동은 볼셰비키당에 소속된 소수의 상근 활동가들(볼셰비키당의 가장 뛰어난 혁명가들은 1921년까지 내전을 치르느라 여념이 없었다)과 망명객들이 도맡았다. 그 망명객 중에는 벨러 쿤, 포가니, 루드니안스키('전쟁 자금'과 함께 사라졌다고 한다) 같은 헝가리인들도 있었고 디미트로프, 카바크치예프, 미네프, 콜라로프 같은 불가리아인들도 있었으며 쿠시넨 같은 핀란드인도 있었다. 브루에는 이 사람들을 다음과 같이 묘사했다.

> 그런데 이 사람들은 경험이 미숙하지는 않더라도 제한적이었고, 많은 사람들이 뚜렷한 좌파적 성향을 드러냈다. 그들은 서유럽의 노동자 운동에 대해서는 아는 바가 거의 없었던 반면, 자신들이 잘 안다고 생각하는 러시아의 경험이 우월하다고 확신하고 있었다. … 따라서 국제 운동의 지도자 구실을 할 준비가 전혀 안 된 소수의 경험 없는 인사들이 라데크(다재다능한 뛰어난 언론인이었고 성실하지만 불안정한 투사였던)를 중심으로 해서 코민테른 집행위원회의 일상 업무를 떠맡았다. … 세계 대회 사이 기간에 인터내셔널은 독자적으로 존재하는 진정한 국제기구로서 제구실을 하지 못하고 항상 볼셰비키당 지도부의 부속물에 지나지 않았다.[32]

코민테른 지도부가 중앙 집중을 강화하는 데 활용한 것은 집행위원회와 각국 당 중앙위원회의 관계라는 형식적 구조뿐 아니라 코민테른 파견자라는 특별한 행정적 무기도 있었다.

이 파견자들은 각국 공산당 지도부보다 사실상 더 강력했다. (1921년 1월) 리보르노에서 열린 이탈리아 사회당 당대회에 참석한 코민테른 파견자 두 사람, 즉 불가리아인 흐리스토 카바크치예프와 헝가리인 마차시 라코시의 사례를 보자.

> 지노비예프는 국제적 권위도 전혀 없고 이탈리아 운동에서 전혀 알려지지 않은 이 두 투사에게는 코민테른의 권한을 위임했으면서도 파울 레비에게는 권한을 부여하지 않았다. 레비는 이탈리아 상황도 잘 알았고, 이탈리아어도 할 줄 알았으며, 국제 공산주의 운동에서 명성이 높았고, 코민테른 2차 세계 대회에서 집행위원으로 선출되는 등 카바크치예프와 라코시에게 없는 자질을 모두 갖추고 있었는데도 말이다.[33]

이탈리아 사회당 사무총장이자 코민테른 집행위원이기도 했던 세라티는 당대회 전 몇 주 동안 카바크치예프가 이탈리아에 있었다는 사실조차 알지 못했다. 레비는 카바크치예프와 라코시를 겪어 보고 나서 리보르노 당대회 후에 다음과 같이 썼다.

> 이 대표들[카바크치예프와 라코시]은 몰래 모스크바와 연락을 주고받았다. 우리가 알기로, 그런 밀사들이 활동한 거의 모든 나라에서 그들에 대한 불만은 똑같다. … 그들은 결코 각국 당의 중앙위원회와 함께 일하지 않고 항상 중앙위원회 몰래 숨어서 그리고 흔히 중앙위원회에 반대해서 활동한다. 그러면 모스크바는 그들의 말만 듣는다.[34]

독일의 '3월 행동'(108~111쪽 참조) 때 악명 높은 구실을 한 아우구스트 구랄스키는 지노비예프가 독일에 파견해서 코민테른 집행위원회의 감시인 노릇을 하게 했는데, (클라인이라는 가명으로) 활동하면서 예상대로 독일 공산당 중앙위원으로 '선출됐다.' 코민테른의 역사를 연구한 B 라지치와 M M 드라치코비치가 다음과 같이 쓴 것은 옳다.

> 1919년과 1920년에 결정적 구실을 한 코민테른의 첫 밀사들이 그 전까지 러시아 혁명운동 안에서 한 구실은 정말 보잘것없었다. 1918년 가을에 Y S 라이히(토마스)는 베른 주재 소비에트 대사관에서 〈루시셰 나흐리히텐〉(러시아 소식)이라는 관보를 발행하는 직원이었을 뿐이다. 그런데 1년 후 그는 유럽에서 가장 중요한 공산당인 독일 공산당을 감독하는 코민테른 서유럽국의 책임자로서 파울 레비 같은 최고위급 공산주의자들에 대한 기밀 보고서를 작성했다. 류바르스키도 1918년 가을에는 똑같은 대사관의 직원이었는데, 1년 후에는 유럽에서 처음으로 대중적 사회주의 정당(이탈리아 사회당)이 코민테른에 가입하는 과정에서 중요한 구실을 하고 있었고 그가 제출한 보고서는 레닌과 지노비예프가 점차 세라티에게 적대적 태도를 취하게 하는 데 결정적 영향을 미쳤다. 1919~20년에 볼셰비키의 하급 투사들이었던 아브라모비치와 데고트는 각각 프랑스와 이탈리아에서 공산당 지도부와 모스크바 사이의 관계를 조정하는 핵심 인물로 떠올랐다.[35]

코민테른의 최고위급 파견자였고 집행위원회의 일원이었으며 이 위엄 있는 기구의 소위원회 위원이었고 집행위원회 사무국의 멤버이기도 했던 벨러 쿤은 레닌의 가장 신랄한 비판을 받았다. 10월 혁명 당시 쿤은 전쟁 포로로서 러시아에 있었기 때문에, 미래의 헝가리 혁명에 아주 중요한 교훈 두 가지를 볼셰비키한테서 배울 수 있었을 것이다. 그것은 농업정책과 개혁주의자들을 대하는 태도 문제였다. 그러나 나중에 쿤은 헝가리로 돌아가서 다음과 같이 결정했다. 첫째, 토지를 농민에게 주지 않는다. 둘째, 사회민주주의자들과 동맹을 맺는다. 독일에서 재앙적인 3월 행동 당시 그가 한 유감스런 구실은 나중에 설명하겠다. 빅토르 세르주는 다음과 같이 썼다. "벨러 쿤은 대단히 역겨운 사람이었다. 그는 지적 능력이 부족하고 의지도 확고하지 않고 권위주의적으로 부패한 인물의 전형이었다."[36] 쿤은 헝가리 혁명의 권위를 빌려다가 자신을 포장했다. 그 자신이 헝가리 혁명의 패배에 사실상 일조했는데도 말이다.

따라서 국제 공산주의 운동 내의 관계와 당시 상황 때문에 지극히 평범한 무리(지노비예프와 그 아랫사람들)가 대단한 구실을 할 수 있었다. 이 코민테른 지도자들은 볼셰비즘의 후광에 휩싸여 있었지만 사실은 볼셰비즘을 우스꽝스럽게 모방했을 뿐이다.

"너무 러시아적인" 코민테른

1922년 11월 13일 마지막으로 코민테른 대회에 참석해서 연설할 때 레닌은 코민테른의 조직 구조가 "너무 러시아적"이라고 생각한다는 점을 분명히 밝히며 다음과 같이 말했다.

1921년 3차 대회에서 우리는 각국 공산당의 조직 구조, 활동 방식과 내용에 관한 결의안을 채택했습니다. 그것은 탁월한 결의안이지만, 거의 완전히 러시아적인 결의안입니다. 다시 말해, 결의안에 담긴 모든 것이 러시아의 상황을 바탕으로 하고 있습니다. 이것은 그 결의안의 장점이자 단점입니다. 단점인 이유는, 제가 보기에 어떤 외국인도 그 결의안을 이해할 수 없기 때문입니다. … 만에 하나 그것을 이해하는 외국인이 있더라도 그 결의안대로 실행할 수는 없을 것입니다.[37]

그러나 레닌은 코민테른의 "너무 러시아적인" 성격을 어떻게 극복할지에 대해서는 이렇다 할 분명한 조언을 해 주지 않았다.

그 결의안은 너무 러시아적입니다. 그것은 러시아의 경험을 반영하고 있습니다. 그래서 외국인들은 이해할 수 없습니다. 그들은 그 결의안을 성상聖像처럼 벽에 걸어 놓고 그 앞에서 기도하는 데 만족할 수 없습니다. 그렇게 해서는 아무것도 이룰 수 없습니다. 외국인들은 러시아 경험의 일부를 흡수해야 합니다. 어떻게 해야 그럴 수 있는지는 저도 잘 모르겠습니다.[38]

레닌이 직시해야 했던 사실은, 어떤 행정적 조처로도 코민테른이 각국 공산당의 지도부·의식·훈련의 실제 수준에 의존하는 현실에서 벗어날 수는 없었다는 것이다. 그 필연적 결과는 인터내셔널의 고통스런 사망이었다.

코민테른 관료들은 볼셰비즘이라는 후광의 보호를 받으며, 각국 공산당을 점차 고압적으로 다뤘다. 각국 공산당 지도자들이 경험을 통해 배우게 하지 않고 위기 때마다 그들을 갈아 치우기만 했다. 그래서 공산당 지도자들과 간부들이 실제 경험을 습득하고 자신의 성공과 실수에서 배우지 못하게 막아 버렸다. 오히려 코민테른 관료들에게 고분고분한 '지도부'가 점차 선발됐다. 독립적으로 판단하지 못하고 자주적이지도 않고 자기비판 능력도 없는 지도부가 말이다. 트로츠키는 다음과 같이 썼다.

이렇게 해서, 코민테른의 지도를 받는 프롤레타리아 투쟁을 바탕으로 혁명적 간부들을 선발하고 융합하는 유기적 과정은 중단되고 변경되고 왜곡됐다. 때로는 행정적·관료적 낙하산 인사로 직접 교체되기도 했다. 아주 당연하게도, 이미 내려진 결정을 받아들이고 무슨 결의든 기꺼이 승인할 태세가 돼 있는 이 공산주의 지도자들이 혁명적 책임감이 투철한 당원들보다 흔히 우위를 차지했다. 동요하지 않고 검증된 혁명가들이 아니라 가장 고분고분한 관료들이 흔히 선발됐다.[39]

05 볼셰비즘을 이식하는 데 실패하다

반공주의자들이든 스탈린주의자들이든 러시아 공산당이 자신의 모습을 본떠 각국 공산당을 '만들어 낼' 만큼 아주 강력했다는 데 동의한다. 그러나 이런 주장은 결코 사실이 아니다. 실제로는, 유럽 각국 공산당은 나라마다 전통이 있어서 볼셰비즘의 압력에 강력하게 저항했다.

그 증거로 세 나라의 사례를 살펴보겠다. 첫째, 프랑스에서는 모스크바의 압력에도 불구하고 공산당 지도부의 우익 기회주의가 끈질기게 살아남았다. 둘째, 이탈리아에서는 초좌파주의가 코민테른 지도부의 질책에 꿈쩍도 하지 않았다. 셋째, 독일에서는 미숙하고 경험 없는 공산당 지도부가 모스크바 지도부의 지원과 사주를 받은 모험주의 노선을 걷다가 재앙에 빠졌다.

프랑스 공산당의 끈질긴 우익 기회주의

코민테른 지도부는 프랑스 공산당의 전통, 즉 끈질긴 우익 기회주의를 극복하는 데 완전히 실패했다.

러시아 혁명 전에 프랑스에서 전쟁에 반대하고 조국 방위의 원칙을 거부하거나 사회주의자 국회의원들에게 전쟁공채에 반대할 것을 요구한 사람은 극소수였다. 프랑스 공산주의의 초기 역사를 연구한 로버트 올은 이런 "투사들은 100여 명뿐이었고, 대중에게 전혀 영향을 미치지 못했다"고 썼다.[1] "몇몇 극좌파 집단을 제외하면, 2월 혁명 전까지는 아무도 레닌과 트로츠키의 이름을 알지 못했다."[2]

제1차세계대전이 끝나고 프랑스 개혁주의의 파산, 10월 혁명의 승리, 볼셰비키 정권의 생존이 분명해지자 다른 나라와 마찬가지로 프랑스에서도 수많은 사람들이 공산주의 대열로 몰려들었다.

1920년 12월 투르에서 열린 프랑스 사회당SFIO 당대회에서는 압도 다수가 공산주의 인터내셔널 가입을 결정했다. 그 결과, 사회당원 17만 9800명 가운데 11만 명이 공산당에 가입했고, 반대파는 3만 명도 채 안 됐다.[3] 그러나 사회당에서 변신한 공산당은 진정으로 혁명적이지는 않았다. 공산당은 "좌파들과 중간주의자들의 연합체였고 … 잡다한 정치 세력들의 비대한 혼성체였고 … 서로 모순된 요소들의 불안정한 혼합물"이었다.[4] 프랑스 공산당의 가장 유명한 지도자들은 철저한 기회주의자였다.

예컨대, 마르셀 카생을 보자. 1958년에 죽을 때까지 프랑스 공산당 지도자였던 카생은 1914년 제1차세계대전이 터졌을 때는

> 신념이 확고한 사회주의적 애국주의자였다. 1915년에는 프랑스 정부의 대표로서 이탈리아 사회주의자들을 설득해 이탈리아가 연합국의 일원으로 전쟁에 참여하게 하려고 애썼다. 무솔리니에게 프랑스 정부의 지원금을 전달해서 무솔리니가 자체 신문을 발행하고 반反애국주의에서 폭력적 민주주의로

돌변할 수 있게 해 준 사람이 바로 카생이라는 이야기가 전설처럼 전해 내려온다.[5]

1917년 3월 카생은 프랑스 정부 대표단의 일원으로 러시아에 갔다. "러시아 사회주의자들이 전쟁을 계속하는 데 관심을 갖게 하려는 것"이 목적이었다.[6] 카생은 레닌을 독일 첩자라고 비난하기도 했다.[7]

프랑스 공산당 사무총장 L O 프로사르도 정치적 특징이 비슷한 인물이었다. 그가 코민테른에 가입한 이유는 "전통적 프랑스 사회주의가 '신성한 결합'*에 참여했다가 인기가 땅에 떨어졌는데 이제 러시아 혁명과 볼셰비키 정권의 명성으로 프랑스 사회주의를 포장"하고 싶었기 때문이다.[8]

1920년 2월 스트라스부르에서 열린 사회당 당대회에서 프로사르는 다음과 같이 선언했다.

> [조국 방위를 지지하는 — 지은이] 태도를 취한 것만으로도 충분한 출당 사유가 된다고 말할 권리는 어느 누구에게도 없습니다. … 자본주의 하에서도 조국을 방어할 필요가 있다고 생각하는 사람들은 자신이 따돌림당하는 것을 용납하지 않을 것입니다.[9]

투르 당대회에서 프로사르는 공산주의에 반대해 탈당하려는 당내 우파에게 다음과 같이 말했다. "저는 내일 아무 유감 없이 여러분에 대해 얘기할 것입니다. 내일 저는 여러분에게 상처를 입힐 만한 말을 단 한 마

---

* 제1차세계대전 당시 프랑스 좌파들이 정부에 반대하거나 파업을 선동하지 않기로 합의한 것.

디도 하지 않을 것입니다. 저는 여러분이 아직도 사회주의자라고 생각하고 앞으로도 그렇게 말할 것입니다."[10]

1923년에 프로사르는 프랑스 공산당을 탈퇴했다. 1936년에 다시 사회당에 입당했고, 제3공화국 정부에서 몇 차례 장관을 지냈으며, 1940년에는 페탱의 1차 내각에서 각료를 역임하기도 했다.

프랑스 사회주의 운동에는 당은 의회 기구이므로 산업 투쟁에 관여하지 않는다는 전통이 있었다. 극단적 사례를 들어 보자. 1922년 6월 19일 르아브르의 금속 노동자들과 조선소 노동자들이 파업에 들어갔다. 경영진이 임금을 10퍼센트 삭감하겠다고 발표한 것에 항의하는 파업이었다. 7월과 8월에 노사 간 긴장이 갈수록 고조됐다. 8월 중순 항만 노동자들과 선원들이 운동에 동참하면서 파업 대열은 4만 명으로 늘었다. 8월 25일 노동자 몇 명이 체포되자 지역 노동조합들이 하루 총파업을 호소했다. 이튿날 경찰과 파업 노동자들의 유혈 충돌 끝에 노동자 3명이 죽고 15명 넘게 다쳤다. 그러자 좌파 노조인 노동조합총연맹CGTU은 8월 29일 총파업을 호소했다. 그러나 총파업이 선언된 날 밤에 공산당 일간지인 〈뤼마니테〉 사무실이나 중앙당사에는 아무도 없었다. 좌파의 지도자들이 모두 휴가를 떠나고 없었던 것이다. 이튿날 나온 〈뤼마니테〉에는 파업 명령조차 실리지 않았다.[11]

프랑스 공산당에 만연한 개혁주의는 식민지 문제를 다루는 태도에서도 분명히 드러났다. 거대 제국의 본국에 있는 공산당은 당연히 식민지 문제를 핵심 문제로 여겨야 했을 것이다.

그런데, 예컨대 프랑스 공산당 알제리 지부는 "민족주의 운동과 민족주의 반란을 만장일치로 공공연히 반대했다. 민족주의 운동과 반란을 지지하는 목소리는 전혀 들리지 않았다. 이에 대해 일언반구라도 논평하는 알제리인 동지는 단 한 명도 없었다." 1922년 5월 코민테른이 알제리와 튀니지의 해방을 호소하는 결의문 초안을 작성했을 때 프랑스 공산당의 시디벨아베스˚ 지부는 그 결의문을 알제리에서는 발행하지 말 것을 요청하는 보고서를 작성했다. 그 보고서는 다음과 같이 주장했다. 시디벨아베스 지부의 공산주의자들은 오랜 좌파 전통에도 불구하고 인터내셔널의 식민지 정책을 받아들일 수 없다. 알제리 해방은 본국에서 혁명이 승리하기 전에는 진보적 사건이 아니라 반동적 사건이 될 것이다. 북아프리카의 토착민은 대부분 자치 국가가 공산주의를 건설하는 데 필요한 경제적·사회적·정신적 발전을 적대시하는 사람들이다. 따라서 북아프리카에서 프랑스 공산당의 임무는 공산주의에 우호적인 태도를 확립하는 것이다. 이런 주장은 1922년 12월 7일 열린 '제2차 북아프리카 연방 간間 공산주의 대회'에서 만장일치로 받아들여졌다. 북아프리카 공산주의자들이 보기에는 북아프리카인들 사이에서 반란을 호소하고 공산주의를 선전하는 것은 시기상조일 뿐 아니라 위험하다는 것이었다.[12]

이탈리아 공산당의 끈질긴 초좌파주의

온갖 노력에도 불구하고 코민테른은 이탈리아 공산주의를 지배하는 초좌파적 종파주의를 극복하지 못했다. 이탈리아 공산주의와 모스크바 사이의 관계를 이해하려면 많은 역사적 사실을 고려해야 한다.

첫째, 이탈리아 공산당의 기원은 볼셰비즘과는 완전히 동떨어진 것이

---

* 알제리 서북부의 도시 이름.

었다. 이탈리아 공산주의의 기원을 연구한 탁월한 저작에서 D W 어키디는 다음과 같이 썼다.

> 이탈리아 공산당을 건설한 다양한 개인과 단체의 기본 원칙, 강령, 정치 노선은 대부분 볼셰비키의 영향과 무관하게 발전한 것이었다. 1921년 초 이탈리아 공산당을 창설한 극좌파 동맹 내에서 유력한 집단은 아마데오 보르디가가 이끈 기권주의파와 안토니오 그람시가 이끈 〈오르디네 누오보〉 그룹이었다. 보르디가나 그람시가 정확히 언제 처음으로 볼셰비키의 원칙을 접했는지는 알 수 없다. 그러나 이 두 이탈리아 청년의 원칙이 모두 레닌한테서 유래하지 않았다는 것은 분명하다. 보르디가가 자신의 신문 〈일 소비에트〉에서 발전시킨 강령을 살펴보면, 러시아의 볼셰비키보다는 네덜란드의 [초좌파주의자들인 — 지은이] 〈트리뷘〉파에 가깝다는 것을 분명히 알 수 있다. 그람시가 공장 평의회 건설을 강조한 것은 주로 미국의 대니얼 디 리언의 저작과 세계산업노동자동맹IWW의 경험과 영국 직장위원회 운동에서 영향을 받은 결과였다.[13]

볼셰비키가 처음에 이탈리아 [공산주의] 운동에 영향을 미친 것은 볼셰비키의 원칙보다는 혁명의 성공 덕분이었던 듯하다. 러시아 혁명 전에 이탈리아에서는 레닌과 볼셰비키의 사상이 거의 알려지지 않았다. 1915년 치머발트 대회와 이듬해 키엔탈 대회에 참석한 이탈리아 대표들이 레닌을 알게 된 것은 사실이다. 그러나 전쟁 기간에 이탈리아에서 발행되거나 번역된 볼셰비키 저작은 전혀 없었다. 1917년 2월 혁명 후 레닌과 볼셰비키를 다룬 짤막한 글들(주로 검열을 거친)이 이탈리아 언론에 실리기 시작했지만, 1918년이 돼서야 레닌은 이탈리아에서 제대로 알려지게 됐다.[14]

그때조차 레닌의 이론적 저작들은 별로 알려지지 않았다. 장차 이탈리아 공산당의 가장 유력한 지도자가 되는 보르디가의 신문 〈일 소비에트〉의 칼럼들에서 가장 흔히 인용한 외국인 필자는 네덜란드 〈트리뷘〉파의 안톤 파네쿡이었다.

또, 그 네덜란드 그룹의 헤르만 호르터르와 헨리터 롤란트-홀스트가 쓴 글도 몇 편 실렸다. 더 두드러진 사실은 1918~21년에 레닌의 글은 단 한 편도 실리지 않았다는 것이다. 부하린의 글에서 발췌한 짧은 인용문과 알렉산드라 콜론타이의 인용문은 있었지만, 보르디가의 신문에서 찾아볼 수 있는 러시아인의 글은 그게 다였다.[15]

이탈리아 당과 관련해서 볼셰비키 지도자들의 목표는 무엇이었는가? 세 가지였다.

첫째, 투라티와 모딜리아니가 이끄는 우파를 쫓아낸다.
둘째, 당이 선거운동에 참여하게 만든다.
셋째, 그람시의 〈오르디네 누오보〉를 당의 기관지로 만든다.

이 모든 쟁점에서 모스크바는 보르디가에게 패배했다. 보르디가는 1921년 1월 리보르노에서 열린 이탈리아 사회당 당대회에서 상대적 소수인 극우파를 쫓아내지 않고 오히려 소수의 극좌파를 이끌고 분열해 나와서 공산당을 창설했다. 코민테른 집행위원회의 목표는 분명했다. 그것은 보르디가의 목표와 정반대였다. 보르디가는 왼쪽으로 분열이 일어나기를 바라고 있었지만, 코민테른 집행위원회는 여전히 우파를 쫓아내야 한다고 강력히 주장하고 있었다. "코민테른 지도부와 이탈리아 극좌파의 지도부는 서로 반대 방향으로 나아가고 있었다."[16]

코민테른은 계속해서 세라티와 이탈리아 사회당을 코민테른의 세력권으로 끌어들이려 했다. 1921년 3차 세계 대회 때는 이탈리아 공산당과 사회당에 모두 대표단 파견을 요청했고 사회당에는 진지한 제안들을 하기도 했다. 1922년 사회당에서 투라티와 우파가 쫓겨난 뒤 공산당은 사회당과 통합하라는 지시를 받았다. 코민테른의 이 결정에 보르디가는 강력하게 반발했다. 그는 통합을 계속 미루고 회피했다. 그러나 1922년 코민테른 4차 대회에서 보르디가의 강력한 반대에도 불구하고 결국 통합에 대한 합의가 이뤄졌다.

그러나 코민테른이 얻은 것은 피루스의 승리*였다. 피에트로 넨니의 새 지도부가 이끄는 사회당 다수파는 그 합의를 거부했고, 공산당과 통합하자고 주장하는 당원들은 사회당에서 쫓겨났다. 코민테른은 리보르노 당대회에서 일어난 분열의 결과를 되돌리려고 온갖 책략을 부렸지만, 우파 지도자들을 제거해서 사회당을 공산주의 정당으로 변모시키려던 원래 목적을 결코 달성하지 못했다.[17]

모스크바가 이탈리아 운동에 강요하려 한 다른 정책, 즉 선거 참여 전술도 보르디가의 반발 때문에 좌절됐다. "보르디가가 이끄는 이탈리아 공산당은 선거 참여 정책에 저항했을 뿐 아니라, 코민테른이 1922년에

---

*   기원전 279년 에피루스의 왕 피루스가 로마군과 싸워 이겼으나 많은 전사자를 낸 데서 나온 표현으로, 전쟁에서 승리했지만 별 실익은 없는 것을 가리키는 말이다.

시작한 공동전선 정책에 단호하게 반대하는 운동을 펼쳐서 실제로 꽤나 성공하기도 했다."[18]

보르디가가 볼셰비즘과 얼마나 거리가 멀었는지는 1920년 9월 공장점거 물결에 어떻게 반응했는지를 보면 분명히 알 수 있다. 보르디가는 공장점거 운동이 결코 혁명적이지 않다고 주장했다. "우리가 지적하고 싶은 것은 이런 운동에는 실질적 내용이 전혀 없다는 것, 공장 평의회와 공장점거는 인위적 조직체이고 운동이라는 것이다."[19]

보르디가의 초좌파주의는 소비에트를 대하는 태도에서도 단적으로 드러났는데, 그는 소비에트를 사실상 공산당이 확대된 것으로만 여겼다.

[어키디는 보르디가가 다음과 같이 주장했다고 썼다. ― 지은이] 공장 평의회는 혁명 전에도 건설될 수 있는 반면, 소비에트는 자본주의 체제가 존재하는 동안에는 건설해서는 안 된다. 오히려 혁명 전에 노동자들을 정치적으로 대표하고 혁명 자체를 실행할 기관은 공산당이다. 그리고 혁명 후에 소비에트의 토대는 공장이 아니라 공산당 지역 지부가 될 것이다.[20]

보르디가의 초좌파적이고 조급한 태도는 무솔리니의 권력 장악에 대한 반응에서도 드러난다. 보르디가는 파시즘을 '자유주의·민주주의' 체제로 규정했다. 코민테른 4차 대회에서 그는 다음과 같이 말했다.

당연히, 현재 상황이 프롤레타리아와 사회주의 운동에 유리하다는 말은 아닙니다. 그러나 저는 파시즘이 자유주의·민주주의 체제가 될 것이라고 예상합니다. 지금까지 민주주의 정부들은 노동계급에게 선언문과 약속 말고는 아무것도 주지 않았습니다.[21]

지노비예프가 코민테른 4차 대회에서 다음과 같이 발언한 것은 보르디가가 파시즘의 성격을 이해하는 데 도움이 되지 않았다.

> 최근 이탈리아에서 일어난 일이 쿠데타인지 아니면 코미디인지를 놓고 우리 이탈리아 동지들 사이에 이견이 있습니다. 둘 다일 수 있습니다. 역사적으로 보면, 코미디입니다. 몇 달 지나면 상황은 이탈리아 노동계급에게 유리하게 바뀌겠지만 당분간은 꽤나 중요한 변화, 사실상의 반혁명 책동입니다.[22]*

이탈리아 공산주의 운동의 미숙함, 경험 부족 때문에 보르디가가 제멋대로 할 수 있었다. 따지고 보면, 어키디가 말했듯이 "코민테른은 자신이 기대하지도 않고 완전히 받아들이지도 않은 공산당을 얻게 된 것이다."[24]

독일의 3월 행동

독일 공산당의 3월 행동은 당시 최대 규모의 모험주의적 쿠데타 기도였는데, 코민테른 지도부와 경험 없는 독일 지도부의 합작품이었다.

이탈리아에서는 1920년 하반기에 공장점거로 이어진 진정한 대중적 혁명운동이 소비에트 권력 수립으로 나아갈 수도 있었다. 그러나 유럽의 세력 균형을 근본적으로 바꿔 놓을 수도 있었던 이 운동은 줏대 없는 세라티의 중간주의 지도부 때문에 실패하고 말았다. 독일에서는 1921년 3월 전국적인 대중적 혁명운동이 존재하지도 않는 상황에서 공산당 지

---

* 라네크는 파시즘의 성격을 훨씬 더 깊이 이해하고 있었다. "내가 보기에 파시즘의 승리는 파시스트 전투부대의 물리적 승리를 뛰어넘는 그 무엇이다. 그것은 세계혁명의 시대가 도래한 이후 사회주의와 공산주의가 겪은 가장 큰 패배다."[23] — 지은이.

도부가 억지로 속도를 높이려 했다. 즉, 공산당 투사들이 대중운동을 대신하려 한 것이다. 그 결과는 심각한 패배였고, 독일의 핵심적 위치 때문에 그 패배는 국제 노동자 운동에 심대한 영향을 미칠 수밖에 없었다.

룩셈부르크·리프크네히트·요기헤스가 살해당한 후 독일 공산당의 지도권을 물려받은 사람은 파울 레비였다. 로자 룩셈부르크의 재능 있는 제자이자 친구였던 레비는 2년 동안 공산당을 지도하면서 당을 대중정당으로 바꾸기로 굳게 결심했다. 그래서 먼저, 기존 노동조합과 의회 선거에 참여하기를 거부하는 초좌파들을 쫓아냈고, 독립사회민주당 좌파와 통합하는 문제를 능숙하게 처리했다. 그런 다음 1921년 1월 7일 새로운 급진적 조처를 취했다. 공산당 일간지인 〈로테 파네〉에 다른 노동계급 정당들과 노조들에 보내는 "공개서한"을 발표해서, 제한된 특정 목표들을 달성하기 위한 공동전선을 호소한 것이다. [그 서한에서] 공산당은 다양한 요구, 즉 실업자 구제 법률 개정, 식료품 가격 상한제, 부르주아지의 불법 무장 단체 해산, 프롤레타리아 방어 조직 건설, 모든 정치수 사면, 소비에트 러시아와 경제·외교 관계 재개 등을 쟁취하기 위한 투쟁을 함께하자고 동료 노동자들에게 요청했다. 사회민주당이 공산당의 제안에 동의하면, 공산당은 자신이 프롤레타리아를 더 잘 방어하는 조직임을 입증할 기회를 얻을 것이다. 사회민주당이 거부하면, 분열의 책임은 모두 사회민주당이 져야 할 것이다. 레비는 공산당이 여전히 독일 프롤레타리아의 매우 작은 소수파 정당이라는 사실을 잘 알고 있었다. 그는 공동전선 정책을 잘 이용하면 이런 상황을 바꿀 수 있다고 생각했다.

지노비예프는 레비의 자주적 태도를 결코 달가워하지 않았다. 지노비예프와 부하린은 레비가 "공개서한"에서 발전시킨 공동전선 정책을 반대했다(이 문제에서 레비는 레닌·트로츠키·라데크의 지지를 받았다). 코민테른 지도부(여기에는 레닌도 포함된다)는 또, [1920년 8월] 적군赤軍이 바르샤바로 진군했을 때 레비가 독일* 노동자들은 적군이 접근하면 봉기하지 않을 것이라고 예측한 것도 못마땅하게 여겼다.

지노비예프가 레비에게 불리한 책략을 꾸미는 데는 독일 공산당의 내부 사정도 도움이 됐다. 공산당 내에서 레비의 "공개서한"에 반대하고 지노비예프와 부하린을 열렬히 지지하는 초좌파 집단이 생겨났던 것이다. 이 집단의 지도자는 루트 피셔, 아르카디 마슬로, 에른스트 프리슬란트 같은 청년 지식인들이었다. 당시 코민테른 집행위원회 대표로 베를린에 파견돼 있던 '토마스'(본명은 Y S 라이히)가 그들을 부추겼다.

특정 사건이 지노비예프의 책략에 이용됐다. 레비는 이탈리아 사회당의 리보르노 당대회에 참석한 후 당대회 결과를 분석해서 독일 공산당 신문인 〈로테 파네〉에 기고했다. 그 글에서 레비가 내린 결론은 [이탈리아 공산주의자들이] 투라티가 이끄는 사회당 우파와 결별한 것은 불가피했지만 당의 다수파[인 중간주의자들]를 잃은 것은 불가피하지 않았다는 것이다. 리보르노 당대회에 참석한 코민테른 집행위원회 대표들은 보르디가를 지지했으므로 레비의 글은 코민테른 지도부에 도전하는 것처럼 보였다. 그래서 지노비예프는 무슨 수를 써서라도 레비를 제거하기로 결심했다. 변덕스런 라데크가 이제 지노비예프를 지원하고 있었다.

그래서 라코시가 코민테른 집행위원회 특사로 (리보르노에서) 베를린으로 파견됐다. 그는 독일 공산당 중앙위원회 회의를 소집했다(당시 중앙위원회는 모든 지역 조직 대표들과 함께 주기적으로 회의를 했다). 뜨거운 논쟁이 벌어졌고 결국 라코시는 코민테른에 대한 충성심을 이용해

---

* 폴란드를 잘못 쓴 듯하다.

레비를 비난하는 결의안이 통과되도록 하는 데 성공했다(찬성 28표, 반대 23표). 레비는 당 지도부에서 쫓겨났고, 클라라 체트킨을 비롯한 중앙위원 5명도 레비의 뒤를 따라 중앙위원직을 사임했다. 이 승리를 거둔 후 라코시는 베를린을 떠나 모스크바로 갔고, 그 후 코민테른 집행위원회는 다른 특사 3명을 파견했다. 1921년 2월 말 헝가리인 벨러 쿤과 요세프 포페르(일명 포가니), 폴란드인 아우구스트 구랄스키(일명 클라인)가 베를린에 왔다. 그들이 정확히 어떤 지시를 받았는지, 즉 구체적 명령을 받았는지 아니면 독자적 재량권을 부여받았는지는 분명하지 않다. 어쨌든 이 특사 3명은 독일 공산당에 당장 대대적인 혁명적 공세에 나서라고 재촉했다.

코민테른 지도부가 벨러 쿤 등에게 지시한 내용이 무엇인가 하는 문제로 돌아가서, 지노비예프가 그들에게 부여한 임무의 정확한 성격을 알려면 모스크바의 문서보관소들이 개방될 때까지 기다릴 수밖에 없을 것이다. 우리가 가진 문서들에는 그 문제가 거론돼 있지 않다. 당시 코민테른 집행위원회에서 독일 공산당 대표였던 쿠르트 가이어는 집행위원회가 그들의 임무를 논의한 적 없다고 주장했다.[25] 당시 독일 공산당 내 '좌파'의 지도자였던 루트 피셔는 다음과 같이 썼다. "독일의 [3월] 행동을 … 모의한 것은 지노비예프와 벨러 쿤을 위시한 러시아 당의 간부회였다."[26] 트로츠키는 "당시 코민테른의 초좌파들은 모두 1921년 3월 시기의 노선을 옹호했다"면서, 특히 부하린이 "유럽의 프롤레타리아가 '충격적 자극을 받지' 않으면 … 소비에트 권력은 확실히 파괴될 위험에 처해 있다는 견해"를 표명했다고 지적했다.[27] 지노비예프·부하린·쿤이 이 노선의 주요 주창자였던 듯하다.

코민테른 대표 3명은 베를린에 도착하자마자 독일 공산당의 미숙하고 경험 없는 지도부가 자신들의 선동에 넘어갈 태세가 돼 있음을 깨달았다. 공산당 지도부는 자신들의 투혼을 보여 주고 싶어 안달이 나 있었다. 특히, 카프 쿠데타* 때 자신들이 실수한 것도 있고 해서 더 그랬다. 쿤은 공산당이 설사 도발적 행동에 의지하는 한이 있더라도 공세를 취해야 한다고 부추겼다. 일단 공세가 시작되면 독일 노동자 200만~300만 명이 공산당의 지도를 따를 것이다. 쿤은 그런 낙관적 통계 수치들을 잔뜩 제시했고, 그의 열정은 독일 공산당 중앙위원 대다수의 상상력을 사로잡았다.

쿤과 무관하게 일어난 사건들도 그의 행동 계획에 도움이 됐다. 3월 16일 [독일 중부] 작센 주의 사회민주당 주지사인 오토 회르징이 만스펠트 군郡에 경찰을 투입해서 비공인 파업, 약탈, 강도, 테러 등 불법행위를 막겠다고 발표했다. 작센의 공업 중심지인 만스펠트는 공산당이 특히 강력한 곳이었다.

쿤은 레비 대신 공산당 지도자가 된 브란들러를 설득해서, 노동자들의 대대적 무장을 호소하는 글을 써 3월 18일 〈로테 파네〉에 싣게 했다. 사흘 뒤 만스펠트의 공산당 집행부는 총파업을 호소했다. 이 호소는 만스펠트 밖에서는 무시당했다. 총파업 선언이 기대만큼 효과를 내지 못하자, 얼마 전에 당의 군사·정치 기구 책임자가 된 후고 에벌라인이 3월 22일 독일 중부로 급파됐다.[28] 그는 믿을 만한 동지들에게 폭력행위를 저지르고 그 책임을 경찰에 뒤집어 씌우자고 제안했다. 그렇게 해서, 행동에 나서기를 꺼리는 노동자들을 자극하자는 것이었다. 상상력이 풍부한 에벌라인은 다른 행동 제안도 많이 했다. 예컨대, 가짜 납치

---

* 39~40쪽 참조. — 지은이.

극도 제안했는데, '3월 행동'의 명목상 책임자인 지역 공산당 지도자 2명(렘호와 보비츠키)이 납치당한 것처럼 꾸미고, 다른 대중적 지도자들도 하루나 이틀 사라졌다가 나타나서 반동 세력에 끌려갔다 풀려난 것처럼 둘러대자고 했다. 또, 경찰 탄약 [운반] 열차를 폭파하고 나서 반동 세력의 부추의 때문에 많은 노동자의 집이 파괴되고 수백 명이 목숨을 잃었다고 주장하는 기사를 할레*에서 발행되는 공산당 신문 〈클라센캄프〉**에 싣자는 계획도 내놓았다. 그 기사가 사실이 아님이 밝혀지면, 신문에 정정 보도를 내면 그만이라는 것이었다. 에벌라인이 다이너마이트로 폭파하려던 목표에는 제센***의 탄약 공장과 할레의 노동자 생산협동조합 건물도 포함됐다.

이런 계획들 가운데 성공적으로 실행된 것은 하나도 없었다. 탄약 공장과 생산협동조합 건물을 폭파하려는 시도가 몇 차례 있기는 했지만 말이다. 폭파 계획들이 실패하자 에벌라인은 지역의 비합법 기구가 무능하다고 비난했다. 다이너마이트를 터뜨리는 데 필요한 도화선조차 제대로 준비하지 못했다고 불평을 늘어놓은 것이다.

에벌라인의 비정상적 지시에 따라 봉기를 확대하려던 노력은 대부분 실패하거나 오히려 역풍을 불러왔다. 예컨대, 여객열차를 폭파해서 탈선시키려는 시도가 거듭되자 철도 노동자들과 사이가 멀어졌다. 철도 노동자들의 지지가 봉기의 성공에 결정적으로 중요했을 텐데 말이다.[29]

이런 실패에도 아랑곳하지 않고 공산당 지도부는 3월 24일 전국적 총

---

*   작센 주에서 가장 큰 도시.

** Klassenkampf, 계급투쟁이라는 뜻.

*** 독일 중부의 도시.

파업을 호소하면서, 노동자들에게 무기를 들고 스스로 조직해서 반혁명에 맞선 투쟁에 동참하라고 촉구했다. 그것은 필사적 행동이었다. 왜냐하면 성(聖)금요일˚(3월 25일)부터 부활절 이튿날인 월요일까지는 모든 공장이 문을 닫기 때문이었다. 그러나 공산당의 호소에 대한 반응은 싸늘했다.

공산당 본부가 있는 베를린에서는 파업 운동이 완전히 실패했다. 3월 24일 대다수 노동자들은 출근했고, 문을 닫은 공장은 극소수였다. 공산당이 실업자들을 동원해 공장으로 쳐들어가서 강제로 문을 닫게 하려고 애썼는데도 그랬다. 이런 방법은 당내에서도 날카로운 비판을 받았다. 예컨대, 에른스트 도이미히는 노동자들끼리 서로 싸우게 만드는 방법에 격분해서 중앙위원회에 항의 편지를 보내기도 했다. 노동조합 활동을 책임진 당 간부들도 마찬가지로 분노했다. 그들은 중앙위원회의 전술 때문에 노동조합에서 자신들의 영향력이 붕괴했다고 불만을 터뜨렸다(루르 지방과 라인란트에서는 중앙위원회를 지지하는 사람들이 약간 더 많았다).[30]

대체로, 총파업은 완전한 참패였다. 파업에 참가한 노동자 수는 20만 명으로 추산된다.[31] 그러나 지노비예프는 코민테른 3차 대회에 제출한 보고서에서 파업 참가자가 50만 명이라고 부풀렸다.

독일 공산당이 조직한 시위도 한심하기는 마찬가지였다. 베를린에서 공산당이 불러 모은 사람은 4000명도 채 안 됐다. 바로 몇 주 전 선거에서 20만 표를 얻었는데도 그랬다.[32]

4월 1일에는 공산당의 가장 완고한 지도자들조차 헛짓했다는 사실을

˚ 가톨릭에서 예수가 십자가에 못박혀 죽은 일을 기념하는 날. 부활절 이틀 전날이다.

인정할 수밖에 없었다. 중앙위원회는 '전국적' 총파업을 철회하고 봉기를 끝내기로 결정했다. 3월 행동이라는 모험이 파탄 나자 공산당은 급격히 쇠퇴했다. 약 40만 명이던 당원이 15만 명도 안 되게 급감한 것이다. 수천 명의 투사들이 감옥에 갇혔고 수만 명의 노동자가 일자리를 잃었다.

결론

독일·이탈리아·프랑스의 공산당은 러시아 밖에서 가장 중요한 당들이었다. 그들의 특징은 이렇게 저렇게 또는 서로 맞물려서 다른 나라 공산당들에 반영됐다.

레닌이 건설하려 했던 공산당은 자신의 역사적 과제를 분명히 인식하고 단결한 정당, 명확한 강령을 바탕으로 대중과 올바른 관계를 구축한 정당, 다시 말해 엄격한 원칙과 혁명적 현실주의를 잘 결합한 정당이었다. 그러나 러시아 밖의 공산당들이 보여 준 것은 한편으로는 기회주의적 모호함과 다른 한편으로는 종파주의적 초연함이었다. 그들은 좌파 중간주의의 양극단인 기회주의와 모험주의 사이에서 정신없이 왔다 갔다 했다.

물론 가장 첨예한 혁명적 상황에서도 공산당이 완전히 발전된 형태로 등장하기를 바랄 수는 없다고 항변할 수 있겠고, 그것은 맞는 말이다. 또는, 시간이 더 있었다면 공산당들이 정말로 일관된 혁명적 조직으로 발전했을 것이라고 말할 수도 있다. 그랬을 수도 있다. 그러나 역사가 허용하지 않은 것이 바로 그 시간이었다.

모든 중간주의 조직의 운명이 보여 주듯이, 공산당의 정책이 서로 달랐을 뿐 아니라 오락가락했기 때문에 코민테른 자체가 와해될 수도 있었다. 모스크바의 지도부가 코민테른을 통제했기 때문에 코민테른이 와해되지는 않았다. 그러나 불행히도, 지노비예프 지도부의 독단적이고 관료적인 명령이 각국 공산당 지도부의 중간주의를 지탱해 줬다.

레닌 사후 코민테른의 변화는 코민테른의 좌파 중간주의가 관료적 중간주의로 변질되는 과정, 즉 러시아 관료의 지배가 확고해지는 특수한 굴절 과정을 보여 준다.

06 영국과 불가리아 — 정반대 사례

레닌과 볼셰비키 지도부가 외국 공산당의 정책에 미친 영향력이 어느 정도였는지를 알려면, 완전히 상반된 두 정당, 즉 영국 공산당과 불가리아 공산당을 비교해 보면 된다.

영국 공산당은 소규모 종파들이 통합해서 만든 아주 작은 신생 조직이었다. 그런데 영국은 대규모 프롤레타리아와 자율적 노동자 조직들이 오래전부터 존재한 선진 공업국이었다. 즉, 대규모 노동조합들이 몇 세대 동안 존속했을 뿐 아니라 얼마 전에는 직장위원회 운동도 벌어진 나라였다. 반면에, 불가리아 공산당은 거의 20년 동안 대중적 혁명 조직이었다. 그래서 러시아 밖에서 최초의 진정한 볼셰비키식 정당이라고 자처할 수 있었다. 그러나 불가리아는 매우 후진국이었다(알바니아를 제외하면 유럽에서 가장 후진국이었다). 그래서 프롤레타리아도 소수였고, 이렇다 할 노동조합도 거의 없었을 뿐 아니라 파업도 매우 적었다.

영국 공산당과 불가리아 공산당의 역사를 보면 다음과 같은 사실을 알 수 있다. 첫째, 10월 혁명이 각국의 혁명가들을 모스크바 쪽으로 끌어당긴 핵심 동력이었다. 둘째, 두 당의 정책과 전술을 결정하고 조직을 건설하는 데서 코민테른 지도부가 결정적 구실을 했다. 셋째, 영국이나 불가리아 공산주의 운동과 볼셰비즘의 결합은 별로 성공하지 못했다. 국제 공산주의로 이끌린 두 나라 공산당의 국내 전통도 성공적 결합을 방해했다. 레닌에게 마법의 지팡이가 있었다 해도 영국 혁명적 좌파의 종파주의를 제거하지는 못했을 것이다. 또, 취약한 노동계급 기반의 산물인 불가리아 공산당을 근본적으로 바꿔 놓을 수도 없었을 것이다. 비록 불가리아 공산당은 러시아 볼셰비키를 모방하려 애썼지만 말이다.

영국 공산주의의 한 갈래: 사회당

코민테른의 다른 정당들보다 규모도 작고 영향력도 보잘것없던 영국 공산당을 굳이 따로 다룰 만한 가치는 별로 없다. 그러나 이 책의 독자가 주로 영국인일 것이므로 레닌과 영국 공산주의의 관계도 살펴볼 필요는 있겠다.

중서부 유럽의 대규모 공산당들(독일·프랑스·이탈리아·체코슬로바키아 등지의 공산당)은 기존의 대규모 정당들이 분열해서 생겨났지만, 영국 공산당은 소규모 단체들의 통합으로 생겨났다. 이 통합은 2년 이상 걸렸고, 처음 통합 논의를 시작한 단체들 가운데 극히 일부만이 실제로 합류했다. 그중에서 가장 중요한 두 단체는 사회당BSP과 사회주의 노동당SLP이었다.

사회당은 영국 최초의 마르크스주의 조직인 사회민주연맹SDF의 후신이었다.

영국의 마르크스주의 운동은 1880년 H M 하인드먼에 의해 시작됐다.

하인드먼이 [1881년] 설립한 민주주의연맹이 1884년에 이름을 바꾼 것이 사회민주연맹이었다. 마르크스와 엥겔스는 하인드먼과 그의 조직을 높이 평가하지 않았다. 특히 사회민주연맹이 대중운동과 괴리됐다고 비판했다. 엥겔스는 조르게에게 보낸 편지에서 다음과 같이 썼다.

> 사회민주연맹은 마르크스의 [역사] 발전 이론을 융통성 없는 교리로 만들어 버렸습니다. 그들은 이 이론을 고정불변의 신조로 노동자들에게 강요할 뿐, 노동자들이 계급적 본능으로 그 이론 수준까지 성장하도록 도와주지 않습니다. … 그래서 사회민주연맹이 종파 신세를 면하지 못하는 것입니다.[1]

하인드먼과 그 동료들은 당이 산업 투쟁에 적극 관여하는 데 한사코 반대했다. 사회민주연맹의 신문 〈저스티스〉(정의)는 1889년의 항만 노동자 대파업을 "[사회주의] 깃발을 내리고, 적극적 선전을 포기하고, 쓸데없이 에너지를 낭비한" 일로 묘사했다.[2]

하인드먼은 1903년 4월 "우리는 모든 파업에 반대한다. 파업은 결코 강력한 무기가 아니고 이제는 완전히 시대에 뒤떨어졌다"고 썼다. 1907년 철도 파업 직전에는 다음과 같이 썼다. "우리 사회민주당과 〈저스티스〉는 파업에 원칙적으로 반대한다. … 정치적 행동이 훨씬 더 안전하고 훨씬 더 낫고 비용도 훨씬 덜 든다." 심지어 그때까지 노동계급 투쟁이 가장 크게 분출한 해였던 1912년에도 하인드먼은 다음과 같이 되풀이했다. "파업보다 더 어리석고 더 해롭고 (가장 넓은 의미에서) 더 비非사회적인 일을 상상이나 할 수 있을까? … 나는 결코 파업을 옹호한 적이 없다. … 나는 파업이 성공하는 것을 … 한 번도 못 봤다."

사회민주연맹 지도자들은 진정한 사회주의를 내세우며, 노동자들의 산업 투쟁을 비웃었다. 그러나 일단 파업이 시작되면 당은 원칙적으로 파업을 지지했다. 그러면서 흔히 자본주의 체제가 지속되는 한은 실질적 성과를 거둘 수 없다고 노동자들에게 설교를 늘어놨다.

기본적으로 사회민주연맹의 정책을 좌우한 것은 현존하는 강력한 대중적 노동운동(비록 이데올로기적으로는 무기력했지만)과 타협하지 못하는 무능력이었다.

개혁주의가 노동운동에 깊이 뿌리내린 나라에서 사회주의자들이 사회민주연맹의 '순수주의'에 매력을 느낀 것은 당연했다. 종파주의는 개혁주의와 정반대였다. 사실, 이 순수주의 때문에 사회민주연맹은 초혁명적인 공식 견해와 순전히 개혁주의적인 실천 사이를 오락가락했다. 사회민주연맹의 활동은 국회의원 선거운동이나 지방자치단체 선거운동이 거의 전부였다. 대체로 사회민주연맹은 일반적으로는 노동조합운동, 특별하게는 산업 투쟁이 유달리 침체했던 시기에 탄생했다는 한계를 벗어나지 못했다. 불행히도, 20세기 초에 상황이 바뀌었는데도 사회민주연맹은 너무 보수적이어서 그 변화를 따라가지 못했다.

1908년 사회민주연맹은 사회민주당으로 이름을 바꿨고, 1911년 다른 소규모 조직들과 통합해서 사회당이 됐다. 사회당은 사회민주연맹의 전통적 방식을 좀처럼 버리지 못했다. 그래서 옥외 선전, 실업자 조직하기, 지방선거 같은 거리의 정치에 계속 집중했다. 1913년 사회당이 당대회에서 다음과 같은 결의안을 통과시켜서 당의 활동 방식을 바꾸려고 노력한 것은 사실이다. "사회당의 진정한 임무는 노동계급의 경제·정치 투쟁에서 계급을 지도하는 것"이고, "사회당의 노동조합원들은 노조 안에서 체계적으로 활동하며 사회주의를 선전할 수 있도록 조직돼야 한다."³ 그러나 점차 감소하는 적극적 노조원들("퇴장해서 반대 의사를 나타내는")은 이 결의안을 실행에 옮기려는 노력을 거의 하지 않았다. 특히, 1912년 10월 사회당이 신디컬리즘과 '직접행동'을 비판한 뒤로는 더욱 그랬다.⁴

사실, 사회당은 산업 투쟁과 정치 투쟁의 인위적 분리를 계속 고수하면서 산업 투쟁에는 결코 관여하지 않았다. 그렇다고 해서 사회당 당원 중에 꽤 유명한 노동자가 없었던 것은 아니다. 1900~14년의 영국 산업 현장을 연구한 역사가가 썼듯이

> 제1차세계대전 직전까지도 사회민주연맹(과 그 후신인 사회당) 안에는 산업 현장 분파가 상당히 많았다. … 사회당의 신디컬리스트 당원들은 예컨대, 정부 특별위원회가 보고서를 제출하자* "철도 노동자 선언"을 발표한 주역이었다. 이 선언문은 지금 불만을 해소할 진정한 개선책이 없는 상황에서 유일한 해법은 '광원, 운수 노동자, 선원'이 서로 요구를 지지하며 함께 싸우는 공동 행동뿐이라고 주장했다.⁵

제1차세계대전이 발발하자 사회당은 매우 심각한 위기에 빠졌다. 하인드먼과 그의 측근들은 전쟁을 열렬히 지지했지만 당의 다수파는 평화주의 태도를 취했고 글래스고 출신의 존 매클린이 이끈 소수파는 혁명적 패배주의 노선을 택했다. 1916년 사회당 당대회에서 하인드먼 일파는 논쟁 끝에 패배하자 극소수와 함께 당을 떠나 이름도 불운한 새 조직 국가

---

* 1911년 8월 철도 파업으로 영국의 주요 철도 노선이 마비되자 정부는 특별위원회를 구성해 파업 쟁점과 해결 방안을 조사하게 했고, 특별위원회는 10월에 결과 보고서를 제출했다.

사회주의당*을 결성했다.

이제 사회당은 평화주의 노선을 택했다. 1917년 3월 러시아 혁명 후에도 사회당은 대체로 볼셰비즘과 거리가 멀었다. 이 점을 가장 잘 보여 준 사람이 사회당의 가장 뛰어난 지도자 중 한 명인 시어도어 로스스타인이다. 1916년 초에 레닌은 전쟁에 관한 로스스타인의 견해를 '카우츠키주의'라고 비판했는데, 로스스타인이 제2인터내셔널을 지지하고 제3인터내셔널 건설 필요성을 인정하지 않았기 때문이다.[6]

1917년에 사회당이 펴낸 소책자 《전쟁과 평화에 관한 소론》에서 로스스타인은 사회주의 혁명을 통한 전쟁 종식을 요구하지 않고 협상을 통한 강화를 원하는 등 레닌주의 견해를 전혀 받아들이지 않고 있음을 보여 줬다.

1917년의 러시아 상황을 다룬 로스스타인의 글을 살펴보는 것도 유익하다. (1917년 8월) 〈플레브스〉(Plebs, 평민)에 쓴 글에서 로스스타인은 러시아 혁명가들의 특징을 "시기, 말다툼, 이론적 정확성에 대한 집착"으로 묘사했다. 또, 멘셰비키가 임시정부에 들어가자 "혁명적 프롤레타리아의 공식적 승리를 나타내는 일대 진보"라며 지지했고, "레닌주의자들의 격렬한 반대"를 비판했다. "로스스타인은 10월 혁명 후에도 볼셰비즘 지지를 표명하지 않은 듯하다."[7]

한편, 전쟁 기간에 산업 투쟁이 고양되고 직장위원회 운동이 시작되자 사회당 안에서는 중대한 변화가 일어나고 있었다. 산업 투쟁에 적극 가담하는 당내 분파가 매우 강력해졌다. 그중에 다수가 직장위원회 운동에서 중요한 구실을 했는데, 예컨대 클라이드노동자위원회 의장이었

---

* 히틀러가 이끈 독일의 파시스트 정당 나치스의 정식 이름이 국가사회주의독일노동당이었다.

던 윌리엄 갤러처를 비롯해 런던과[8] 맨체스터에서[9] 활동한 사람들이 그랬다. 맨체스터 직장위원들의 지도자였던 윌리엄 매클레인 같은 사람들은 주로 반전反戰 정치와 직장위원회 운동을 결합하려고 노력했다. 사회당과 사회주의노동당의 통합을 주장한 매클레인은 1918년 사회당 당대회에서 다음과 같이 말했다.

> 지난 2~3년 동안 … 사회주의자들의 통합에서 가장 중요한 요인은 사회주의노동당과 사회당 당원들이 산업 지구에서 펼친 활동이었습니다. 산업 분야에서 이뤄진 행동 통일의 결과로 이제는 모든 방면에서 더 긴밀한 통합을 원하고 있습니다.[10]

그러나 내부의 변화에도 불구하고 사회당 자체는 여전히 종파에 머물러 있었다. 대중운동에 내린 뿌리가 빈약한 사회당 안에서는 분파 투쟁, 분열, 말싸움이 끊이지 않았던 것이다.

전쟁 말기의 사회당을 혁명적 정당으로 볼 수는 없을 것이다. 또 개혁주의 정당이라고 부를 수도 없을 것이다. 사회당은 단연 중간주의 정당이었다. 이 점을 고려하면, 원래 코민테른 1차 대회에 초청받은 것은 사회당 전체가 아니라 [사회당의] "좌파 … 특히 존 매클린이 대표하는 집단"이었다.[11]

사회주의노동당

영국 공산당 건설에 합류한 또 다른 중요한 갈래는 사회주의노동당이었다.

20세기 초에 산업 투쟁이 고양되자 사회민주연맹의 모순된 실천, 즉 종파주의와 기회주의의 결합을 비판하는 당원들이 점차 늘어났다. 그 결과, 1903년에 스코틀랜드의 당원들이 분열해 나가서 사회주의노동당을 건설했다. 이 소규모 단체의 마르크스주의자들은 영국에서 처음으로 산업 투쟁에 혁명적 정치를 주입하려고 노력했다. 그들은 사회민주연맹의 이론과는 반대로 미국 사회주의자 대니얼 디 리언의 산별노조 사상을 받아들였다(영국에서 그 사상을 발전시킨 사람은 아일랜드의 위대한 혁명가 제임스 코널리였다).

사회주의노동당은 노동계급 조직의 파편화(예컨대, 금속 산업에서 225개의 노조가 난립하는 상황)를 이제 끝내고 각 산업별로 노조를 하나씩 건설하자고 호소했다. 그러면 노동계급을 가장 크게 단결시킬 수 있을 거라는 주장이었다. 또, 항상 조합원들을 배신하는 노조 관료, 즉 "자본주의의 노동 부관"에도 반대해야 한다고 주장했다. 강력한 현장 조합원 조직을 건설해서 노조를 통제해야 한다는 것이었다. 사회주의노동당은 이제 전투적 산별노조 정책이 임금 인상과 노동조건 개선을 달성할 수단일 뿐 아니라 장차 새로운 사회를 건설할 토대이기도 하다고 봤다. 사회주의는 모든 산업이 노동자 통제를 통해 민주적으로 운영되는 사회일 것이기 때문이다.

사회주의노동당은 서로 연결된 두 가지 문제로 시달렸는데, 그것은 바로 신디컬리즘과 종파주의였다. 신디컬리즘은 사회변혁의 주요 기관으로 노동자 정당을 건설할 것이 아니라 노동조합을 재조직해야 한다고 강조했다. 제1차세계대전 동안 직장위원회 운동에서 나온 가장 명확한 이론적 문서(사회주의노동당의 신디컬리즘 약점을 잘 보여 준다)는 유명한 금속 노동자 투사이자 사회주의노동당 지도자인 J T 머피가 쓴 소책자

《노동자위원회의 원칙과 구조》다.[12] 머피는 노동자위원회의 원칙을 말하면서 당대의 중요한 정치적 사실, 즉 제국주의 전쟁에 관해서는 한마디도 하지 않았다(1917년에 쓴 소책자였는데도 그랬다). 혁명적 정당의 필요성에 관한 얘기도 전혀 없었고, 노동계급의 국가권력 장악 문제도 제기하지 않았다.

사회주의노동당은 대체로 신디컬리즘 흐름 속에서 소규모 종파처럼 행동했다. 그래서 영국 노동계급의 가장 대중적이고 가장 전투적인 투쟁이 벌어져 사용자들과 노조 관료들에 맞선 대규모 현장 조합원 운동이 고양되던 시기에 사회주의노동당은 계속 소규모 조직에 머물렀다. 1903년에 사회주의노동당 당원은 약 80명이었다. 가장 거대한 산업 투쟁이 벌어지고 난 뒤인 1914년에도 겨우 300명이었고, 1915년에는 200명이었다.[13] 1918년에도 사회주의노동당 당원은 800명을 넘지 못했다. 사회주의노동당의 월간지도 배포 부수가 얼마 안 돼, 1918년에 약 2000부 수준이었다. 사회주의노동당의 당원은 압도적으로 스코틀랜드, 특히 클라이드에 집중돼 있었고, 잉글랜드 북부, 특히 요크셔 주의 셰필드 등지에도 몇몇 연락자와 소규모 지부들이 있었다.

사회주의노동당의 규모가 작고 신문 배포 부수가 적은 것은 우연이 아니라 종파주의 때문이었다. 사회주의노동당은 1910년과 1912년 광원들의 대중투쟁 때 아무 구실도 하지 못했다. 1911년과 1912년 운수 노동자 파업 때도 그랬고, 1915년 7월 사우스웨일스 광원 파업 때도 마찬가지였다.

그 이유 하나는 사회주의노동당이 현장 조합원 운동과 관계를 맺지 못해서 그 운동에 영향을 미치지 못했기 때문이다. 이 점은 1910년 12월 설립된 톰 만의 '산업 신디컬리스트 교육 동맹'을 대하는 사회주의노동당의 태도에서 가장 잘 드러났다. 이 운동으로 "온갖 신디컬리스트 활동가들이 끌려 들어왔는데, 종파주의적인 디 리언주의자들만은 예외였다"고 역사가 밥 홀턴은 썼다.¹⁴

사회주의노동당은 교육 동맹의 창립 대회를 보이콧했을 뿐 아니라 대회장 밖에 "톰 만의 본색이 드러났다"고 적힌 플래카드를 내걸고 악선전을 하기도 했다.¹⁵

교육 동맹에는 사우스웨일스 광원들이 많았다. 심지어 사회민주연맹 회원과 독립노동당ILP 당원도 있었지만 사회주의노동당 당원은 없었다. 1912년 11월 런던과 맨체스터에서 두 차례 열린 교육 동맹 대회에는 노동자 10만여 명을 대표하는 대의원 235명이 참석했다. 참석자들은 노동조합 지부와 지역본부, 현장위원회에서 선출된 대의원들로서, 다양한 직종의 노동자, 즉 철도 노동자, 항만 노동자, 목수, 금속 노동자, 점원, 벽돌공, 석공 등을 대표했다.¹⁶

사회주의노동당의 종파주의를 잘 보여 준 사건은 글래스고 출신으로 당의 사무총장을 지낸 닐 매클린을 축출한 것이다. 실업 노동자들이 노동권을 요구하는 것은 "고통을 일시적으로 완화하는 임시방편"에 불과한 개혁주의 활동인데, 매클린이 그런 개혁주의 활동을 지지하는 범죄를 저질렀다는 것이 축출 사유였다.¹⁷ 바로 그런 종파주의 때문에 제임스 코널리도 사회주의노동당과 결별할 수밖에 없었다.

1912년 사회주의노동당 당대회에 제출된 결의안은 "개혁을 지지하는 것은 … 사회주의노동당의 혁명적 성격과 맞지 않는다"는 말로 시작한다. 이 결의안은 찬성 14표, 반대 16표로 아슬아슬하게 부결됐다. 당대회 후 당원들의 다수는 사회주의노동당이 개혁주의로 전락했다며 당을 탈퇴했다.¹⁸ 결국 1913년 3월 사회주의노동당의 신문은 다음과 같이 보도

영국과 불가리아 — 정반대 사례 125

했다. "사회주의노동당이 거덜 났다는 것은 명백하다."[19]

이런 약점에도 불구하고 사회주의노동당은 노동계급 속에서 특히 전쟁 기간에 매우 중요한 구실을 했다. 전시 산업 투쟁에서 사회주의노동당은 그 규모보다 훨씬 더 큰 구실을 했다. 성장하는 금속 직장위원회 운동에서 사회주의노동당은 주요 정치 세력이었다. 불행히도 사회주의노동당은 항상 추상적 선전 그룹 구실을 했지 볼셰비키 같은 당이 아니었다. 즉, 당원들이 따라야 할 전술을 결정하고 투쟁을 지도하는 조직이 아니었다. 그래서 예컨대, 사회주의노동당은 단호하게 전쟁을 반대했지만 자신의 영향력이 강력했던 클라이드노동자위원회에서 반전 정책을 제기하고 실행하지는 않았다. 사회주의노동당 당원들, 특히 (전쟁에 대한 태도가 '유연한' 것으로 유명한) 존 뮤어는 중립 노선을 표방했다. 사회주의노동당 당원들이 개인적으로 뭐라고 말했든 간에 클라이드노동자위원회 자체는 전쟁에 찬성도 반대도 하지 않았다. 위원회의 관심사는 오로지 전쟁 때문에 노동자 조직이 타격받지 않도록 방어해야 한다는 것뿐이었다.[20]*

또, 사회주의노동당 지도자이자 글래스고에서 가장 큰 파크헤드 공장의 소집자**였던 데이비드 커크우드는 '노동 희석'***이라는 아주 중요한 문제에서 클라이드노동자위원회의 정책과 정반대 노선을 채택했다. 노동자

---

* 사회주의노동당은 볼셰비키당과 똑같은 태도를 취하지는 않았지만, 당원들에게 군 복무를 거부하라고 호소했다. 그러면서 사회주의노동당이 참여할 만한 전쟁은 오직 계급 전쟁뿐이라고 선언했다. 실제로 사회주의노동당 당원들은 계급 전쟁론을 근거로 양심적 병역 거부자가 됐고, 사회당과 독립노동당 당원의 상당수는 평화주의를 근거로 양심적 병역 거부자가 됐다.[21] — 지은이.

** 현장에서 노동자들이 선출한 대표 직장위원.

*** 숙련 노동자를 미숙련 노동자로 대체해 노동조건이나 임금 등을 저하시키는 것.

위원회의 정책을 입안한 사람이 동료 당원인 존 뮤어였는데도 말이다.[22]

머피는 다음과 같이 회상했다. "정당을 사회주의 사상의 확산에 필요한 선전 도구 이상으로 여긴 사람은 우리 중에 아무도 없었다."[23]

직장위원회 운동

영국 공산주의에 기여한 것은 사회당과 사회주의노동당 말고 하나 더 있었는데, 그것은 직장위원회 운동이었다. 이 운동은 금속 산업에서 나타난 최초의 대중운동이었고 제1차세계대전 기간에 성장했다.[24]

그러나 직장위원회·노동자위원회 운동이 아무리 대중적이고 전투적인 운동이었을지라도(노동자들이 수십만 명씩 참가했다) 많은 한계가 있었고 결국 그 한계를 극복하지 못했다.

직장위원회 운동은 금속 산업을 넘어 확산되지 않았고 금속 산업에서도 거의 숙련 노동자들로 국한됐다. 또, 매우 지역적인 운동이었고 전국적 구조는 아주 느슨했다. 그것은 투사 단체들의 자율적 연합체에 지나지 않았다. 1915년과 1916년 클라이드 금속 노동자들의 대규모 비공인 파업은 클라이드 지역 너머로 확산되지 않았다. 심지어 **전국적** 파장을 불러일으킨 1915년 10~11월의 대중운동, 즉 집세를 전쟁 전 수준으로 동결시킨 집세제한법 제정 운동조차 클라이드 지역을 넘어서지 못했다.

전시에 벌어진 가장 큰 운동은 1917년 5월 로치데일*에서 시작돼 맨체스터 전역으로 순식간에 확산된 금속 노동자들의 비공인 파업이었

---

* 맨체스터 시 북동쪽 약 16킬로미터 지점에 있는 도시로 예전에 섬유공업의 중심지였고 협동조합 운동의 발상지로 유명하다.

다. 3주 이상 지속되며 노동 손실 일수 150만 일을 기록한 그 파업에는 금속 노동자 20만 명이 참가했다. 셰필드와 로더럼의 금속 노동자 1만 5000명, 코번트리의 금속 노동자 3만 명이 참가했지만, 그들은 대부분 하루 파업 후 작업장으로 돌아갔고 나머지도 며칠 후 복귀했다. 버밍엄의 노동자들은 파업에 들어가지 못했고 글래스고와 타인의 노동자들도 마찬가지였다.[25] 1917년 5월 파업 운동은 **전국**으로 확산되지도 않았고 금속 산업의 모든 **부문**을 포괄하지도 못했다. 역사가 제임스 힌턴은 다음과 같이 썼다.

> 1917년 5월 파업 운동은 숙련 노동자들의 특권을 지키려는 대규모 전투였다. 그때까지의 직장위원회 운동 역사를 살펴보면 핵심적 역설이 드러나는데, 그것은 운동 지도자들의 혁명적 목표와 숙련직 현장 조합원들의 특권적 동기 사이의 모순이었다. 5월 파업은 후자를 확인시켜 줬다.[26]

5월 파업은 직장위원회·노동자위원회 운동의 절정이 아니었다. 1917년 8월 전국행정위원회 형태로 운동의 전국적 지도부가 건설됐다. 그러나 이 기구는 진정한 중앙집중적 지도력을 제공하지 못했다. 이름이 암시하는 것과 달리 전국행정위원회는 집행 권한이 전혀 없고 "지역 노동자위원회의 보고가 집중되는 곳에 불과"하도록 만들어졌다. "어떤 노동자위원회도 집행 권한을 가져서는 안 되고, 정책과 행동에 관한 문제는 모두 현장 조합원들의 의견을 물어 결정해야 한다"는 것이 직장위원회 운동에서 줄곧 받아들여진 원칙이었다.[27]

그해 가을부터 임금 인상 투쟁이 잇따랐다. 이번에는 숙련 노동자와 미숙련 노동자가 함께 싸웠다.[28] 당시 전국행정위원회가 전보다 더 전진할 수 있었던 데는 여러 요인이 있었다. 러시아 10월 혁명의 영향, 유혈 낭자한 서부전선의 교착상태, 심각한 식량 부족 등이 그런 요인이었다. 전국행정위원회는 전쟁 자체에 도전하기로 결정했다. 1918년 1월 전국행정위원회는 정부를 압박해서 강화 협상에 나서게 하려고 전국적 파업을 호소했다. 그러나 대대적 운동에도 불구하고 파업은 실현되지 않았고 파업 호소는 노동자들에게 무시당했다. 금속 노동자들이 대규모 집회를 열어 파업을 벌이겠다고 위협하는 등 운동은 혁명적 잠재력을 실현하는 데까지 나아갈 수 있었다. 그러나 마지막 순간에 정말 갑자기 숙련 금속 노동자들이 국가에 정치적으로 도전하기를 멈추고, 전투적이지만 지극히 부문적인 요구로 후퇴했다. 즉, 숙련 노동자의 징집 면제 제도를 계속 유지하라는 요구로 물러선 것이다.[29]

직장위원회·노동자위원회 운동이 실패한 원인을 규명할 때, 지도부의 주관적 실패를 과장하면 잘못일 것이다. 1917년 5월 파업 운동의 붕괴와 1918년 1월 파업 호소의 실패는 모두 노동계급 대중(선진 노동자들도 포함하는)의 의식 수준이 훨씬 더 심각한 원인이었다. 몇 년 후 이 투쟁들을 회상하며 머피는 다음과 같이 썼다.

> 전시에 일어난 파업 중에 반전 파업은 하나도 없었다. 그 파업들은 흔히 나처럼 전쟁에 반대하는 사람들이 이끌었지만, 그것이 파업의 실제 동기는 아니었다. 파업 노동자들의 집회에서 전쟁 반대 문제가 안건으로 제기됐다면 압도적으로 부결됐을 것이다. 노동자들이 작업을 중단한 데는 다른 원인, 다른 동기가 있었다. 후방에 있는 자신들의 노동조건뿐 아니라 군대에 있는 노동자들의 노동조건도 자신들이 관리하고 있다는 확신이 커지면서 작업을 중단하게 됐던 것이다.[30]

직장위원회 운동은 러시아 10월 혁명을 열렬히 환영했다. 10월 혁명은 소비에트의 승리를 의미하는데, 소비에트는 바로 노동자위원회가 확대되고 발전한 것이라고 봤기 때문이다. 힌턴은 다음과 같이 썼다.

이제 사회주의노동당 지도자들은 지역 노동자위원회에서 프롤레타리아 국가권력, 즉 '지배계급'으로 조직된 노동자 권력 기구의 맹아적 형태를 발견했다. 1919년 1월 말에 〈소셜리스트〉*는 다음과 같이 선언했다. "파업 중인 대중은 노동자 국가의 토대인 노동자위원회들을 자발적으로 건설했다. 모든 광산·제조소·철도·공장의 모든 부문을 대표하는 이 노동자위원회에 자본주의를 소비에트 공화국으로 변모시킬 수 있는 조직 요소들이 담겨 있다. … 모든 권력을 노동자위원회로!"[31]

물론 영국의 혁명운동에서 소비에트 권력 개념이(소비에트라는 말 자체도) 발전할 수 있었던 것은 압도적으로 러시아 혁명 덕분이었다. 그러나 '소비에트[를 신봉하는] 이단異端'은 단지 외국의 경험을 영국 노동운동에 접목하려는 노력만은 아니었다. 영국의 일부 좌파들이 소비에트 개념을 열렬히 받아들이고 발전시킨 이유는 그들이 러시아 혁명에 크게 기뻐했기 때문만은 아니었다. 더 주된 이유는 영국 혁명가들 자신의 국내 경험으로 말미암아 현실에서 이론적 필요를 느끼고 있던 차에 소비에트 개념이 그 필요를 충족시켜 줬기 때문이다.[32]

그러나 10월 혁명은 소비에트의 승리였을 뿐 아니라 볼셰비키당의 승리이기도 했다. 안타깝게도 직장위원회·노동자위원회 운동은(그 운동의

---

* 사회주의노동당의 기관지.

가장 뛰어난 지도자들도) 볼셰비키의 당 이론을 이해하지 못했다. 그들은 대중의 자발적 경제조직을 강조하는 신디컬리즘에 너무 물들어 있어서, 당으로 조직된 전위의 **정치적 구실**을 무시했다. 소비에트 권력 개념은 직장위원회 운동의 **긍정적 경험**과 잘 맞아떨어졌다. 반면에, 당의 필요성은 주로 그 운동의 **부정적 경험**, 즉 1917년 5월 파업의 확산 실패와 1918년 1월 총파업 호소의 철저한 실패 등에서 비롯할 수 있었다. 노동자들의 투쟁을 일반화하고 프롤레타리아의 불균등한 의식을 극복하는 데서 당이 결정적 구실을 한다는 사실을 직장위원회 운동의 지도자들은 분명히 깨닫지 못했다. 힌턴이 다음과 같이 쓴 것은 완전히 옳다.

> 1920~21년 영국 공산당이 건설될 무렵 당원들이나 당 지도자들의 상당수가 볼셰비키의 당 개념을 이해하고 있었는지 또는 이해했더라도 그것을 지지했을지는 매우 의심스럽다. 이 점에서 그들은 자신들의 신디컬리즘을 새로운 당으로 끌고 들어왔다고 할 수 있다.[33]

레닌이 영국 공산당 건설에서 중요한 구실을 하다

1918년 초부터 영국의 다양한 혁명적 조직들은 공산주의 깃발 아래 하나로 합치는 방안을 모색했다. 맨 처음 볼셰비키를 자처한 조직은 사회주의노동당이었다. 사회주의노동당은 이미 10월 혁명 전에도 '영국판 볼셰비키'를 자처했다.[34] 얼마 뒤 사회당이 공산주의로 전향했다. 직장위원회 운동의 지도자들도 공산주의에 열광했다. 1919년 3월 코민테른 창립 대회는 혁명적 조직들의 통합 염원을 더한층 자극했다.

코민테른 창립 대회 직후 러시아 공산당은 사회주의노동당의 지도자인 톰 벨과 아서 맥머너스를 만나서, 러시아 혁명을 지지하는 조직들을 모두 단일 정당으로 조직하도록 설득했다.[35]

코민테른 창립 후 영국 사회당은 각 지부별로 제2인터내셔널 탈퇴와 제3인터내셔널 가입에 대한 찬반 투표를 실시하기로 결정했다. 투표 결과는 찬성 98, 반대 4였다. 실비아 팽크허스트가 이끄는 노동자사회주의연맹도 즉시 코민테른 가입을 결정했다. 사우스웨일스사회주의협회가 그 뒤를 따랐다. 1920년 1월 열린 직장위원회·노동자위원회 운동 협의회에서도 코민테른 가입이 결정됐다.

그러나 통합 협상 초기부터 각 종파들의 낡은 전통을 쉽게 극복하기 힘들다는 것이 분명해졌다.

두 가지 쟁점이 두드러졌다. 첫째는 미래의 공산당이 의회 선거에 참여해야 하느냐는 것이었고, 둘째는 공산당이 노동당에 가입해야 하느냐는 것이었다. 이 두 문제에 대해 사회당은 찬성했고, 사회주의노동당은 첫째는 찬성, 둘째는 격렬하게 '반대'했다. 노동자사회주의연맹과 사우스웨일스사회주의협회는 두 문제 모두 반대했다.

레닌은 꽤 일찍부터 이 두 문제에 분명한 태도를 취했다. 그는 의회 선거 참여를 지지했고 영국 공산당이 노동당에 가입해야 한다고 주장했다. 시간이 흐를수록 레닌의 태도는 더 확고해졌다.

1919년 8월 28일 레닌은 실비아 팽크허스트에게 다음과 같은 편지를 보냈다.

저는 개인적으로 영국의 혁명적 노동자들이 의회 선거 참여를 거부하는 것은 실수라고 생각합니다. 그러나 동지가 열거한 모든 경향과 집단, 즉 볼셰비즘에 공감하고 소비에트 공화국을 진심으로 지지하는 경향과 집단이 영국 노동자들의 대규모 공산당을 건설하는 일을 늦추는 것보다는 차라리 그런 실수를 하는 것이 더 낫다고 생각합니다. …

한 나라에서 혁명 활동을 하려는 의지와 신념을 가진 공산주의자들이, 즉 소비에트 권력(비非러시아인들이 때때로 '소비에트 체제'라고 부르는)을 열렬히 지지하는 사람들이 의회 선거 참여에 관한 이견 때문에 하나로 뭉칠 수 없다면, 어떻게 되겠습니까?

저는 그런 이견이 지금은 중요하지 않다고 생각합니다. 왜냐하면 소비에트 권력을 위한 투쟁은 프롤레타리아의 가장 수준 높고 가장 계급의식적이고 가장 혁명적인 정치투쟁이고 … 의회 선거는 지금 부분적이고 부차적인 문제이기 때문입니다.[36]

그래서 레닌은 비록 공산당의 의회 선거 참여를 지지하지만 그것은 부차적 문제일 뿐이고, 의회 선거 참여에 관한 이견 때문에 영국에서 공산당 건설이 늦춰져서는 안 된다는 점을 분명히 했다.

그러나 몇 달 뒤 레닌은 의회 선거 참여에 반대하는 영국 공산주의자들을 훨씬 더 강력하게 비판했다. 레닌이 1920년 4월 27일 완성한 《'좌파' 공산주의 — 유치증》은 팽크허스트나 갤러처럼 의회 선거 참여에 반대하는 좌파들을 특별히 논박하려고 쓴 소책자였다. 실제로, 레닌은 그 소책자에서 이 두 지도자를 꼭 집어 강력하게 비판했다.

코민테른 2차 대회에서 레닌은 영국 문제를 다룬 특별위원회의 의장을 맡았는데, 이 위원회에는 부하린과 지노비예프, 파울 레비 등 유명한 지도자가 여러 명 포함돼 있었다. 이 위원회도 위의 두 가지 문제를 다루면서, 영국 공산당에 의회 선거 참여와 노동당 가입을 강력하게 권유했다.

노동당 가입을 지지하면서도 레닌은 노동당의 반동적 성격에 대해서는 한 치도 양보하지 않았다. 그는 코민테른 2차 대회에서 영국 사회당의 대변인 구실을 한 매클레인의 주장을 비판하며 다음과 같이 말했다. "매클레인은 노동당을 일컬어 노동조합운동의 정치조직이라고 했습니다. 나중에 그는 이 주장을 되풀이하며 노동당은 '노동조합운동의 정치적 표현체'라고 말했습니다." 그러나

> 노동당은 철저하게 부르주아적인 당입니다. 비록 노동당이 노동자들로 이뤄져 있지만 그 지도자들은 반동적 인물들, 그것도 최악의 반동적 인물들이기 때문입니다. 그들은 철저하게 부르주아지의 정신에 따라 행동합니다. 노동당은 노동자들을 교묘하게 속이는 영국판 노스케와 샤이데만을* 도와주려고 존재하는 부르주아지의 조직입니다.[37]

레닌이 노동당 가입을 지지한 이유는 노동당 안에서 노동당에 맞서 싸우기 위해서였다. 따라서 공산주의자들이 노동당에 가입하기 위한 필수 조건은 노동당의 정책과 지도부를 비판하는 선전의 자유를 완전히 누릴 수 있어야 한다는 것이었다. "우리는 공산주의자들의 당이 완전한 비판의 자유를 누리고 독자적 정책을 추진할 수 있어야만 노동당에 가입할 수 있음을 솔직하게 이야기해야 합니다."[38]

레닌은 사회주의노동당의 견해, 즉 노동당은 부르주아적 당이므로 노동자들을 이끌고 사회주의로 나아가지 못할 것이며 공산당이 노동당을

---

* 노스케와 샤이데만은 독일 혁명을 배신하고 로자 룩셈부르크 같은 혁명가들을 살해한 독일 사회민주당 지도자들이다.

대신해야 한다는 견해를 받아들였다. 다른 한편으로 사회당의 주장, 즉 공산당은 사회주의 정당이나 단체의 가입을 허용하는 노동당 당헌의 독특한 특징을 잘 활용해야 한다는 주장에도 동의했다.*

코민테른 2차 대회에서 영국 공산당의 노동당 가입을 논의한 회의는 레닌의 발언 후 표결을 거쳐 찬성 58, 반대 24(기권 2)로 노동당 가입을 결정하고 폐회했다(반대한 24표는 비록 소수파였지만, 역대 코민테른 세계 대회에서 러시아인들의 주장에 대한 반대표치고는 가장 많은 수였다).

코민테른의 명망 있는 지도자들도 수십 년 동안 영국 마르크스주의자들을 괴롭힌 종파주의 전통을 쉽고 빠르게 극복할 수는 없었다. 영국 공산당의 역사가인 맥팔레인은 다음과 같이 썼다.

러시아 볼셰비키 지도자들이 끈질기게 주장하지 않았다면, 단일한 공산당을 건설하기 위한 길고 복잡한 협상은 십중팔구 시작되지도 않았을 것이다. 그러나 일단 협상이 시작되자 협상을 통제한 것은 협상 참가자들이었고 그들의 편견과 종파주의 성향이 협상 과정을 지배했다.⁴⁰

---

* 당시 노동당을 대하던 레닌의 태도에서 오늘날의 노동당에 관한 결론을 끌어내서는 안 된다. 당시의 노동당은 오늘날과 사뭇 달랐기 때문이다. 노동당에서 지구당(요즘은 대체로 중간계급으로 구성돼 있지만)은 1919년에야 처음으로 건설됐다. 당시의 노동당은 사실상 노동운동과 동의어였다. 그래서 오늘날에는 결코 일어날 수 없는 일들이 그때는 빈번히 일어났다. 1921년에 조지 랜즈버리가 그랬듯이 노동당 지도자가 법을 어기고 실업자들을 지지해서 감옥에 갇히고 감옥 밖에서 2만 명이 시위를 벌이는 것과 같은 일을 오늘날 상상이나 할 수 있을까? 1923년 12월 총선에서 공산당 후보 9명 중 7명이 노동당 후보로 지명된 것과 같은 일을 오늘날 상상이나 할 수 있을까? 1928년까지 노동당 우파가 공산당 지지자들을 당에서 쫓아내려고 지구당 26개, 당원 8만 명을 제명해야 했던 것과 같은 일을 오늘날 상상이나 할 수 있을까?³⁹ — 지은이.

영국과 불가리아 — 정반대 사례   135

코민테른 지도부는 영국 공산주의 운동을 논의하는 데 많은 시간을 쏟았다. 1921~22년에 코민테른 상임간부회는 영국 문제를 열세 번 논의했다. 프랑스·이탈리아·헝가리·독일을 제외하면 그 어느 나라 문제보다 더 자주 논의한 것이다. 그러나 코민테른 지도부가 영국 공산주의 운동의 실제 상황에 미친 영향은 별로 크지 않았다.

예상

레닌은 영국에서 공산주의를 표방하는 다양한 조직들의 통합으로 꽤 큰 공산당이 건설될 것이라고 예상했다. 그래서 1920년 8월 6일 코민테른 2차 대회에서 연설할 때 다음과 같이 말했다.

사나흘 전에 열린 영국 사회당 당대회에서는 당명을 공산당으로 바꾸기로 결정했고, 의회 선거 참여와 노동당 가입 조항이 포함된 강령을 채택했습니다. 당대회 대의원들은 당원 1만 명을 대표했습니다.

그러고 나서 갤러처를 돌아보며, 스코틀랜드에서 공산당에 가입하는 사람이 많아야 한다고 덧붙였다.

스코틀랜드 동지들이 대중 사이에서 활동하는 기예가 뛰어난 혁명적 노동자들을 1만 명 넘게 영국 공산당으로 데려오는 것은, 그래서 사회당의 낡은 전술을 바꿔 놓는 것은 전혀 어렵지 않을 것입니다.[41]

직장위원회 운동에서도 수천 명이 공산당에 가입할 것으로 예상됐다.

이런 계산은 레닌의 몽상이 아니었다. 직장위원회 운동의 대표로 코민테른 대회에 참석한 잭 태너 자신이 직장위원회 운동에는 20만 명의 활동가가 있다고 주장했다.[42] 또, 독립노동당에서도 많은 당원이 공산당에 합류할 것으로 예상됐다. 독립노동당 좌파의 간사인 헬렌 크로퍼드가 코민테른 2차 대회에 제출한 보고서를 보면, 프레스턴·리버풀·넬슨·배로인퍼니스 등지의 독립노동당 지부들은 오로지 공산주의자들로만 이뤄진 곳이었다. 이 지부들의 좌파 지지자만 해도 1000명이라고 했다.[43] 영국 공산당 주간지인 〈코뮤니스트〉는 1921년 4월 초에 다음과 같이 주장했다. "독립노동당 당원의 20퍼센트가 곧장 우리 쪽으로 넘어왔다. 5000여 명이 한꺼번에 우리 당에 가입한 것이다."[44]

결과는 예상과 달랐다

사소한 다툼과 종파주의의 오랜 역사를 간직한 소규모 마르크스주의 조직들은 통합 협상을 하는 데도 몇 달씩을 허비했다. 통합 당대회가 열렸을 때 조직다운 조직으로서 합류한 세력은 사회당뿐이었다. 사회주의노동당은 1919년 11~12월 당원 투표 후 통합 협상에서 철수했다. 그러자 사회주의노동당의 일부 당원들이 따로 조직을 만들어 공산당에 합류했다. 그 수는 아마 200명쯤 됐을 것이다. 노동자사회주의연맹은 길고 오랜 협상 끝에 결국 공산당에 합류하기를 거부했고, 사우스웨일스사회주의협회도 마찬가지였다. 영국에서 가장 유명한 혁명가였던 존 매클린도 공산당에 가입하지 않았다. 러시아인들이 볼 때 매클린은 단지 개인이 아니라 영국 혁명의 진정한 대변자였다. 그래서 제1차 전 러시아 소비에트 대회에서 명예의장으로 임명됐고 1918년 2월에는 스코틀랜드 주재 소비에트 영사로 임명되기도 했다. 그러나 매클린은 영국 공산당에 가입하지 않고 따로 스코틀랜드 공산당을 건설하려 했다. 독립노동당의 주장에 대해 맥팔레인은 다음과 같이 썼다. "〈코뮤니스트〉는 독립노동당 당원 5000명이 한꺼번에 공산당에 가입할 것이라고 떠들어 댔지만, 실제로는 톰 벨이 나중에 썼듯이 공산당은 고작 100~200명밖에 얻지 못했다."[45]

영국 공산당의 공식 역사가인 제임스 클루그먼은 창당 초기 당원이 모두 합쳐 약 3000명이었고 그조차도 1922년 중반 무렵 2000명으로 감소했다고 썼다.[46]

당원의 대다수는 사회당 출신이었으나 아서 맥머너스, 톰 벨, 윌리엄 폴, 잭 머피 등 핵심 지도부는 사회주의노동당 출신이었다.

공산당은 규모도 매우 작았을 뿐 아니라 조직력이나 지도부의 자질도 결코 만족스럽지 않았다. 클루그먼은 다음과 같이 썼다.

> 당의 지부들은 사회주의 선전 단체나 종파의 전통적 지부들과 비슷했다. 당은 대중투쟁에 효과적으로 참여할 수 있었는데도 결코 그러지 않았다. 당의 기구는 여전히 낡은 사회주의 정당의 기구와 근본적으로 똑같았다. 지역별로 연방적으로 선출된 지도부는 당을 동원하지도 못했고 혁명적 정당에 적합하지도 않았다.[47]

1922~23년에야 공산당은 선전 종파의 종파주의 전통을 떨쳐 내려고 체계적으로 노력하면서 산업에 뿌리내리고 투쟁 속에서 노동자들을 지도하는 당으로 변모하기 시작했다.

영국 공산당을 창립하려는 레닌과 코민테른 지도부의 노력이 마비된 데는 주관적 요인들과 객관적 요인들이 맞물려 있었다. 그중 하나는 혁명적 조직들 간의 통합 협상이 지지부진했다는 것이다. 그래서 신생 공산당이 본격적으로 움직이기 시작했을 때는 이미 혁명 투쟁의 파고가 지나간 뒤였다.

1920년 무렵 직장위원회 운동은 완전히 붕괴했다. 군수산업의 쇠퇴로 실업이 증대하고, 유명한 투사들이 대거 희생되고, 노조 지도자들이 노조 통제권을 되찾은 것이 그 원인이었다. 1919년 7월에 이미 J T 머피는 다음과 같이 말했다.

> 셰필드의 비커스 공장에 능동적인 직장위원이나 간행물 판매자가 단 한 명이라도 남아 있는지 의심스럽다. 그런 사람들은 거의 모두 해고돼 실업자가 됐다. 클라이드사이드의 여러 저명 인사[투사]들도 마찬가지 신세가 됐다.[48]

때를 놓치다

영국에서 노동자 투쟁의 물결이 고양되던 1918~19년에 공산당이 창립됐다면 그 시작이 웅장했을 것이다. 1919년 내내 경제적·정치적 계급투쟁이 전례 없이 고조돼, 수많은 노동자가 임금 인상과 노동시간 단축을 위해 투쟁했다. 광원들은 광산 국유화를 요구하며 투쟁했다. 심지어 경찰도 투쟁의 열기에 휩싸였다. 당시 런던 경시청 공안부장이었던 바실 톰슨은 1919년 2월을 "혁명의 위험이 최고조에 달한 때"라고 생각했다. 버넘 경은 "우리가 모종의 혁명을 피할 수는 없을 듯하다"고 말했다. 마찬가지로 육군 원수 헨리 윌슨 경도 "볼셰비키 봉기가 일어날 것 같다"고 내각에 보고했다.[49]

1919년 내내 정부의 전략은 임금 인상 투쟁들이 연대 투쟁으로 발전하지 못하도록 따로따로 처리한다는 것이었다.

1919년 1월 주 40시간 노동제를 요구하는 파업이 클라이드 전역으로 확산됐다. 벨파스트에서도 노동자 6만여 명이 파업에 돌입했다. 2월 5일 배로의 금속 노동자들이 파업을 시작했다. 런던의 금속 노동자들은 2월 6일 파업을 벌이기로 결정했다. 그러나 운동의 확산 속도는 너무 더뎠고, 2월 11일 결국 파업은 목표를 달성하지 못한 채 취소됐다. 정부는 양보안을 내놓았고, 노조 지도자들은 그럭저럭 현장 지도부를 다시 통제할 수 있었다.

광원들을 상대로는 정부와 사용자들이 시간 벌기 작전을 썼다. 그래서 생키 경을 위원장으로 하는 특별위원회를 임명해 광원들의 불만 사항을 조사하게 하는 한편, 임금과 노동시간을 약간 양보했다.

1919년 초 몇 달 동안 군대 내에서도 불만이 확산돼 반란이 잇따랐다. 오스털리 파크에 주둔하고 있던 육군 병참단 병사 1500여 명이 트럭을 탈취해 런던의 정부 청사 거리로 몰려가 시위를 벌였다. 다른 병사들은 총리 관저 앞에서 시위를 벌였다. 런던 인근의 많은 지역에서 비슷한 반란 사건들이 일어났다. 같은 달[1919년 1월]에 칼레에 주둔 중이던 영국군 병사 2만 명이 명령을 거부했다. 빙 장군은 반란을 일으킨 병사들과 협상을 하지 않으면 안 됐다. 2월 7일과 8일에는 무장한 병사들이 근위 기병 여단의 퍼레이드 장소인 연병장을 점거한 채 시위를 벌였다. 육군부는 "모든 부대 지휘관에게 기밀 설문지"를 보내 "영국에서 혁명이 일어나더라도 군대가 계속 충성할지 어떨지를 확인해야 한다"고 생각했다. 만일의 사태에 대비해서 독일에 있던 근위 사단이 소환됐다. 1919년 3월에는 릴에서 반란이 일어나 5명이 죽고 21명이 다쳤다.[50]

해군도 반란의 무풍지대가 아니었다. 군함 킬브라이드 호의 상황은 통제 불능이었다. 1919년 1월 13일 킬브라이드 호의 수병들은 돛대 꼭대기에 붉은 기를 매달고 "해군의 절반은 파업 중이고 나머지 절반도 곧 파업에 들어갈 것"이라고 선언했다.[51]

5월에는 런던과 리버풀에서 경찰이 대규모 파업을 벌였다. 이 파업은 분쇄됐고 많은 경찰이 파면 등 징계 처분을 받았다.

9월에는 철도 노동자들의 전국적 파업이 9일 동안 지속됐다.

철도 파업 후 거푸집이나 심형[*]을 만드는 노동자 6만 5000명이 105일 동안 파업을 벌였다. 그들의 요구 사항은 주급 15실링 인상, 수습생 주급 7실링 6펜스 인상이었다. 오랜 쟁의에도 불구하고 그들이 따낸 것은 겨우 주급 5실링 인상이었다.[52]

영국 공산당이 1918년이나 늦어도 1919년에는 창립됐다면 이렇게 고양된 투쟁 물결을 이용할 수 있었을 것이다. 그러나 공산당은 그 물결을 놓쳐 버렸다. 1920년과 1921년은 사용자들이 공세를 펴고 노동계급은 후퇴하는 시기였다. 1919년에 현장 조직을 분쇄한 후 지배계급은 노동조합 자체를 공격했다. 금속노조, 광원노조, 철도노조를 차례로 공격해서 잇따라 승리를 거뒀다.

공산당 창당이 늦어져서 불리한 객관적 상황을 더 악화시킨 것은 영국 마르크스주의자들의 주관적 약점이었다. 물론 혁명적 조직들의 주관적 특징은 대체로 과거 주관적^{**} 조건의 부산물이었다. 즉, 수십 년 동안 대체로 안정된 영국 자본주의, 노동운동의 강력한 보수성, 비대해진 노

---

*　心型. 속에 빈 공간이 있는 주물을 만들 때 거푸집 안에 설치하는 또 다른 틀.

**　'객관적'을 잘못 쓴 듯하다.

조 관료 기구의 힘 등이 그런 조건이었다. 영국 전통과 볼셰비즘 전통의 결합이 불러일으킨 기대는 결국 실현되지 않았다. 강력한 러시아 공산당조차 영국 공산당을 재빨리 효과적으로 설득할 수 없다는 것이 드러났다.

결론을 맺어 보자. 영국 공산당이 레닌의 작품이라는 생각은 너무 안이하고 틀린 생각이다. 영국 공산당은 다양한 요인의 복잡한 상호작용을 거쳐 건설됐다. 첫째, 영국의 경제·사회 상황 속에서 프롤레타리아의 다양한 흐름이 오랫동안 존재했다. 둘째, 제1차세계대전의 여파와 함께 계급투쟁이 격화하면서 직장위원회 운동이 일어났고 전후 투쟁의 밀물과 썰물이 교차했다. 셋째, 러시아 혁명과 함께 볼셰비즘이 코민테른의 형태로 국제 무대에 등장한 것도 한 요인이었다. 레닌과 코민테른 지도부가 영국의 혁명운동에 개입한 것이 영국 공산당 건설에 필수적이었다. 이런 개입이 없었다면 영국 공산당은 만들어지지 않았을 것이라고 서슴없이 말할 수 있다. 그러나 러시아인들이 영국 동지들에게 볼셰비키의 원칙을 영국 토양에 맞게 적용하도록 가르치기는 매우 힘들었다. 영국 동지들은 자기들 나름대로 공산주의를 수용했으며, 여기에는 토착 전통에서 비롯한 강점과 약점이 모두 있었다. 주된 약점은 세계에서 가장 보수적인 나라에서 소규모 조직의 정치가 만들어 낸 타성이었다. 코민테른 지도부의 강력한 압력, 권력을 쟁취한 볼셰비키 지도부의 높은 위신으로도 이 약점은 극복할 수 없었다. 소규모 종파들과 반쯤 종파인 단체들을 통합해서 효율적인 혁명적 정당을 만드는 것은 독일과 프랑스에서 대규모 중간주의 정당들을 분열시키는 것보다 더 어려운 일이라는 사실이 드러났다.

불가리아에서도 실패하다

영국 공산당과 정반대 사례가 불가리아 공산당BKP이었다. 불가리아 공산당은 거의 20년 동안 볼셰비키의 혁명적 일관성을 본받아 왔다고 자랑한 대중정당이었다. 이 제자들은 러시아 스승의 뒤를 이을 수 있음을 입증했을까? 러시아 밖에서 공산당이 권력을 장악할 수 있는 나라가 하나 있었다면 그것은 불가리아였을 것이다. 역사는 여기서도 토착 전통 때문에 두 공산당의 관계가 조화롭지 못했음을 보여 준다.

러시아 볼셰비키와 불가리아 혁명가들은 아주 오랫동안 긴밀한 관계였다. 19세기 후반에 급진적 불가리아 지식인들은 언어 문제와 슬라브족의 정서 때문에 러시아에서 진보적 교육을 받았다. 불가리아 사회주의 운동의 창시자이자 죽을 때까지 불가리아 공산당의 대원로로 존경받은 디미타르 블라고예프는 페테르부르크 대학교에서 학업을 마쳤다. 1883~84년 겨울에 러시아에서 최초의 마르크스주의 서클로 알려진 조직을 만든 사람이 바로 블라고예프였다.[53]

불가리아 사회민주당의 기원은 1892년으로 거슬러 올라간다. 그 당을 창건한 사람도 블라고예프였다. 1902년에 불가리아 사회민주당은 둘로 분열했다. 얀코 사카조프가 이끈 우파는 자칭 '광범한 사회주의자들'이었는데, 자유주의 야당과의 협력을 지지했고 러시아의 경제주의자들과 독일의 베른슈타인 추종자들이 그랬듯이 노동조합의 정치적 중립을 주장했다. 블라고예프가 이끈 좌파는 '협소한 사회주의당'(테스냐키)이라고 불렸다.

러시아 볼셰비키와 불가리아 테스냐키는 상호 공감대와 가끔 이뤄진 실천적 협력을 바탕으로 서로 단결했다. 둘 다 제1차세계대전에 반대했다. 코민테른이 창립됐을 때 불가리아 당은 분열하지 않은 채 그대로 가입했고 "그래서 코민테른의 울타리 안으로 들어왔다." "그것은 러시아 공산당을 제외하면 볼셰비키 색깔이 선명한 유일한 대중정당이었다"고 E H 카는 말했다.⁵⁴ 빅토르 세르주는 크렘린에서 열린 회의에서 불가리아 지도자들인 콜라로프와 카바크치예프가 "불가리아 당은 유럽에서 유일하게 볼셰비키처럼 원칙에 비타협적으로 충실한 사회주의 정당이라고 자랑스럽게 얘기했다"고 회상한다.⁵⁵

볼셰비키와 마찬가지로 테스냐키도 대중정당이었다. 1907년에 테스냐키 당원은 1795명이었다.⁵⁶ 불가리아 인구가 500만 명이 채 안 됐으므로 당시 볼셰비키 당원이 4만 6000명이었음을⁵⁷ 감안하면 불가리아 당이 볼셰비키보다 훨씬 더 컸던 셈이다.

1912~13년의 발칸전쟁 기간에 국제주의 태도를 확고하게 유지한 덕분에 불가리아 당의 영향력과 당원 수가 훨씬 더 증대했다. 1912년에 당원은 2923명으로 늘었고 1915년에는 3400명이 됐다. 1915년에 불가리아가 제1차세계대전에 참전했을 때, 테스냐키의 강력한 반전 노선에 이끌려 수천 명이 가입했다. 그래서 1919년 봄에는 당원 수가 2만 1557명에 달했다.⁵⁸

볼셰비키처럼 불가리아 당에도 매우 효과적인 신문이 있었다. 1909년 9월 불가리아 당의 신문 〈라보트니체스키 베스트니크〉는 주 3회 발행됐다. 구독자 2700명은 불가리아처럼 작은 나라에서는 적은 수가 아니었다. 1911년에는 일간지가 됐고, 1914년에는 발행 부수가 5000부로 늘었고 1918년에는 3만 부까지 증가했다. 당의 달력 《붉은 인민의 달력》은 1만 5000부씩 배포됐다.⁵⁹

당의 대중적 영향력은 선거에서도 드러났다. 1913년 의회 선거에서 5만 2777표를 얻어 16석을 차지했고,⁶⁰ 1919년 8월 총선에서는 11만

9000표, 47석을 얻어 불가리아에서 둘째로 강력한 정당이 됐다.[61]

불가리아 당은 고분고분하고 물렁한 조직이 아니었다. 블라고예프가 1902~03년에 레닌의 저작 《무엇을 할 것인가?》의 대부분을 번역해 출판하면서 그 비타협적 태도를 매우 우호적으로 논평한 것은 결코 우연이 아니었다. 또, 불가리아 당은 경험 없는 당도 아니었다. 당원들의 희생 정신은 대단했다. 1917년 1월 전쟁 반대 노선 때문에 당원 1000명이 감옥에 갇혔고 또 다른 600명은 징집 연령이 지났는데도 강제징집당해서 전선으로 보내졌다.[62] 당원 수백 명은 감옥에서 끔찍한 고문에 시달리다 결국 사망했다.

이런 불가리아 당이 코민테른에 가입했으니, 언뜻 보면 볼셰비즘을 불가리아 당에 접목하는 것은 쉬운 일이어야 했다. 안타깝게도, 결정적 순간이 닥쳤을 때 불가리아 당은 비참하게 실패했다.

이 점을 잠깐 살펴보고 다음으로 넘어가자.

1923년 6월의 우익 쿠데타

1923년 6월 8일 농민연합 지도자인 알렉산드르 스탐볼리스키가 이끄는 정부가 찬코프가 주도한 군사 쿠데타로 전복됐다. 두 달 전 선거에서 농민연합은 총 245석 가운데 212석을 얻었고 공산당은 16석, 사회당은 2석을 얻었다. 스탐볼리스키가 사실상 불법화한 부르주아 정당들은 겨우 16석을 얻었다. 이 부르주아 정당들이 불가리아 군대, 브란겔이 이끄는 러시아 백군 병사 2만 명(이들은 러시아 내전이 끝나자 불가리아로 도망쳐 왔다), 마케도니아 군대(이들은 스탐볼리스키가 제1차세계대전 후 불가리아 영토를 대폭 할양한 평화조약에 서명한 것에 분노했다)와 손잡고, 민주적으로 선출된 정부를 전복한 것이다.

쿠데타에 대한 공산당의 태도는 놀라웠다. 그것은 1920년 3월 독일에서 카프 쿠데타가 일어났을 때 독일 공산당이 취한 태도와 사실상 똑같았다. 불가리아 공산당 지도자들은 그냥 수수방관했다. 그 결과, 쿠데타로 들어선 정권이 공산당 지도부를 제거했고 공산당은 20년 동안 지하 활동을 해야 했다. 1944년 9월 소련 군대가 불가리아를 침공한 후에야 공산당은 다시 지상으로 나올 수 있었다.

1923년 6월 9일 아침 공산당 중앙위원회는 "불가리아 노동자와 농민에게"라는 성명서를 발표했는데, 그 내용은 다음과 같았다.

> 지난밤에 농민연합 정부가 전복됐다. … 공포정치와 강압으로 … 권력을 유지하던 스탐볼리스키 정부가 전복됐다. 농민 부르주아지의 정부, 즉 … 자기 계급과 패거리의 이익을 지키려고 권력을 남용하던 정부가 전복된 것이다. 농민연합 정부는 … 고된 노동을 하는 사람들의 권리를 억압했고 그들의 유일한 보호자인 공산당을 상대로 무자비한 십자군 전쟁을 벌였다. … 따라서 노동자와 농민은 오늘 이 정부를 도와주려고 나서서는 안 된다. … 도시와 농촌의 노동 대중은 도시 부르주아지와 농촌 부르주아지 간의 무장투쟁에 끼어들지 말아야 한다. 그랬다가는 고된 노동을 하는 사람들이 스스로 착취자들과 압제자들을 위기에서 구해 주는 꼴이 될 것이기 때문이다.

이런 내용의 성명서가 발표되자 공산당 선동가들이 트럭을 타고 소피아 거리를 돌아다니며 사람들에게 경거망동하지 말고 평온을 유지하라고 호소했다. 플레브나, 플로브디브, 카를로보, 카잔람, 티르노보 등지에서 지역 공산당 지도자들이 중앙위원회의 중립 유지 방침을 알지 못하고 당원들을 동원해서 농민 무장 단체와 손잡고 쿠데타 세력에 맞서 무장 항쟁을 하려 했을 때, 중앙위원회의 서기 둘 중 한 명인 토도르 루카노프는 지역 당 지도자들에게 전보를 쳐서 당장 무장투쟁을 그만두라고 명령했다.[63]

6월 11일 소집된 공산당 중앙위원회 회의에서는 중립 유지 방침을 재확인하며, 이번 쿠데타는 단지 두 부르주아 정당 사이의 충돌일 뿐이라고 주장했다.

> 공산당과 공산당 깃발 아래 단결한 수많은 노동자와 농민은 이 충돌에 끼어들지 않고 있다. … 이 충돌은 도시 부르주아지와 농촌 부르주아지 사이의, 즉 자본가계급의 두 분파 사이의 권력투쟁이다.[64]

중앙위원회 회의 뒤에 발표한 "대중에게 보내는 호소문"에서는 다음과 같이 말했다.

> 6월 9일 군사 쿠데타로 전복된 농민 공화국의 지지자들과 새 권력 사이의 무장투쟁은 이제 끝나 가고 있다. 공산당의 깃발 아래 투쟁하는 노동 대중은 이 무장투쟁에서 어느 쪽도 편들지 않고 있다.[65]

6월 12~23일 열린 코민테른 확대 집행위원회 회의에서는 불가리아 공산당 지도부를 매우 날카롭게 비판했다.

> 지금 스탐볼리스키를 제거하는 데 성공한 백군 패거리의 투쟁은 두 부르주아 패거리 사이의 투쟁일 뿐이므로 노동계급은 중립을 지킬 수 있다고 잘못

생각하는 사람은 누구든지 머지않아 노동자 조직들에 대한 유혈 낭자한 박해를 보며 귀중한 교훈을 배우게 될 것이다. 지금은 쿠데타 세력이 진짜 적이며 그들을 반드시 물리쳐야 한다. 백군의 반란에 맞서 투쟁하기 위해 광범한 농민 대중뿐 아니라 살아 남은 농민 당 지도자들과도 단결해야 한다. 그들에게 노동자와 농민의 분열이 어떤 결과를 낳았는지 보여 주고 노동자·농민의 정부를 위한 투쟁에 그들을 끌어들여야 한다.[66]

불가리아 공산당의 정책을 철저하게 연구하고 그것을 바로잡을 수 있는 방안을 제출하라는 지시가 라데크에게 내려졌다. 그는 즉시 정보를 수집해서 6월 23일 코민테른 집행위원회 총회 마지막 날 회의에 제출할 보고서를 준비했다. 라데크의 비판은 신랄했다. 6월 9일 사건은 [불가리아] "공산당이 겪은 사상 최악의 패배"라는 것이었다.

[라데크의 보고서 내용은 다음과 같았다.] 즉시 스탐볼리스키를 지지하며 투쟁하는 것이 분명히 올바른 대응이었을 텐데도 불가리아에서 둘째로 큰 당, 유권자의 4분의 1이 지지하는 당이 비열하게 수수방관하다 줏대 없이 굴복하는 정책을 채택했다. 스탐볼리스키가 비록 공산주의자는 아니지만 진정으로 부르주아지에 반대하는 급진적 사회 세력을 대표하고 있었다. 인구의 80퍼센트가 농민인 나라에서 공산당이 농민운동을 이해하고 농민의 정서를 파악하는 데 완전히 실패했음이 드러났다.[67]

그러나 7월 초에 열린 불가리아 공산당 협의회는 모스크바의 비판을 받아들이지 않았다.

당 협의회는 6월 9일 사건 때 당이 취한 태도에 관한 중앙위원회의 보고를 듣고 나서 다음의 결의안을 만장일치로 통과시켰다.

1. 당 협의회는 6월 9일 사건에 대해 당 중앙위원회가 취한 태도를 완전히 승인하고, 당 중앙위원회의 태도와 지침은 1923년 1월과 4월에 당 협의회가 통과시킨 결의안과 완전히 일치한다고 선언한다. 6월 9일 사건에 대해 불가리아 공산당이 취한 태도는 당시 상황에서 유일하게 가능한 태도였다.

당 협의회는 쿠데타 사건에 대한 당의 전술과 관련해서 코민테른 집행위원회와 … 불가리아 공산당 사이에 존재하는 이견은 6월 9일 사건에 대한 코민테른의 정보 부족에서 비롯했다고 생각한다. … 당 협의회는 코민테른 집행위원회가 정확한 정보를 입수하게 되면 불가리아 공산당의 태도가 옳았음을 인정할 것이라고 확신한다.

코민테른 집행위원회는 노동 대중에게 보내는 호소문에서, 농민연합 지도자들과 힘을 합쳐야 한다고 주장했다. 이와 관련해서 당 협의회는 … 농촌 노동 인민의 이익을 배신한 농민 지도자들의 잃어버린 영향력을 공산당이 되찾아 주는 것은 잘못이라고 생각한다.[68]

이 결의안은 찬성 42 대 반대 2로 채택됐다.

갈팡질팡

독일에서는 카프 쿠데타 때 수동적이었던 공산당이 1년 뒤 3월 행동을 주도했다. 불가리아에서도 1923년 6월 찬코프의 쿠데타 때 수동적이었던 공산당이 3개월 뒤인 9월에는 자신의 실수를 만회하려고 애쓰다가 무모한 무장봉기를 감행했다. 필요한 정치적·조직적 준비도 전혀 하지 않은 채 그랬다.

코민테른 집행위원회는 [쿠데타 때 수동적이었던] 불가리아 공산당 지도부를 비판하는 데서 더 나아가 무장투쟁으로 찬코프 정부를 전복하고 노동자·농민의 정부를 세우라고 직접 명령했다. 불가리아 공산당 지도부에서는 6월 9일의 전술 오류에 주된 책임이 있는 흐리스토 카바크치예프와 토도르 루카노프가 바실 콜라로프와 게오르기 디미트로프로 교체됐다.

불가리아 공산당 지도부는 10월 말에 봉기할 계획을 세웠다. 그러나 밀정을 통해 그 계획을 알아낸 정부가 먼저 선수를 쳤다. 9월 12일 정부의 기습 공격으로 공산당원 거의 2000명이 체포됐다. 그중에는 카바크치예프 같은 지도자도 많았다. 그러자 공산당 지도부는 9월 22~23일 밤을 봉기 날짜로 정했다.

9월 19~20일 밤에 스타라자고라를 시작으로 약 50군데의 도시와 마을에서 투쟁이 분출하면서 핵심 봉기 계획이 어그러졌다. 그래서 통신망을 완전히 통제하고 있던 정부가 봉기 지점들로 차례로 군대를 보내 진압할 수 있었다. 봉기군(공산당 자료에는 약 2만 명이라고 나온다)은 형편없이 무장한 상태여서 쉽게 패주했다. 주요 도시 가운데 봉기가 실제로 일어난 곳은 하나도 없었고, 최고혁명위원회 본부가 설치된 페르디난트와 인근의 베르코비차(둘 다 불가리아 북서부) 같은 도시들만 9월 23일과 24일 이후 며칠 동안 봉기군에게 장악됐을 뿐이다. 모든 곳에서 봉기군 대열의 압도 다수는 농민이었고, 봉기는 대부분 낫으로 무장한 농민이 도시와 도시 수비대를 공격하는 가망 없는 행동이었다. 사실, 루세와 부르가스처럼 더 발전한 주요 도시들의 공산당 지역위원회는 봉기 명령을 거부했다. 분명히 이런 지역의 당 지도자들은 준비가 덜 된 무장봉기를 섣불리 감행하는 것은 자살행위나 다름없다고 생각했고, 그것은 사실이었다.[69]

그런데도 지노비예프는 불가리아 공산당을 칭찬했다![70]

6월과 9월의 사건에 놀란 불가리아 공산당 지도자들의 반응은 두 가지였다. 다수는 모스크바의 지시에 순응했고, 소수는 반발하며 코민테른의 규율을 어겼다. 중앙위원회 서기를 지낸 토도르 루카노프를 포함해 일부 공산당 지도자들은 당의 9월 정책을 비판하려 했다. 그러나 이 시도는 1924년 5월 중순 열린 특별 당대회에서 좌절됐다. 공산당 국회의원 니콜라 사카로프는 모스크바의 개입과 9월 봉기 실패를 비판하고, 자신을 포함한 공산당 의원 7명은(여덟 번째 의원인 카바크치예프는 감옥에 있었다) 앞으로 합법적 방법만을 사용하겠다고 선언했다. 그래서 국회의원 7명 모두 당에서 쫓겨났다.[71]*

모험의 뒷이야기

불가리아 공산당 지도부의 정치적 파산에도 불구하고 당의 영향력이 완전히 붕괴하지는 않았다. 1923년 11월 의회 선거에서 게리맨더링[선거구 조작]과 협박에도 불구하고 공산당과 농민연합 진영은 21만 7607표를 얻어 농민연합 31석, 공산당 8석을 확보했다.

불가리아 공산당과 코민테른은 1923년의 재앙을 헤쳐 나왔다. 수십 년의 역사가 있고 민중 속에 깊이 뿌리내린 대중정당이라면, 불가리아 공산당이 1923년 6월과 9월에 저지른 것과 같은 실수(범죄라고까지 할 수는 없지만)를 여러 번 저지르더라도 완전히 망하지는 않는다. 그런 당

---

* 블라고예프는 봉기에 반대한 듯하지만 너무 늙고 병들어서 9월 봉기를 막지 못했다.[72] — 지은이.

에 대한 대중의 충성은 더 나은 전진 기회를 제공하는 다른 정당이 존재하지 않는다면 쉽게 사라지지 않는다. 보수성과 관성의 힘 덕분에 당 지도부는 패배와 순교를 자산으로 바꿔 놓을 수 있는 것이다.

9월 봉기는 불가리아 공산당의 위대한 신화가 됐다. 그것은 당을 강고하게 단련시켜 '진정한 볼셰비키' 정당으로 만들어 준 성화聖火가 됐고, '불가리아의 1905년 혁명'이 됐다. 봉기 다음 날부터 불가리아 공산당 지도자들은 모스크바에 있는 신神에게 감사의 술잔을 끊임없이 올렸다. 모스크바의 신이 당을 6월의 중립 정책이라는 악에서 구원해 혁명적 행동 노선이라는 올바른 길로 인도했다는 것이었다.[73]

9월 봉기는 비록 실패했지만 그 영향은 꽤 오래갔다. 코민테른에서 불가리아 공산당의 위신이 러시아 공산당과 독일 공산당 다음으로 높아졌고, 불가리아 지도자들은 자신들의 정책을 완전히 뒤집으면서까지 로봇처럼 코민테른에 맹종한 덕분에 러시아의 주인들에게 끊임없는 총애를 받게 된다.[74]

엄청난 모험

이 책이 다루는 범위를 벗어나지만, 불가리아 공산당의 역사에서 9월 봉기 실패의 부산물이라 할 수 있는 사건 하나를 살펴보고 넘어가자.

1925년 4월 16일 소피아의 네델랴 성당에서 시한폭탄이 터졌다. 그곳에서는 국왕을 비롯해 많은 장관, 고위 관리, 국회의원 등이 모여 이틀 전 암살당한 장군의 장례식을 치르고 있었다. 폭발로 국회의원 3명, 장군 14명, 소피아 시장과 경찰서장 등 128명이 죽고 323명이 다쳤다.

코민테른 집행위원회는 즉시 성명서를 발표해서 코민테른이나 '코민테른 각국 지부'는 개인적 테러 행위에 원칙적으로 반대하므로 이번 폭파 사건과 완전히 무관하다며 책임을 부인했다.[75] 스탈린은 1925년 12월 러시아 공산당 14차 당대회에서 이 잔혹 행위를 거듭 거론하며 특히 다음과 같이 강조했다. "공산주의자들은 개인적 테러의 이론이나 실천과 아무 관계가 없다. 전에도 그랬고 지금도 그렇고 앞으로도 그럴 것이다."[76]

그 사건이 일어난 지 15년 뒤에 디미트로프는 불가리아 공산당 5차 당대회에서 정치 보고를 할 때, 그 참사는 "당의 군사 기구 지도자들이 저지른 초좌파적 일탈, 자포자기식 행동"이었다고 실토했다.[77]

불가리아 공산당의 실패를 어떻게 설명할 수 있을까?

볼셰비키만큼 오래된 대중정당이 권력 장악을 위한 투쟁의 시험대에서 그렇게 형편없이 실패한 원인은 무엇인가?

근본적 원인은 불가리아 공산당의 프롤레타리아 중핵이 취약했다는 것이다. 볼셰비키는 압도적으로 프롤레타리아 정당이었지만, 불가리아 당은 대중정당이 되고 나서는 대부분 노동자가 아닌 사람들로 구성됐다.

당의 초창기, 즉 '협소파' 시절에는 사회적 구성이 상당히 프롤레타리아적이었고 그 후 몇 년 동안 그런 흐름은 더 강해졌다.

(단위: 명, 퍼센트)[78]

연도	전체 당원 수	노동자 당원 수	노동자 당원 비율
1903	1,174	480	40.9
1910	2,126	1,519	71.4

그러나 발칸전쟁 이후 당이 급성장하면서 프롤레타리아 중핵은 상대적으로 크게 감소했고 심지어 절대적으로도 거의 증가하지 않았다.

1919년 5월에는 당원 2만 1577명 가운데 산업 노동자는 2215명(10.3퍼센트)인 반면, 부르주아 출신이 9421명(43.7퍼센트)이나 됐다.[79]

1922년에는 당원 3만 8136명 가운데 1563명(4.1퍼센트)만이 진정한 산업 노동자였다.[80]

당이 의지할 수 있는 노동조합 기반도 극히 협소했다. 그래서 '협소한 사회주의자들'과 그 후신인 공산당의 통제를 받는 노동조합원 수는 다음과 같았다.[81]

1908년	1909년	1910년	1911년	1914년	1915년	1919년
2,080명	3,420명	4,600명	5,400명	6,560명	7,590명	13,000명

볼셰비키는 수천, 수만 건의 파업을 거듭거듭 이끌었다. 1895~1904년에 러시아에서는 연평균 43만 1000명의 노동자가 파업을 벌였다. 1905년에는 파업 노동자 수가 286만 3000명까지 증가했다.[82] 1912년 레나에서 광원들이 학살당하자 30만 명이나 되는 노동자들이 항의 파업에 참가했다. 이 파업과 결합된 메이데이 파업에는 40만 명의 노동자가 참가했다. 다른 정치 파업들도 뒤따랐다.

1914년 상반기에 파업에 참가한 노동자 수는 142만 5000명이었고, 그중에서 105만 9000명이 정치 파업 참가자였다. 1914년 메이데이에는 페테르부르크에서 25만 명, 모스크바에서 약 5만 명의 노동자가 파업을 벌였다. 수많은 지방 도시에서도 파업이 벌어졌다.[83]

이것과 불가리아의 파업 기록을 비교해 보자. 1904~13년에 '협소한 사회주의자들'의 통제를 받는 노동조합은 630건의 파업을 이끌었고 모두 합쳐 3만 2519명의 노동자가 참가했으니 파업 한 건당 52명의 노동자가 참가한 셈이다.[84] 불가리아에는 노동자가 3만 명씩 일하는 [러시아의] 푸틸로프 같은 공장이 하나도 없었다. 대규모 공장 자체가 전혀 없었다.

불가리아 공산당이 받은 농민의 지지도 볼셰비키의 경우와 사뭇 달랐다. 레닌 전략의 기초는 산업 프롤레타리아라는 전위와, 대지주 제도에 맞서 반란을 일으킨 농민 대중을 결합시킨다는 것이었다. 불가리아에는 이렇다 할 대지주가 전혀 없었다. 1878년 불가리아가 터키의 지배에서 벗어나 해방됐을 때 터키 지주들은 도망쳤고 불가리아 농민은 토지를 차지했다. 그 결과를 샤블린(코민테른 2차 대회에 참가한 불가리아 공산당 대표)은 다음과 같이 설명했다.[85]

불가리아 농촌에서 압도적 소유 형태는 소규모 토지 소유입니다. 불가리아에는 지주가 49만 5000명 있고, 평균 소유 면적은 0.9헥타르입니다. 그러나 소유지 규모별 지주 수는 다음과 같습니다.

5헥타르 미만	10헥타르 미만	100헥타르 미만	100헥타르 이상
225,000명	175,000명	95,000명	936명

그래서 불가리아에서는 대토지 몰수가 거의 무의미했다. 불가리아의 농촌은 제정 러시아보다 훨씬 더 프티부르주아적이었다. 제정 러시아에서는 대지주 약 3만 명이 모두 합쳐 약 1700만 데샤틴(1데샤틴=1.09헥타르)의 토지를 소유하고 있었으니 대지주 1인당 2300데샤틴씩 소유한 셈이었다. 약 1000만 호의 농민은 평균 7데샤틴씩 토지를 소유하고 있었다.[86]

볼셰비키의 대중 기반은 완전히 프롤레타리아적이었다. 10월 혁명 때까지도 볼셰비키는 농촌 지부가 전혀 없었고, 볼셰비키 신문도 농촌에는 거의 배포되지 않았다. 볼셰비키의 두마 의원들은 모두 도시 노동자 지구 출신이었다. 이와 달리, 불가리아 공산당은 대부분 농촌에서 지지를 얻었다. 그래서 공산당의 한 지도자는 1923년 4월 불가리아 의회 선거에서 당이 얻은 표의 75퍼센트를 농민 표로 추산했다.[87]

볼셰비키는 독립적이고 강력한 프롤레타리아 기반이 있었으므로 프티부르주아적인 농민을 불신하면서도 지주제에 맞서 싸우는 그들을 지도할 수 있었다. 불가리아 당은 농민에 의존하면서도 농민운동에 지극히 종파주의적이고 교조적인 태도를 보였다.[88]

이런 약점에 더해, 그리고 이와 관련된 것이지만, 불가리아에는 러시아의 1905년 혁명 같은 것도 없었다. 즉, 혁명의 예행연습이 없었다.

비록 블라고예프가 레닌의 《무엇을 할 것인가?》를 모방했고 볼셰비키를 본떠 불가리아 당을 건설하려 했지만, 역사는 주로 당을 통해 진행되는 것이 아니라 프롤레타리아의 행동과 당의 상호작용을 통해 진행된다는 사실을 잊어서는 안 된다. 능동적이고 의식적이고 자주적인 프롤레타리아 대중이 없으면 아무리 잘 조직된 당이라도 진정한 혁명적 실천을 발전시킬 수 없고 당원과 간부와 지도부를 훈련할 수 없다.

'협소한 사회주의 당'이 공산당으로 이름을 바꾸고 코민테른에 가입했을 때, 서로 어울리지 않는 두 가지가 결합됐다. 즉, 주로 프티부르주아적인 일국적 당과 러시아 프롤레타리아에 뿌리내린 국제적 지도부가 결합된 것이다. 불가리아의 일국적 전통은 모스크바의 명령으로도 사라지지 않았다. 불가리아에서 일어난 사건들을 보면 스탈린주의자들과 반공주의자들의 생각, 즉 코민테른은 모스크바의 자식일 뿐이며 각국 공산당은 러시아 공산당이 자신의 모습을 본떠 만든 피조물일 뿐이라는 생각이 얼마나 터무니없는지를 알 수 있다. 1923년 6월 불가리아 공산당의 파산한 정책은 불가리아 국내산이었던 것이다.*

---

* 사태를 더 악화시킨 것은 잘못을 바로잡으려는 노력, 즉 모스크바의 명령이었다. 1923년 9월의 재앙은 코민테른 집행위원회의 '선물'이었다. 불가리아 당은 자신의 과거에서 벗어날 길을 쉽게 찾지 못하고 있었는데 러시아 당과 인터내셔널의 개입이 상황을 더 악화시켰던 것이다. — 지은이.

07 | 거대한 은폐

다시 3월 행동 이야기로 돌아가자. 3월 행동은 코민테른 출범 후 첫 2년 동안 공산주의 운동이 겪은 가장 심각한 패배였다. 그것은 다른 패배들과 달리 현지 공산당 지도부의 잘못 때문이 아니라 코민테른 지도부가 독일 공산당에 강요한 모험주의 정책의 결과였다.

레닌 생전의 코민테른 역사에서 가장 슬픈 시기 가운데 하나가 3월 행동의 참패 이후다.

코민테른은 지노비예프·부하린·라데크·쿤과 그 동료들의 잘못을 공개적으로 비난했는가 아니면 그것을 은폐했는가?

이 문제는 다른 문제와 연결된다. 즉, 독일 공산당의 재능 있는 지도자였고 코민테른 지도부가 부당하게 대우한 파울 레비에게 무슨 일이 일어났는가?

---

* 107~114쪽 참조. — 지은이.

레비의 공개 비판

3월 29일 레비는 3월 행동의 조사 결과를 요약한 기밀 보고서를 레닌에게 보냈다. 며칠 후에는 《우리의 길》이라는 소책자를 발행해서, 독일 공산당 중앙위원회가 사용한 방법과 전술을 공개적으로 비판하고 벨러쿤과 그 동료들의 책임도 몇 차례 슬쩍 언급했다. 레비가 내린 결론은 다음과 같았다.

> 프롤레타리아 대중의 주관적 필요가 아니라 단지 공산당의 정치적 필요를 드러내는 행동은 실패할 수밖에 없다. 공산주의자들은, 특히 프롤레타리아의 소수파일 때는 프롤레타리아를 대신해서 또는 프롤레타리아와 **무관하게** 또는 프롤레타리아를 거슬러서 하는 행동에 참여해서는 안 된다.[1]

3월 행동은 "사상 최대의 바쿠닌식 쿠데타"였다.[2]

코민테른 지도부는 자신들이 도처에 파견한 무능한 대표들에 의지하는 잘못을 저질렀다며, 레비는 다음과 같이 썼다.

> 이 대표들에 대한 불만은 그들이 활동하는 모든 나라에서 거의 똑같은 듯하다. … 그들은 결코 각국 공산당 중앙위원회와 협력하지 않는다. 항상 중앙위원회 몰래 활동하고 흔히 중앙위원회를 거슬러서 행동한다. 그들은 모스크바의 신뢰는 받지만 다른 사람들에게는 신뢰받지 못한다. 이런 시스템은 틀림없이 코민테른 회원국들과 코민테른 집행위원회 양측에서 상호 노력에 대한 신뢰를 무너뜨릴 것이다. 이 동지들은 정치적 지도의 책임을 맡기에는 대체로 쓸모없거나 충분히 신뢰받지 못하고 있다. 그 결과 가망 없는 상황, 즉 중앙의 정치적 지도가 없는 상황이 돼 버렸다. 이 점에서 코민테른

집행위원회가 성취한 것이 있다면, 그것은 오로지 호소문은 너무 늦게 발표하고 교황의 칙서는 너무 빨리 내려보낸다는 것뿐이다. … 집행위원회는 러시아 국경 너머로 뻗친 러시아의 팔 노릇만 하고 있다. 도저히 견딜 수 없는 상황이다.[3]

레비의 맹비난에 코민테른 집행위원회는 독일 공산당을 칭찬하는 말로 응수했다.

코민테른은 여러분[독일 공산당]에게 말한다. 여러분의 행동은 옳았다! 노동계급은 결코 단 한 차례 공격으로 승리할 수 없다. 여러분은 독일 노동계급의 역사에서 새 시대를 열었다.[4]

4월 15일 독일 공산당 중앙위원회는 레비가 당 지도부를 공개 비판해서 당의 규율을 어겼다는 이유로 그를 제명했다.

러시아 당의 분열

러시아에서는 3월 행동을 놓고 볼셰비키 지도부가 분열했다. 레닌·트로츠키·카메네프는 3월 행동을 비난했고, 지노비예프·부하린·라데크는 옹호했다.[5]

빅토르 세르주는 레닌이 코민테른 집행위원회에서 3월 행동 당시 벨러 쿤의 어리석은 짓을 혹독하게 비판했다고 회상한다.

레닌의 발언은 거침없고 신랄했다. 불어로 "벨러 쿤의 어리석은 짓"이라는 말을 열 번도 넘게 했다. 짧은 말이었지만 듣는 사람을 얼어붙게 하는 말이었다. 내 아내가 레닌의 발언을 속기로 받아 적었는데, 나중에 우리는 그것을 약간 편집해야 했다. 어쨌든, 헝가리 혁명의 상징적 인물을 바보라고 열 번도 넘게 부른 것을 기록으로 남길 수는 없었으니까![6]

6월 10일 레닌은 지노비예프에게 다음과 같이 써 보냈다.

문제의 핵심은 많은 점에서 레비가 **정치적으로 옳**다는 것입니다. 불행히도 그는 규율을 많이 어겼고, 그래서 당에서 제명됐습니다.
탈하이머와 벨러 쿤의 테제는 정치적으로 완전히 틀렸습니다. 그저 문구나 늘어놓으며 좌익주의 장난을 치고 있습니다.
라데크는 동요하며 '좌익주의' 바보짓에 많이 양보했습니다. …
공세를 외치는 주장은 모두(그런 주장이 많았습니다) 터무니없는 실수였고 … 정부가 도발하자마자 **총파업**을 호소한 것도 전술적 실수였습니다. 왜냐하면 정부는 공산주의의 **작은 요새**를 투쟁 속으로 끌고 들어가기를 **원했기** 때문입니다. …
때이른 전면전을 받아들인 것, 그것이 바로 3월 행동의 본질이었습니다.

레닌은 또, 레비가 1921년 1월 '공개서한'에서 공동전선과 관련해 주장한 일반적 노선이 절대로 옳았다고 강조했다.

공산주의 인터내셔널의 전술은 **노동계급의 다수**를 설득하려는 꾸준하고 체계적인 노력을 바탕으로 해야 합니다. 무엇보다 기존 **노동조합** 안에서 그래야 합니다. … 따라서 '공개서한'의 전술이 분명히 모든 곳에 적용돼야 합니다.

이 점을 솔직하게, 분명하고 정확하게 이야기해야 합니다. 왜냐하면 '공개서한'과 관련한 동요는 대단히 해롭고 대단히 수치스럽고 대단히 널리 퍼져 있기 때문입니다. 우리는 이 사실을 인정하는 것이 좋습니다. '공개서한'에서 제시한 전술의 필요성을 이해하지 못한 사람들은 모두 3차 대회 후 한 달 안에 공산주의 인터내셔널에서 제명돼야 합니다.[7]

코민테른 3차 대회

3월 행동은 1921년 6월 22일부터 7월 12일까지 열린 코민테른 3차 대회에서 핵심 쟁점이 됐다. 이 문제를 둘러싼 뜨거운 논쟁이 3차 대회 의사록의 절반 이상을 차지한다.

코민테른 의장 지노비예프는 코민테른의 활동을 보고할 때 3월 행동을 직접 다루지 않았다. 아마 자신이 벨러 쿤과 가까웠고 공세 지지자들을 옹호했기 때문에 너무 위험하다고 느꼈을 것이다. 그래서 집행위원회가 어떻게 해서 그 문제에 관한 결론에 도달했는지를 설명하는 데 그쳤다.

그것은 공세가 아니라 방어적 전투였을 뿐입니다. 적이 우리를 기습 공격했습니다. … 많은 실수가 있었고, 많은 조직적 약점이 드러났습니다. 독일 공산당 중앙위원회의 우리 동지들은 이런 잘못을 숨기지 않았습니다. 그들은 그것을 바로잡고 싶어 합니다. 우리는 다음 질문에 답해야 합니다. 이 투쟁을 독일 노동계급의 고통스런 길에서 일보 전진으로, 에피소드로 볼 수 있는가 아니면 쿠데타로 봐야 하는가? 집행위원회는 3월 행동은 쿠데타가 아니었다고 생각합니다. 노동자 50만 명이 참가한 전투를 쿠데타라고 하는 것은 말도 안 되는 소리입니다. … 우리는 실수를 분명히 밝히고 교훈을 배워야 합니다. 우리는 아무것도 숨기지 않고, 소집단 정치도 하지 않고, 비밀외교를 하지도 않습니다. 우리는 어쨌든 독일 당이 이 투쟁을 부끄러워해서는 안 되고 오히려 그 반대여야 한다고 생각합니다.[8]

지노비예프는 레비의 주장을 반박하는 이 간략한 발언을 제외하면(지노비예프는 레비의 제명을 반대하는 긴 탄원서를 갖고 있었지만 그것을 읽어 주지도 않았고 3차 대회 내내 탄원서가 존재한다는 사실조차 언급하지 않았다) 코민테른 의장이면서도 3월 행동에 관해 한마디도 하지 않았다. 그러나 그의 보고에 대한 토론이 끝나고 표결에 부쳐진 결의안에는 그동안 집행위원회가 결정한 징계 조처들을 승인한다는 단락이 포함돼 있었다. 이런 식으로 레비 문제를 철저한 토론 없이 처리하려 하자 독일 공산당 소수파의 분노와 항의가 터져 나왔다. 클라라 체트킨은 일 처리 방식을 신랄하게 비판했다.

제가 보기에 레비 건은 단지 규율 문제가 아니라 근본적으로 정치적 문제입니다. 이 문제는 전반적 정치 상황의 맥락 속에서만 올바로 판단하고 평가할 수 있습니다. 그래서 저는 우리가 공산당의 전술을 논의하는 틀 속에서만, 특히 3월 행동을 논의하는 틀 속에서만 레비 문제를 제대로 처리할 수 있다고 생각하는 것입니다. … 만약 파울 레비가 3월 행동을 비판한 것 때문에 그리고 이번에 그가 분명히 잘못한 것 때문에 엄벌을 받아야 한다면, [3월 행동의] 실수를 저지른 장본인 자신들은 과연 무슨 벌을 받아야 합니까? 우리가 비난하는 쿠데타 노선은 대중이 투쟁 속에서 한 행동을 가리키는 것이 아닙니다. … 투쟁 속에서 이런 식으로 대중을 지도한 중앙위원들이 문제였던 것입니다.

체트킨은 또, 코민테른 집행위원회의 책임도 그냥 넘어가지 않았다.

코민테른 집행위원회가 파견한 대표들이 3월 행동의 실제 전개 과정에 큰 책임이 있다는 것, 그들이 독일 공산당, 더 정확히 말하면 중앙위원회의 잘못된 구호, 잘못된 정치적 태도에 큰 책임이 있다는 것은 엄연한 사실입니다.

체트킨은 레비의 규율 위반 사실을 인정하면서도, 1917년에 지노비예프와 카메네프도 비슷한 잘못을 했는데 당시 어떤 징계를 받았느냐고 물었다.[9] 이것은 당사자들에게는 불쾌한 오해였겠지만, 대회 자체로 보면 분명히 유익한 교훈이었다. 10월 무장봉기 당시 볼셰비키당의 규율을 어긴 장본인이 지금 코민테른 의장으로서 레비 징계를 옹호하고 있다는 사실을 지적했으니 말이다![10]

라데크는 늘 그렇듯이 태도가 돌변했다. 그는 모스크바의 코민테른 지도부가 한 구실을 숨기려고 독일 공산당 중앙위원회를 비판했다. [라데크는 다음과 같이 주장했다.] 독일 공산당 중앙위원회는 회르징의 기습 공격에 당했고, 무엇보다 최악의 실수는 만스펠트 광원들이 승리할 수 없다는 사실을 광원들에게 숨기지 않으면서도 그들과의 연대 행동을 조직할 필요를 이해하지 못한 것이었다. 중앙위원회는 무책임하게도 3월 24일 총파업을 호소해서 상황을 더 악화시켰다. 그래서 당의 약점만 드러나게 했다. 그 뒤 자신의 실수를 솔직하게 인정하지 않고 오히려 공세 이론을 만들어 내서 실수를 정당화하려 했다. 그러나 라데크가 내린 결론도 지노비예프와 똑같았다. 그래도 3월 행동을 쿠데타로 규정하는 것은 틀렸다는 것이다. 왜냐하면 3월 행동은 '일보 전진'이었기 때문이다. 라데크는 패배의 엄혹함을 애써 평가절하하며 낙관적 문구로 얼버무리려 했다.

좌파 동지들이 3월 행동 기간에 … 잘못을 했다면, 그것은 오히려 그 동지들에게 유리한 것이라고 말하고 싶습니다. 그 잘못은 투쟁하겠다는 의지를 보여 주기 때문입니다. 이런 이유로 우리는 그 동지들의 잘못에도 불구하고 그들과 함께했던 것입니다. 그러나 이기기를 원했음을 입증하는 것보다는 실제로 이기는 것이 더 낫습니다. 그러므로 동지들, 우리의 **전술 노선은 세계혁명에 초점을 맞추고 있습니다**. 우리는 세계혁명으로 가는 길이 거대한 대중을 획득하는 데 있다는 것을 알고 있습니다. 우리는 이 대중을 이끌고 역사가 우리에게 명령한 위대한 투쟁으로 나아가기를 원합니다. … 우리는 역사적 전환점의 문턱에 서 있고, 자본주의를 구할 수 있는 … 힘은 아무것도 없습니다.[11]

벨러 쿤은 딱 한 번, 이른바 좌파를 편들며 의사 진행 규칙을 논할 때 발언했을 뿐이다.[12]

레닌과 트로츠키가 3월 행동을 비판하다

트로츠키는 '공세 이론'의 오류를 이해하지 못한 초좌파들을 강력하게 비판했다.

대회는 [독일 공산당이] 잘못을 했다는 것, 그리고 당이 위대한 대중운동에서 지도적 구실을 떠맡으려고 노력했지만 그 결과가 불행했다는 것을 독일 노동자들에게 말해야 합니다. 그것만으로는 부족합니다. 이런 노력이 다음과 같은 의미에서, 즉 그런 노력이 되풀이됐다면 이 훌륭한 당을 사실상 파멸시킬 수 있었다는 점에서 완전히 실패했다는 것도 말해야 합니다. …

때때로 망각하는 사실이 있습니다. 수동성의 벽을 뚫으려면, 또는 어느 동지의 표현대로 '당을 활성화'하려면, 우리는 전략을 배워야 하고, 우리 자신의 힘뿐 아니라 적의 힘도 냉정하게 평가해야 하며, 상황을 잘 따져 보고 섣불리 투쟁에 뛰어들지 말아야 한다는 것입니다. …

우리의 의무는 독일 노동자들에게 우리가 이 공세 이론을 가장 큰 위험으로 여긴다고, 그리고 그 이론을 실제로 적용하는 것은 가장 큰 정치적 범죄라고 분명하고 정확하게 말하는 것입니다.[13]*

트로츠키는 레닌의 강력한 지지를 받았지만, 그들은 논쟁에서 승리하는 데 애를 먹었다. 독일·오스트리아·이탈리아 대표들은 공세 이론과 3월 행동을 지지하고 나섰다. 레닌은 그들을 날카롭게 비판했다.

대회가 그런 오류들, 그런 '좌파주의' 바보짓을 격렬하게 비판하지 않는다면, 운동 전체가 파멸할 것입니다. 저는 그렇게 확신합니다. … 유럽에서는 거의 모든 프롤레타리아가 조직돼 있는데, 거기서 우리는 노동계급의 다수를 설득해서 우리 편으로 만들어야 합니다. 이 점을 이해하지 못하는 사람은 누구든지 공산주의 운동의 활동가가 아닙니다. [3년간의 위대한 혁명에서] 이것을 제대로 배우지 못한 사람은 앞으로 아무것도 배우지 못할 것입니다. …

우리가 러시아에서 대규모 정당이 아니었는데도 승리했다고 말하는 사

---

* 그러나 트로츠키가 러시아 공산당 지도부와 코민테른 집행위원회의 집단적 연대감 때문에 다음과 같이 덧붙인 것은 애석한 일이다. "저는 지노비예프 동지의 견해에 완전히 동의하며, 지노비예프 동지처럼 저도 이 대회에서 우리가 만장일치로 우리 행동의 성격을 규정하게 될 것이라고 기대하고 있습니다."[14] — 지은이.

람이 있다면 그는 러시아 혁명을 이해하지 못할 뿐 아니라 혁명을 어떻게 준비해야 하는지도 전혀 알지 못한다는 사실을 스스로 드러낼 뿐입니다. …

테라치니 동지는 러시아 혁명을 아주 조금 알고 있습니다. 러시아에서 우리는 소규모 정당이었지만 온 나라에서 노동자·농민 대표 소비에트의 다수가 우리 편이었습니다. … 여러분의 상황도 그렇습니까? 우리는 군대의 거의 절반이 우리 편이었습니다. 당시 적어도 1000만 명이 우리 편이었던 것입니다. 여러분은 정말로 군대의 다수에게 지지를 받고 있습니까? 그런 나라가 있다면 저에게 알려 주십시오! 다른 대표 세 사람도 테라치니 동지의 이런 견해와 같은 생각이라면, 코민테른에 뭔가 문제가 있습니다! 그렇다면 우리는 "중지!"라고 말해야 합니다. 단호한 투쟁을 벌여야 합니다! 그러지 않으면 코민테른은 가망이 없습니다.[15]

레닌이 클라라 체트킨에게 속마음을 털어놓다

3차 대회 직전에 레닌은 3월 행동을 비판한 레비의 주장에 동의하며 다만 레비의 비판 방식에만 반대한다는 뜻을 클라라 체트킨에게 분명히 밝혔다.

3차 대회는 레비를 비난할 것이고 그에게는 힘든 시련이 될 것입니다. … 그러나 레비는 오직 규율 위반 때문에 비난받아야지 그의 기본 정치 원칙 때문에 비난받아서는 안 됩니다. 그의 기본 원칙이 올바른 것으로 인정될 터이므로 당연히 그래야 합니다.

파울 레비가 우리에게 돌아오는 길은 열려 있습니다. 그 자신이 그 길을 봉

쇄하지 않는다면 말입니다. 레비의 정치적 미래는 그 자신의 손에 달려 있습니다.[16]

레닌은 다음과 같이 덧붙였다.

제가 파울 레비를 얼마나 높이 평가하는지는 당신도 아실 겁니다. … 3월 행동을 가차없이 비판하는 일은 필요했습니다. 그러나 파울 레비가 한 일은 무엇입니까? 그는 당을 산산조각 냈습니다. … 그가 한 일은 결코 당에 도움이 될 만한 것이 아니었습니다. 그에게는 당과 연대하려는 정신이 없습니다. 그리고 이 때문에 기층 당원들은 … 레비의 비판에 담긴 진실을, 특히 그의 올바른 정치 원칙을 보지도 못하고 듣지도 못하게 됐습니다. … '좌파들'은 지금까지 자신들이 성공한 것에 대해 파울 레비에게 감사해야 합니다.[17]

대회에서 레닌과 트로츠키가 제출한 결의안들은 3월 행동을 비판한 레비의 정신을 아주 많이 반영하고 있었다.

대회 결의안들

코민테른 3차 대회는 '대중 속으로!'라는 구호와 함께 레비의 공동전선 정책을 사실상 채택하면서도 3월 행동을 일보 전진으로 규정했다. 이것은 타협이었다. 독일 공산당 중앙위원회의 체면, 훨씬 더 중요하게는 지노비예프(와 부하린)의 체면을 살려 주기 위한 유감스런 타협이었다.

트로츠키가 (바르가의 도움을 받아) 작성한 "세계 상황과 코민테른의 과제에 관한 테제"는 다음과 같이 주장했다.

전후 혁명운동 제1기의 특징은 그 공세가 자발적이었다는 점, 목표와 방법이 두드러지게 모호했다는 점, 지배계급을 극도의 공황 상태에 빠뜨렸다는 점 등인데, 이제 그 시기는 본질적으로 끝난 듯하다. 부르주아 계급의 자신감, 부르주아 국가기구의 외관상 안정성은 확실히 강화됐다. 공산주의에 대한 극심한 공포는 완전히 사라지지는 않았더라도 많이 누그러졌다. …
권력을 장악하려는 프롤레타리아의 공공연한 혁명 투쟁은 지금 이 순간 많은 나라에서 후퇴하고 둔화하고 있음을 부인할 수 없다. …
현재 위기에서 공산당의 주된 과제는 프롤레타리아의 방어적 투쟁들을 지도하고, 확대·심화하고, 서로 연결하고, 사태 진전에 조응해 최종 목표를 위한 결정적 정치투쟁으로 바꿔 나가는 것이다.[18]

노동자 대중이 공산주의를 지지하도록 설득하려면 공산당과 사회민주주의 정당의 공동전선이라는 구호가 필수적이었다.

이렇게 공동전선 구호를 제안하기로 결정한 것 자체가 성과였다. 공산당이 극소수의 조직이라면, 대중의 지도부는 여전히 사회민주주의 정당일 것이고 공동전선 문제도 제기되지 않을 것이다. 또, 공산당이 다수파 정당이어도 공동전선 문제는 제기되지 않을 것이다(당시 불가리아에서 그랬듯이 말이다). 그러나 공산당이 프롤레타리아의 다수파 정당이 아니지만 이미 대중조직인 곳에서는 어디서나 공동전선 문제가 날카롭게 제기될 수밖에 없다. 그리고 공동전선 구호가 제기된 곳에서는 반드시 전환적 요구들을 위한 투쟁이 전개돼야 한다.

코민테른 3차 대회에서 채택된 3월 행동 관련 결의안이 타협이었다면, 그것도 불만족스런 타협이었다면, 그 이유 하나는 파울 레비가 독일 공산당을 공개적으로 비판했기 때문이다. 또, 레비가 코민테른 집행위원회의 책임을 암시한 것도 한 이유였다. 그러나 주된 이유는 코민테른 내의 초좌파들이 하도 강력해서 레닌과 트로츠키가 독일 공산당과 코민테른의 분열을 두려워했기 때문이다.

3월 행동 관련 결의안은 매우 위험한 선례를 남겼다. 즉, 최고 지도자들(지노비예프·부하린·라데크)의 잘못을 정직하게 설명하지 않고 은폐했다는 것이다. 지도부의 위신을 보호하려고 마르크스의 표어, 즉 공산주의자들은 계급에게 진실을 숨기지 않는다는 원칙이 희생됐다. 지노비예프의 책략, 라데크의 태도 돌변, 벨러 쿤의 어리석은 짓은 은폐됐다. 3월 행동을 다룬 동의안들이 만장일치로 채택됐다는 사실은 불길한 징조였다.

대단히 심각한 패배

독일에서 [공산당의 3월 행동이] 패배한 것과 비슷한 시기에 폴란드에서 볼셰비키가 패배했고 러시아 국내 전선에서도 그들은 후퇴할 수밖에 없었다.* 1922년 2월 지노비예프는 코민테른 집행위원회 회의에서 다음과 같이 말했다.

> 1920년에 적군赤軍이 바르샤바를 장악했다면 오늘날 코민테른의 전술은 달라졌을 것입니다. … 전략적 후퇴 뒤에 전체 노동자 운동의 정치적 후퇴가 이어졌습니다. 러시아 프롤레타리아 당은 대폭 양보할 수밖에 없었고 … 그래서 프롤레타리아 혁명의 속도가 늦춰졌습니다. 그러나 그 반대도 진실입니다. 1919~21년에 서유럽 나라 프롤레타리아가 후퇴한 것이 최초의 노동자

---

* 전시공산주의에서 신경제정책NEP으로 전환한 것을 가리킨다.

국가의 정책에 영향을 미쳤고 러시아에서 [프롤레타리아 혁명의] 속도를 늦췄습니다.[19]

대체로, 독일의 상황은 실망스러웠다. 볼셰비키가 볼 때, 독일은 국제 상황의 열쇠였다. 트로츠키는 "코민테른 2차 대회 선언문"에서 다음과 같이 썼다. "만약 소비에트 독일이 건설돼 소비에트 러시아와 동맹을 구축했다면, 자본주의 국가들을 모두 합친 것보다 훨씬 더 강력했을 것이다."[20] 그러나 독일 공산당은 너무 미숙하고 너무 경험이 없어서 대중을 지도할 수 없음을 스스로 거듭거듭 입증했다.

1921년 3월의 패배는 독일 지도부를 단련시키지 못했다. 그 반대였다. 코민테른 대회에서 벌어진 논쟁들을 보면 알 수 있듯이, 3월 행동 이전까지 독일 공산주의자들은 러시아 지도자들과 논쟁할 때 독립적 정신을 보여 줬다. 그러나 코민테른 3차 대회에서 독일 공산당 지도자들은 모스크바 지도자들 앞에서 납작 엎드렸다.*

결론

국내 전선에서 볼셰비키는 전통적 농민의 보수성이라는 암울한 현실에 부닥쳤다. 레닌과 볼셰비키는 자신들이 점점 더 러시아의 경제·사회·문화·국가를 재구성할 수 없는 상황으로 내몰리고 있음을 깨달았다. 그런데 국제 전선에서도 그들은 이 나라 저 나라에서 노동운동의 온갖 보

---

* 3월 행동의 충격적 경험이 모스크바와 독일 공산당의 관계에서 전환점이 됐다는 것은 독일 공산당의 많은 역사가들도 인정하는 사실이다.[21] — 지은이.

수적 전통에 부닥쳤다. 볼셰비즘 사상에 반발하는 전통에 부닥친 것이다. 시간이 충분했다면 국제 공산주의 운동의 수준을 끌어올려서 프롤레타리아가 승리하게 할 수도 있었을 것이다. 그러나 시간이 바닥나고 있었다.

러시아 볼셰비키의 발전과 코민테른의 발전 사이에는 변증법적 관계가 있었다. 세계혁명의 꿈은 러시아 공산주의자들이 내전의 가장 어려운 순간에도 사기를 유지하는 데 도움이 됐다. 10월 혁명의 승리 덕분에 노동자 대중을 단기간에 단일 세계 정당으로 조직할 수 있었다. 이것은 여러모로 그때까지 국제 마르크스주의 운동이 거둔 최고의 성과였다. 코민테른 첫 2년간의 문서·결의안·테제·논쟁 등은 레닌주의 당 이론을 실천에 적용하기 위한 가장 완벽한 지침이다. 트로츠키의 표현을 빌리면, "귀중한 강령적 유산"인 것이다.

그러나 러시아 밖의 공산당들이 혁명에 실패하자 러시아에서 볼셰비즘의 운명도 심각한 타격을 받았다. 3월 행동이 크론시타트 봉기와 동시에 일어났다는 사실, 그리고 국제 프롤레타리아 전선에서의 후퇴와 동시에 국내 전선에서의 후퇴인 신경제정책이 실시됐다는 사실은 후퇴의 악순환을 가중시켰다. 마지막으로, 유럽 프롤레타리아의 가장 심각한 패배, 즉 1923년 독일 혁명의 패배와 동시에 러시아에서는 스탈린주의 관료가 승리하고 레닌의 정치 활동이 중단됐다. 패배의 연쇄반응이 일어난 것이다. 이제 매우 관료화한 러시아는 코민테른을 좌초시키는 암초가 돼 버렸다. 코민테른은 러시아에서 새롭게 부상한 국가 관료의 무기가 돼 버렸다.*

---

* 이미 코민테른 4차 대회에서, 즉 레닌이 정치 활동의 무대에서 퇴장하기 며칠 전에 각국 공산당의 정책을 러시아 국가의 외교적 이익에 종속시키는 기회주의적 전략이 수립됐다. 부하린은 4차 대회에서 발언할 때 이 전략을 다음과 같이 표현했다.

"이제 문제는 '국제 자본주의를 전복하려고 한 나라에서 최대한 희생하는 것'[레닌의 표현이다 — 지은이]이 아니라 러시아 한 나라의 '사회주의'를 보존하려고 최대한의 국제적 희생을 하는 것이었다."[23] 그러나 이것은 뒷날의 얘기를 앞질러 하는 것이다.

"우리의 강령에 분명히 포함돼야 하는 것은 이 나라[러시아]의 프롤레타리아뿐 아니라 모든 나라의 프롤레타리아가 프롤레타리아 국가를 방어해야 한다는 점입니다. … 둘째 문제는 프롤레타리아 국가들이 프롤레타리아 전체의 전략상의 이유로 부르주아 국가들과 군사동맹을 맺을 수 있는가 하는 것입니다. 여기서 자금 대출과 군사동맹 사이에 원칙상의 차이는 전혀 없습니다. … 이런 국방 형태, 즉 부르주아 국가들과 군사동맹을 체결한 상황에서는 **이 동맹이 승리하도록 지원하는** 것이 모든 나라 동지들의 의무입니다."[22][강조는 지은이]
이 주장을 반박한 사람은 아무도 없었다. — 지은이.

거대한 은폐　173

08 위기에 빠진 볼셰비키 정권

노동조합의 위기

내전 후의 러시아 경제를 두고 당시의 경제사가는 "인류 역사상 유례없는" 붕괴 상태라고 했다.[1] 앞서 봤듯이, 공업 생산은 전쟁 전 수준의 5분의 1에 불과했고 도시 인구는 급감했다. 1918년 말부터 1920년 말까지 전염병·굶주림·혹한으로 죽은 러시아인이 900만 명이나 됐다(제1차세계대전 때 희생된 러시아인이 모두 400만 명이었다).

내전이 거의 끝나 가고 승리가 머지않았던 1920년 말엽에 전시공산주의 체제는 최악의 고비에 이르렀다. 긴장은 특히 노동 전선에서 참을 수 없을 만큼 심각해졌다. 내전 기간에 노동조합들은 거의 일치단결해서 국가와 당을 지지했고, 국가와 당은 전통적 노동조합 관행과 맞지 않은 방식으로 노동규율을 강화했다. 내전 기간에 노동조합들은 공업동원*과 노동의 군사화를 지지했지만, 이제 노동의 군사화는 그 정당성이 사라

---

* 전시나 비상시에 국가가 국내의 모든 산업·자원·노동력 등을 군수품 생산에 동원하는 일.

졌다. 노동조합의 구실 문제가 다시 한 번 갈등의 원인이 됐다. 노동조합 안에서도 그랬고, 노동조합과 국가기구 사이에서도 그랬다.

노동조합은 국가가 노동조합 내부 문제에 개입하는 것에 반발했고 당이 노조 간부를 임명하거나 해고하는 것에 항의했다.

앞서 봤듯이,* 제1차 전 러시아 노동조합 대회(1918년)는 노동조합이 "국가권력의 기구"가 돼야 한다고 주장했다. 이듬해 8차 당대회는 노동조합이 "나라 전체의 경제생활을 관리하는 일을 자신의 수중에 집중시켜야 한다"고 선언했다. 그러나 내전이 한창일 때 이런 견해는 보류될 수 있었다. 국가든 노동조합이든 모든 것을 전선의 필요에 종속시켜야 했으니까 말이다. 그러나 내전이 끝나자 국가와 노동조합의 관계 문제가 다시 불거질 수밖에 없었다.

1920년 11월 2~6일 모스크바에서 열린 제5차 노동조합 협의회에서는 이 문제를 놓고 매우 뜨거운 논쟁이 벌어졌다. 볼셰비키 대의원들은 늘 그랬듯이, 협의회에서 추진할 방침을 결정하려고 사전에 회의를 열었다. 트로츠키는 노동조합에 대한 총공격을 시작했다. 그는 자신이 철도노조에서 시작한 것과 비슷한 '대대적 개혁'이 노동조합에 필요하다고 주장했다. 트로츠키는 [1920년 8월] 교통인민위원회 산하 최고정치부(글랍폴리트푸트)의 도움을 받아 철도·수상운송노조 중앙위원회(체크트란)를 숙정한 바 있었다. 체크트란에서 했듯이, "무책임한 선동가들"을 생산 마인드가 있는 노동조합원들로 교체해야 한다는 것이 트로츠키의 주장이었다.[2] 전 러시아 노동조합 중앙평의회 의장인 톰스키는 레닌과 손잡고 트로츠키를 공개 비판했다. 11월 9일 열린 당 중앙위원회 회의

---

* 《레닌 평전 3》 9장 172~174쪽 참조. — 지은이.

에서 레닌과 트로츠키는 체크트란 관련 결의안 초안을 따로따로 제출했다. 비록 4명(트로츠키, 크레스틴스키, 안드레예프, 리코프)이 반대표를 던졌지만, 레닌의 초안을 바탕으로 한 결의안이 채택됐다. 그 결의안은 노동조합 간부를 위에서 임명하는 관행을 폐지하고 선거제를 실시하는 등 노조 민주화를 요구했다. 트로츠키의 주장은 퇴짜를 맞은 셈이었다.

중앙위원회는 노동조합 문제를 놓고 갑론을박이 하도 심해서 8개의 강령이 따로따로 제출될 정도였다. 논쟁은 당 전체로 확산됐다. 1921년 3월 8일 10차 당대회가 열릴 때까지 4개월 동안 당의 각종 회의와 당 언론에서는 노동조합 논쟁이 끊이지 않았다. 1921년 1월 내내 〈프라우다〉에는 서로 다른 강령 지지자들의 글이 날마다 실렸다. 당대회가 열리기 전에 중앙위원회 지시에 따라 지노비예프가 주요 문서들을 편집한 책자가 발행·배포됐다. 당은 또, 〈토론 회보〉 특별호를 두 차례 발행해서 다양한 견해의 소통 공간을 제공하기도 했다. 새로 결성된 노동자반대파의 강령이 〈프라우다〉에 실렸을 뿐 아니라 그들의 주장을 담은 콜론타이의 소책자가 25만 부나 인쇄되기도 했다. 볼셰비키가 집권한 이후 그렇게 날카로운 논쟁으로 당이 분열한 적은 한 번도 없었다.

결국 당대회에는 세 강령이 제출됐다. 하나는 트로츠키, 부하린, 안드레예프, 제르진스키, 크레스틴스키, 프레오브라젠스키, 라코프스키, 세레브랴코프 등 중앙위원 8명이 지지하는 강령이었다. 다른 하나는 노동자반대파의 강령이었는데, 주요 지도자는 실랴프니코프와 볼셰비크 페미니스트로 유명한 알렉산드라 콜론타이였다. 이 두 강령 사이에는 중앙위원 10명(레닌, 지노비예프, 톰스키, 루주타크, 칼리닌, 카메네프, 로조프스키, 페트로프스키, 아르툠, 스탈린)이 지지하는 강령이 있었다.

트로츠키와 부하린의 견해

근본적으로 트로츠키와 부하린 그룹의 주장은 경제 붕괴에 대처하기 위해 전선에서 사용되는 군대 방식을 공장과 노동조합 조직에 도입해서 규율을 강화하자는 것이었다. 그들은 노동조합의 완전한 '국가화'를 원했다. 트로츠키는 제3차 노동조합 대회[1920년 4월]에서 자신이 제시했던 노동정책의 논리적 결론을 다음과 같이 이끌어 냈다. "노동조합을 생산조합으로 바꾸는 것(이름뿐 아니라 노동의 내용과 형식까지도)이 우리 시대의 가장 큰 과제다."[3]

그는 노동조합의 국가화가 실제로 이미 상당히 진행됐고 끝까지 완성해야 한다고 주장했다. 둘째, 경제관리 권한을 노동조합에 점차 이양하겠다고 약속한 당 강령 조항은 "노동조합을 노동자 국가의 산하 기구로 전환"하는 것을 전제로 한 것이었다. 이 전환 계획을 일관되게 추진해야 한다고 트로츠키는 생각했다. 그는 자신의 정책이 그동안 추진해 온 레닌·트로츠키 정책의 연장일 뿐이라고 주장했다.

노동자반대파

이 그룹에는 콜론타이 말고도 상당수의 노동자 지도자들이 포함돼 있었다. 그중에서도 금속 노동자 출신으로 초대 노동 인민위원을 지낸 실랴프니코프, 금속노조 지도자들인 루토비노프와 메드베데프 등이 가장 유명했다.

노동자반대파는 다음과 같이 주장했다. 노동조합이 경제관리 권한을 가져야 한다. 새로운 제도로 전환하려면 가장 낮은 산업 단위에서 시작해 상부로 확대해야 한다. 공장 수준에서는 공장위원회가 혁명 초기의 지배적 지위를 되찾아야 한다. 전 러시아 생산자 대회를 소집해서 국가 경제 전체를 관리할 중앙집중적 기구를 선출해야 한다. 마찬가지로 각 노동조합의 전국 대회에서도 다양한 산업부문을 관리할 중앙 기구를 선출해야 한다.

마지막으로, 노동자반대파는 임금정책을 평등주의에 맞게 과감하게 수정할 것도 제안했다. 화폐임금을 점차 현물급여로 대체해야 한다. 노동자들이 기초식품 배급제를 무상으로 이용할 수 있어야 한다. 공장 구내식당, 필수 교통 시설, 교육·여가·숙박·조명 시설 등도 마찬가지로 이용할 수 있어야 한다.

중앙위원 10인의 강령

노동조합에 대한 레닌의 태도는 트로츠키보다 훨씬 더 일찍 바뀌었다. 레닌은 내전이 끝났으므로 노동조합의 '국가화'도 '노동의 군사화'도 이제 필요하지 않다고 생각했다. 1920년 12월 30일 레닌은 트로츠키의 견해를 강력하게 비판하는 연설을 했다. 그 연설은 《노동조합, 현재 상황, 트로츠키의 오류》라는 소책자로 발행됐다. 레닌은 노동조합의 지위가 독특하다고 주장했다. 한편으로, 노동조합원은 대부분 산업 노동자이므로 노동조합은 지배계급의 조직이다. 즉, 국가의 강제력을 사용하는 계급의 조직이다. 다른 한편으로, 노동조합은 국가기구, 즉 강제력을 사용하는 기구가 아니고 국가기구가 돼서도 안 된다.

모든 산업 노동자를 포괄하는 노동조합은 지금 지배하고 통치하는 계급의 조직입니다. 이 계급은 독재 체제를 확립했고 국가를 통해 강제력을 행사하고 있습니다. 그러나 노동조합이 국가기구는 아닙니다. 노동조합은 강제력을 행사하려고 만들어진 기구가 아니라 교육을 위한 기구입니다. 노동자들을 끌어당기고 훈련하는 기구입니다. 노동조합은 사실, 학교입니다. 행정을 배우는 학교, 경제관리를 배우는 학교, 의사소통을 배우는 학교입니다. … 우리 러시아에서 톱니바퀴 배치는 단순하지 않고 복잡합니다.* 프롤레타리아 독재는 대중적 프롤레타리아 조직이 실행할 수 없습니다.** 전위에서 선진 계급 대중에게, 다시 선진 계급에서 노동 대중에게 동력을 전달하는 수많은 '전달 벨트'가 없으면 프롤레타리아 독재는 실행될 수 없습니다. 그런데 러시아에서 이 노동 대중은 압도적으로 농민입니다."

내전이 끝났으니 노동조합 정책도 근본적으로 바뀌어야 했다. 전시에는 타당했던 강제력 사용이 이제는 옳지 않은 것이 됐다.

글랍폴리트푸트와 체크트란의 잘못은 무엇입니까? 확실히 강제력 사용은 아닙니다. 그것은 오히려 칭찬받을 만한 일입니다. 그들의 실수는 적절한 때에 정상적 노조 활동으로 순조롭게 전환하지 못했다는 것입니다. … 그들은 노동조합에 적응하지 못했고 노동조합이 자신들과 대등하게 대화할 수 있도록 도와주지 못했습니다. 영웅적 행위나 열의 등은 군사적 경험의 긍정적 측면입니다. 번거롭고 불필요한 형식 절차나 거만한 태도는 가장 나쁜 군사

---

* 글의 앞부분에서 레닌은 프롤레타리아 전체를 계급의 선진 부위와 나머지 부문이 톱니바퀴처럼 맞물린 것으로 비유했다.

** 글의 앞부분에서 레닌은 다음과 같이 말했다. "모든 자본주의 나라에서(가장 후진적인 이곳 러시아에서만이 아니라) 프롤레타리아는 심각하게 분열하고 퇴보하고 (몇몇 나라에서는 제국주의로 말미암아) 부분적으로 부패했습니다. 그래서 프롤레타리아 전체를 포괄하는 조직은 프롤레타리아 독재를 직접 실행할 수 없습니다. 프롤레타리아 독재는 오로지 계급의 혁명적 에너지를 흡수한 전위만이 실행할 수 있습니다."

적 경험의 부정적 측면입니다. 트로츠키의 테제는 자신의 의도가 무엇이었든 간에 군사적 경험의 최선이 아니라 최악의 측면을 강조하기 쉽습니다.[5]

트로츠키는 노동의 군사화가 경제를 사회주의적으로 재조직하는 데 필수적이라고 주장했지만, 레닌은 군사화를 사회주의 노동정책의 상시적 특징으로 여길 수 없다고 주장했다.

10차 당대회에서 연설할 때 레닌은 국가(심지어 노동자 국가)와 노동조합을 동일시하는 것은 중대한 실수라고 말했다. 노동조합은 심지어 노동자 국가에도 맞서서 노동자들을 보호해야 한다.

트로츠키는 노동자 국가에서 노동조합이 할 일은 노동계급의 물질적·정신적 이익을 보호하는 것이 아니라고 말하는 듯합니다. 그것은 잘못입니다. 트로츠키 동지는 '노동자 국가'라고 말했습니다. 저는 이것이 추상적 관념이라고 말하고 싶습니다. … [1917년에 우리가 노동자 국가 운운한 것은 당연했습니다. 그러나 지금] 다음과 같이 말하는 것은 명백한 잘못입니다. "러시아는 부르주아지가 전혀 없는 노동자 국가인데, 누구한테서 노동계급을 보호하고 무엇을 위해 그래야 하는가?" 여기서 요점은 러시아가 진정한 노동자 국가가 아니라는 것입니다. 우리나라는 사실, 노동자 국가가 아니라 노동자·농민의 국가입니다. 노동자 국가와 노동자·농민의 국가는 완전히 다릅니다. (부하린: "무슨 국가라고요? 노동자·농민의 국가요?")[6]*

---

* 대회가 끝나고 2주 후에 쓴 글에서 레닌은 자신의 발언이 일면적이었다며 다음과 같이 바로잡았다.
"내가 저지른 [또 다른 — 지은이] 실수를 바로잡아야겠다. 내가 '우리나라는 사실, 노동자 국가가 아니라 노동자·농민의 국가'라고 말하자 부하린 동지가 즉시 '무슨 국가라고

우리나라는 **관료적으로 일그러진** 노동자 국가입니다. …

지금 우리 노동자 국가에서는 대규모로 조직된 프롤레타리아가 자신을 보호하는 것이 프롤레타리아의 임무가 됐고, 우리의 임무는 이 노동자 조직들을 이용해 노동자들을 노동자 국가로부터 보호하는 한편 노동자들로 하여금 우리 국가를 보호하게 하는 것입니다.[8]

레닌은 노동조합이 생산에서 하는 구실과 소비에서 하는 구실 사이에 균형이 맞아야 한다고 주장했다. 노동조합이 국가의 부속품이어서는 안 된다. 노동조합이 노동자들을 대변할 수 있으려면 자율성이 있어야 한다. 필요하다면 노동자 국가에 맞서서라도 그래야 한다.

레닌은 트로츠키에 맞서 투쟁하기도 했지만, 그가 훨씬 더 강경하게 맞서 싸운 상대는 노동자반대파였다. 레닌은 노동자반대파의 주장을 근본적으로 공산주의와 다른 신디컬리즘이라고 비난했다.

공산주의는 다음과 같이 주장한다. 프롤레타리아의 전위인 공산당은 당원이 아닌 노동자 대중을 지도한다. 즉, 대중을(처음에는 노동자를, 다음에는 농민을) 교육하고 준비시키고 가르치고 훈련해서(공산주의의 '학교') 대중이 결국 전체 국가 경제의 관리권을 자신들 수중에 집중시킬 수 있게 한다. 신디컬리즘은 산업별로 분리된 비非당원 노동자 대중에게 산업 관리권을 넘겨준다. … 그래서 당을 불필요하게 만들고, 대중을 훈련하거나 **전체 국가 경**

요?' 하고 외쳤다. … 내가 틀렸고 부하린 동지가 옳았다. 나는 다음과 같이 말했어야 한다. '우리나라는 사실, 기이한 특징이 있는 노동자 국가입니다. 첫째, 노동계급이 아니라 농민 대중이 우세한 나라입니다. 둘째, 관료적으로 일그러진 노동자 국가입니다.'"[7] — 지은이.

제의 관리권을 **대중의 수중에 실제로** 집중시키는 작업을 일관되게 추진할 수 없게 만든다.

러시아 공산당 강령에는 다음과 같이 나와 있다. "노동조합은 전체 국가 경제를 단일한 경제 실체로서 관리하는"(따라서 공업의 각 부문이나 심지어 공업 전체뿐 아니라 공업과 농업 등등을 모두 **합쳐서** 관리해야 한다. 지금 우리는 농업의 관리권을 노동조합 수중에 전혀 집중시키지 못하고 있다) "권한을 모두 자신의 수중에 실제로 집중시키는 데까지 **결국 나아가야 한다**." (이것이 뜻하는 바는 아직 그러지 못했다는 것이고 심지어 진행되고 있지도 않다는 것이다.) …

조합원 열에 아홉이 비당원 노동자인 노동조합이 산업의 경영진을 임명해야 한다면 … 당은 과연 왜 필요한가?[9]

노동조합 논쟁 내내 레닌은 자신과 노동자반대파의 차이가 자신과 트로츠키의 차이보다 훨씬 더 근본적이라고 주장했다. 10차 당대회에서 레닌은 다음과 같이 말했다.

제2차 광원 대회[1921년 1월 말]에서 제가 트로츠키·키셀레프 동지 등과 논쟁할 때 두 가지 관점이 분명히 드러났습니다. 노동자반대파는 "레닌과 트로츠키가 단결할 것"이라고 말했습니다. 트로츠키는 "단결의 필요성을 이해하지 못하는 사람은 당을 거스르는 사람입니다. 물론 우리는 단결할 것입니다. 왜냐하면 우리는 당원이기 때문입니다" 하고 말했습니다. 저는 트로츠키를 지지했습니다.[10]

노동자반대파 강령의 주된 결함은 경제적 난국을 극복할 구체적 제안이 전혀 없었다는 점이다. 프롤레타리아를 신뢰한다는 노동자반대파의 선언은 프롤레타리아의 사기가 땅에 떨어진 상태에서 현실의 행동 강령을 대체할 수 없었다. 모든 노동자에게 동일 임금을 지급하고 식량과 의복을 무료로 제공하는 등 노동자들의 필요를 당장 충족시키라는 요구는 전반적 경제 붕괴 상황에서 완전히 비현실적이었다. 프롤레타리아가 사기 저하하고 당에서 멀어졌는데, 이 이질적 집단의 당면 목표가 산업 관리여야 한다는 주장은 터무니없는 것이었다. 대다수 생산자들이 프롤레타리아 독재와 거리가 먼 개인주의적 농민인 상황에서 전 러시아 생산자 대회를 얘기하는 것은 희망 사항에 불과했다.(어쨌든, '생산자'라는 개념은 마르크스주의에 어긋나는 것이다. 프롤레타리아와 프티부르주아를 뒤섞어서 계급 분석을 흐리는 개념이기 때문이다.) 사실, 노동자반대파가 주창한 정책은 한마디로 요약할 수 있다. 그것은 바로 국가의 노동조합화였다(반면에 트로츠키는 노동조합의 국가화를 주장했다). 그러나 프롤레타리아가 규모도 작고 취약하다면, 국가의 노동조합화는 공상적 기대일 뿐이다. 긍정적 정책이라는 측면에서 보면, 노동자반대파는 이렇다 할 긍정적 정책을 거의 내놓지 못했다.

노동조합 논쟁의 결론

노동조합 논쟁은 10차 당대회에서 10인 강령파의 압도적 승리로 끝났다. 10차 당대회는 대의원 선출 방식이 독특했다. 1921년 1월 3일 지노비예프가 이끄는 페트로그라드 당 조직은 모든 당 조직에 보내는 호소문을 발표해서, 당대회 대의원을 노동조합 강령의 차이에 따라 선출하자고 제안했다. 모스크바 조직과 트로츠키는 이 제안에 반발했다. 1월

12일 중앙위원회는 강령에 따라 대의원을 선출하는 방식을 찬성 8표, 반대 7표로 통과시켰다. 그것은 볼셰비키 역사상 처음 있는 일이었다. 10차 당대회에서는 레닌의 동의안이 압도 다수의 찬성으로 통과됐다. 대의원 336명이 레닌의 동의안을 지지했고, 50명이 트로츠키의 동의안을 지지했으며, 노동자반대파를 지지한 대의원은 18명뿐이었다.

기본적으로 노동조합 논쟁은 전시공산주의 말기에 경제적 마비로 말미암아 당내에 조성된 심각한 불안이 표출된 것이었다. 경제는 총체적 난국이었다. 볼셰비키 정권은 내전의 승자로 떠올랐지만, 지지 기반을 잃고 있었다. 심지어 노동자들의 지지도 잃어 가고 있었다. 노동자반대파는 이런 대중의 불만을 반영했다.

노동조합 논쟁은 실제로는 새로운 경제정책들을 모색하는 것과 무관했음이 드러났다. 10차 당대회에서 트로츠키는 지금 통과된 결의안이 "11차 당대회 때까지 살아남지 못할 것"이라고 예측했다.[11] 그가 옳았음이 입증됐다. 당과 국가가 전시공산주의 정책을 지속하는 한, 행정적 조처들 말고는 경제를 파국에서 구할 방법이 전혀 없었다. 그러나 이런 방법은(트로츠키가 옹호한 극단적 방법이든 레닌이 제안한 덜 엄격한 방법이든) 전시공산주의의 악순환을 끝낼 수 없음이 입증됐다.

노동조합 논쟁은 비록 더한층의 발전과는 무관했지만, 레닌이 프롤레타리아의 정서에 얼마나 민감한지를 잘 보여 줬다. 나중에 트로츠키는 노동조합 논쟁 당시 자신의 실수를 다음과 같이 인정했다.

노동 대중은 3년간 내전을 겪고 나서 군사적 통치 방식을 점차 싫어하게 됐다. 레닌은 특유의 정치적 본능으로, 결정적 순간이 왔음을 감지했다. 나는 전시공산주의라는 기초 위에서 순전히 경제적 고려에 따라 노동조합의 노력을 훨씬 더 집중시키려고 애쓴 반면, 레닌은 정치적 고려에 따라 군사적 압력을 완화하는 쪽으로 나아가고 있었다.[12]

대중의 불만

불만은 특히 농민들 사이에 널리 퍼져 있었다. 농민은 내전이 계속되는 동안에는 대체로 볼셰비키 정권을 용인했다. 백군 세력이 돌아오는 것보다는 그나마 볼셰비키 정권이 조금 더 낫다고 여겼기 때문이다. 농민이 곡물 징발에 아무리 분개했어도 그들이 훨씬 더 두려워한 것은 옛 지주들의 복귀였다. 무장한 농민이 흔히 곡물 징발대에 맞서 싸웠지만, 그런 반발이 정권을 위협할 만큼은 아니었다. 그런데 이제 내전이 끝났다. 그러자 농민 봉기의 물결이 러시아 농촌을 휩쓸었다. 농민 봉기가 가장 심각했던 곳은 탐보프 주, 볼가강 중류, 우크라이나 지방, 캅카스 북부, 시베리아 서부였다. 1921년 3월 8일 10차 당대회 연설에서 레닌은 다음과 같이 말했다.

> 우리는 지금 새로운 전쟁을 치르고 있습니다. 이 전쟁을 한마디로 요약하면 '강도질'이라고 할 수 있습니다. 제대한 병사 수십만 명이, 즉 전쟁의 고역에 익숙해지고 오로지 그것만을 자신의 일로 여기다시피 했던 그 수많은 사람이 고향에 돌아왔지만 가난하고 황폐해진 농촌에서는 일거리를 찾을 수 없는 바로 이때 우리는 전쟁을 치르고 있는 것입니다.[13]

1921년 초에 약 250만 명, 즉 적군赤軍의 거의 절반이 제대하자 사회불안은 국가의 존립 자체를 위협할 만큼 심각해졌다.

체카 보고서를 보면, 1921년 2월에만 러시아 곳곳에서 118건의 농민

봉기가 일어났다.[14] 가장 격렬한 봉기는 탐보프 주에서 일어났는데, 옛 사회혁명당원 A S 안토노프가 이끈 이 봉기는 한창때 약 5만 명의 농민이 가담했을 정도다. 유능한 적군 지휘관 미하일 투하체프스키조차 이 반란을 진압하는 데 1년 넘게 걸렸다.*

이제 불만은 도시의 프롤레타리아에게도 확산됐다. 도시 노동자 가운데 다수가 시골로 떠나 다시 돌아오지 않았고, 남아 있는 노동자들도 먹을 것을 찾아 농촌을 돌아다녀야 했다. 농촌의 소요는 마치 전염병처럼 번져 나가 공업지대의 소요와 군대의 불안으로 이어졌다.

1921년 2월 볼셰비키 정권과 정권의 주요 지지 기반인 노동계급 사이에 공공연한 불화가 나타났다. 그해 겨울은 모스크바의 기준으로도 유별나게 추웠는데, 혹독한 추위와 굶주림이 가혹한 전시공산주의 정책들과 맞물리자 여러 대도시에서 일촉즉발의 분위기가 형성됐다. 특히 모스크바와 페트로그라드에서 그랬다. 이 두 도시에서는 불꽃 하나만 튀어도 대폭발이 일어날 듯했는데, 1월 22일 마침내 그 불꽃이 튀었다. 안 그래도 부족한 도시의 빵 배급량을 3분의 1씩 줄이겠다고 정부가 발표한 것이다. 비록 가혹하긴 했지만 배급량 감축은 분명히 불가피한 조처였다. 러시아 중부와 북부의 굶주린 도시민을 먹여 살릴 곡물이 시베리아와 캅카스 북부 지방에 비축돼 있었는데, 그곳에서 식량 열차가 폭설과 연료 부족 때문에 출발할 수 없었던 것이다. 2월 1일부터 10일까지 철도망이 완전히 마비돼서, 모스크바의 텅 빈 곡물 창고에는 단 한 대의 식량 열차도 도착하지 못했다.[15] 2월 초 페트로그라드에서는 대공장 60개 이상이 연료 부족으로 문을 닫았고, 그사이에 식량은 거의 바닥났다.[16]

---

* 탐보프 주의 농민 봉기는 《레닌 평전 3》의 199~204쪽 참조. — 지은이.

"지노비예프가 위원장이던 페트로그라드 소비에트 집행위원회는 도시 전역에 계엄령을 선포했다. 저녁 11시 이후에는 통행이 금지됐고, 거리 집회나 시위도 일절 금지됐다."[17] 결국 페트로그라드 전역의 공장들로 파업이 확산됐다. 빅토르 세르주는 다음과 같이 회상했다. "날마다 스몰니의 대화 주제는 오직 공장의 파업 건수뿐이었고, 당 선동가들이 공장에서 야유를 받았다는 얘기만 들렸다. 이것이 1920년 11월과 12월의 상황이었다."[18]

2월 28일에는 거대한 푸틸로프 금속 공장도 파업 물결에 휩쓸렸다. 당시 푸틸로프 공장의 노동자 수는 6000명이었는데, 비록 제1차세계대전 때의 6분의 1에 불과했지만 그래도 여전히 어마어마한 규모였다.[19] 노동자 집회에서는 멘셰비키 선동가들의 발언이 많은 박수를 받았고, 그들의 리플릿과 선언문 등을 열심히 받아 가는 노동자도 많았다.[20]

처음에 공장 집회에서 통과된 결의문의 압도 다수는 낯익은 경제 쟁점을 다룬 것들이었다. 즉, 식량 배급을 규칙적으로 실시할 것, 신발과 방한복을 지급할 것, 도로에 쌓인 눈 따위의 장애물을 제거할 것, 식량을 구하려고 농촌을 돌아다니며 농민과 자유롭게 교역할 수 있도록 허용할 것, 특별 등급의 노동자에게 제공하는 배급량 특혜를 폐지할 것 등이었다. 그러나 점차 정치적 요구, 즉 정치적·시민적 권리의 부활 같은 요구들이 전면에 제기됐다.[21]

이런 혼란 와중에 유대인 혐오 정서가 갑자기 분출했다. 그러자 페트로그라드에 거주하는 유대인들은 걱정하기 시작했고, 일부는 도시를 떠나기도 했다. 정부가 무너지고 거리에서 폭도가 멋대로 날뛰기 시작하면, 제정 러시아 때처럼 유대인 학살 사태가 벌어질까 봐 두려웠던 것이다.[22]

그러나 1주일 뒤 지노비예프는 다시 상황을 통제하고 불안을 잠재울 수 있었다. 페트로그라드에 질서를 회복하는 데는 강압과 선전만으로는 부족했다. 반정부 운동의 기세를 약화시킬 만큼 충분한 양보를 잇따라 내놓은 것도 중요한 요인이었다. 당장 병사와 공장 노동자에게 추가 식량을 분배하는 조처가 실시됐다. 2월 27일 지노비예프는 노동자들의 가장 절실한 요구를 수용하는 양보 조처들도 추가로 내놓았다. 노동자들이 식량을 구하려고 도시를 떠나도 좋다고 허가한 것이다. 이를 지원하고자 페트로그라드 주위의 농촌으로 향하는 여객열차를 증편하겠다고 약속하기도 했다. 그러나 무엇보다 중요한 사실은, 강제 곡물 징발을 폐지하고 이를 현물세로 대체하는 계획을 세우고 있다고 처음으로 밝힌 것이었다. 즉, 전시공산주의를 신경제정책으로 대체할 계획을 밝힌 것이다.

3월 2~3일쯤에는 파업이 거의 모두 끝나고 공장들은 다시 가동되고 있었다.

크론시타트 봉기

페트로그라드에서 일어난 이 파업들은 인근에 있는 크론시타트의 수병들을 자극해서 무장봉기를 일으키게 했다.

1917년 7월 크론시타트는 트로츠키한테서 "혁명의 자랑이며 영광"이라는 찬사를 들었다. 그 후 크론시타트는 크게 바뀌었다. 크론시타트는 전투 지역이 아니었으므로 그곳에 원래 있던 수병들은 가장 어려운 전선들로 투입됐고 그들이 떠난 자리를 새로운 수병들이 채우게 됐다. 공식 수치를 보면, 1921년에는 크론시타트 수병의 4분의 3 이상이 농민 출신이었는데 이는 1917년보다 크게 늘어난 것이었다. 1917년에는 크론시타트 함대 수병의 상당수가 페트로그라드 지역 산업 노동자 출신이었다.[23]

게다가, 크론시타트 수비대의 4분의 3은 우크라이나 토박이 출신이었는데, 그중 일부는 소비에트 군대에 입대하기 전에 남부 지방에서 반反볼셰비키 군대에 복무한 전력이 있었다.[24] 그래서 그들은 특히 농촌 주민의 정서에 강한 영향을 받았던 것이다.

널리 퍼진 불만은 심지어 공산당원인 수병들한테도 영향을 미쳤다. 1921년 1월에만 발트해 함대 수병 약 5000명이 공산당을 탈당했다. 1920년 8월부터 1921년 3월까지 크론시타트의 공산당 조직은 4000명이던 당원의 절반을 잃었다.[25] 주된 이유는 전시공산주의 때문이었다. 크론시타트 주민들은 러시아를 괴롭히는 모든 고통의 책임을 오로지 볼셰비키 정부 탓으로만 돌렸다. 그들은 내전 자체에서 비롯한 파괴와 혼란, 군대의 무력 충돌 과정에서 발생할 수밖에 없는 파괴 행위, 외세의 간섭과 봉쇄, 어쩔 수 없는 연료·원료 부족, 기근과 전염병이 만연한 상황에서 굶주린 사람들을 먹여 살리고 병자들을 치료하는 데 따르는 어려움 등을 무시했다. 이 모든 고통과 고난이 죄다 볼셰비키 정권 때문이라는 것이었다.

> 공산당의 지배 때문에 러시아 전체가 전례 없는 빈곤, 굶주림, 추위, 그 밖의 궁핍에 시달리고 있다. 공장과 제분소는 문을 닫았고, 철도는 붕괴 직전이다. 농촌은 철저하게 약탈당했다. 우리는 빵도 없고, 소도 없고, 농사지을 도구도 없다. 옷도 없고, 신발도 없고, 연료도 없다. 노동자는 굶주림과 추위에 떤다. 농민과 도시민은 이제 삶이 나아지리라는 희망을 완전히 잃어버렸다. 그들은 날마다 죽음의 고비를 가까스로 넘긴다. 이 모든 것이 혁명을 배신한 공산당 탓이다.[26]

공산당을 증오하는 분위기에는 유대인 혐오 정서도 섞여 있었다. 유대인 혐오의 으뜸가는 표적은 트로츠키와 지노비예프였다. 유대인에 대한 편견은 발트해 함대 수병들 사이에 널리 퍼져 있었는데, 그중의 다수는 러시아에서 전통적으로 유대인 혐오가 지독한 지역이었던 우크라이나와 서부 변경 지대 출신이었다. 그런 지역의 농민과 노동계급 출신 병사들에게는 고통과 고난의 시기에 유대인을 속죄양 삼는 것이 관습처럼 굳어져 있었다. 예컨대, '크론시타트 혁명위원회'의 일원이었던 베르시닌은 3월 8일 얼어붙은 바다를 건너와서 소비에트 파견대와 협상할 때 다음과 같이 말했다. "이제 '만세'는 그만 외치고, 우리와 힘을 합쳐 저 유대인들을 쳐부숩시다. 그동안 우리 노동자·농민은 빌어먹을 유대인들의 지배를 참고 견뎌야만 했소."[27]

2주 남짓 되는 반란 기간(1921년 3월 1~17일)에 크론시타트의 공산당은 거의 와해됐다. 트로츠키는 크론시타트 공산당원의 30퍼센트가 반란에 적극 가담했고 40퍼센트는 '중립적 태도'를 취했다고 추산했다.[28] 앞서 말했듯이, 크론시타트의 공산당원은 1920년 8월부터 1921년 3월까지 4000명에서 2000명으로 줄었는데, 이제 약 500명의 당원과 300명 가까운 후보당원이 또 탈당했다. 그래서 남은 당원들의 사기는 완전히 떨어졌다.[29]

레닌은 다음과 같이 말했다. "크론시타트 사태는 마치 번갯불처럼 현실을 밝게 비춰 보여 줬다."[30]

농민의 브레스트리토프스크

1921년 3월 8일 크론시타트 봉기 와중에 10차 당대회가 열렸다. 당은 분명히 상황 통제력을 잃어 가고 있었다. 봉기 소식이 전해지자 당대회의 토론이 중단되고 많은 대의원이 크론시타트 공격에 참여하려고 떠났다는 사실에서도 크론시타트 봉기가 불러일으킨 위기의식이 어느 정도였는지를 알 수 있다. 내전이 한창일 때도 볼셰비키당이 그런 공황 상태에 빠진 적은 없었다.[31]

볼셰비키 지도자들이 농민 봉기에서, 페트로그라드의 많은 프롤레타리아조차 품고 있던 불만에서, 무엇보다 크론시타트 봉기에서 끌어낸 첫 교훈은 강제 곡물 징발을 끝내야 한다는 것이었다. 이것은 프티부르주아지의 엄청난 압력에 떠밀린 후퇴였다. 이제 전시공산주의는 끝나고 신경제정책이 시작됐다.*

레닌은 크론시타트 사태의 진정한 의의를 이해하고 있었다. 그는 10차 당대회에서 "제 보고는 모두 (처음부터 끝까지) 크론시타트의 교훈과 연결돼 있습니다" 하고 말했다.[32] 비록 그는 외국에 있는 백군 망명 세력들이 [크론시타트 사태에서] 중요한 구실을 했다고 주장했지만, 봉기가 내전 때의 백군 운동이 되풀이된 것만은 아니라는 사실을 알고 있었다. 레닌은 크론시타트 봉기가 농민 대중과 볼셰비키 정부 사이의 간극을 보여 주는 징후이며 그 간극이 노동자들에게도 악영향을 미치고 있다고 생각했다.

위기는 상호 모순된 두 가지 요인에서 비롯했다. 하나는 산업 프롤레타리아의 취약성이고, 다른 하나는 [산업 프롤레타리아와] 프티부르주아 농민의 동맹을 유지할 필요성이었다. 10차 당대회에서 레닌은 러시아 같은 후진국에서 사회주의가 승리하려면 두 가지 조건이 필요하다고 주장했다.

---

* 신경제정책의 자세한 내용은 9장 참조. — 지은이.

러시아는 산업 노동자가 소수고 소농小農이 압도 다수인 나라입니다. 그런 나라에서 사회주의 혁명은 두 가지 조건이 충족돼야만 승리할 수 있습니다. 첫째, 하나 이상의 선진국에서 사회주의 혁명이 제때 일어나 후진국의 사회주의 혁명을 지원해 줘야만 합니다. … 둘째, [후진국에서] 독재를 행사하는, 즉 국가권력을 장악한 프롤레타리아와 농민 다수의 견해가 같아야 합니다.[33]

1921년 무렵에는 이 두 조건 가운데 어느 것도 충족되지 않았다. 레닌은 "지금 필요한 것은 경제적으로 숨 돌릴 틈"이라고 말했다.[34]

근본적으로 지금 상황은 이렇습니다. 즉, 우리는 중농中農을 경제적으로 만족시키고 자유로운 시장 교환으로 전환해야 합니다. 그러지 못하면, 세계혁명이 지연되고 있으므로 러시아에서 프롤레타리아의 지배를 유지하기가 불가능할(경제적으로 불가능할) 것입니다.[35]

그보다 3년 전인 1918년 3월에 레닌은 국제 전선에서 비슷한 후퇴를 한 적이 있었다. 당시 그는 "숨 돌릴 틈"을 얻고자 브레스트리토프스크 강화조약에 서명했다. 그런데 [1921년] 3월 15일 10차 당대회에서는 랴자노프라는 대의원이 "농민의 브레스트리토프스크"라고 부른 것을 채택해야 했다.[36]

규율 강화: 분파를 금지하다

총체적 위기는 당의 내부 체제에도 중대한 영향을 미쳤다. 당이 전반적으로 고립된 데다 '농민의 브레스트리토프스크'를 실행하고자 어쩔 수 없이 후퇴해야 하는 상황에 직면해서 당내 체제는 거의 붕괴하다시피

했다. 레닌은 군대가 후퇴할 때는 가장 강력한 규율, 가장 엄정한 군기가 필요하다고 주장했다. 그래서 볼셰비키 역사상 처음으로 당내 분파 결성이 금지됐다.

10차 당대회 전에 노동조합 논쟁이 한창일 때(1921년 1월 19일) 레닌은 "당의 위기"라는 제목의 글에서 에두르지 않고 다음과 같이 분명히 말했다. "우리는 쓰라린 진실을 직시할 용기가 있어야 한다. 당은 병에 걸렸다. 당은 열병을 앓고 있다."[37] 1921년 2월 24일 모스크바 당 활동가 모임에서 연설할 때는 다음과 같이 말했다. "우리는 단결해야 합니다. 우리가 논쟁에서 한 걸음만 더 나가면 더는 하나의 당을 유지할 수 없다는 사실을 깨달아야 합니다."[38]

당대회 개막 연설에서 레닌은 다음과 같이 단언했다. "분파주의의 흔적은 눈곱만큼도 있어서는 안 됩니다. 과거에 분파주의가 어떻게 나타났든 이제는 결코 그래서는 안 됩니다."[39]

> 지금은 이론적 편향을 주장할 때가 결코 아닙니다. 농민이 엄청나게 우세한 나라에서 … 프롤레타리아 독재에 대한 농민의 불만이 고조되고 있는 이때, 농업 위기가 점차 임박하고 있는 이때, 농민의 군 복무가 끝나서 수십만 명의 낙담한 인간들, 할 일이 아무것도 없고 익숙한 일이라곤 오로지 전쟁뿐이고 강도질도 서슴지 않을 인간들이 마구 쏟아져 나오는 이때, 그래서는 안 됩니다. … 논쟁의 분위기가 극도로 위험해지고 있고 프롤레타리아 독재를 직접 위협하고 있습니다.[40]

레닌은 무엇보다 당의 분열을 두려워했다. 10차 당대회에서 그는 당이 분열 직전이라고 말했다. "전에는 우리가 당대회에서 아무리 견해차가 커도 당이 거의 분열할 지경에 이른 적 있습니까? 아니, 없습니다. 그런데 지금은 그런 상황입니까? 예, 그런 상황입니다."[41] 그래서 레닌은 분파 결성을 금지하는 "당의 단결에 대하여"라는 결의안을 제출했다.

이에 당대회는 … 해산을 선언하면서, 이런저런 강령을 바탕으로 결성된 모든 그룹(노동자반대파 그룹, 민주집중제 그룹 등)이 예외 없이 당장 해산할 것을 명령한다. 이 당대회 결정을 지키지 않는 사람은 무조건 즉시 제명한다.

여기에 덧붙여, 중앙위원회에 무제한의 징계 권한을 부여하는 비밀 조항이 통과됐다. "당대회는 규율 위반 사건 또는 분파주의를 부활시키거나 용인하는 사건에 대해 제명을 포함한 모든 징계 권한을 중앙위원회에 부여한다." 그래서 중앙위원회·통제위원회 합동 회의에서 3분의 2 이상이 찬성하면 중앙위원도 제명할 수 있게 됐다.[42]

1년 후인 1922년 3월 레닌은 마지막으로 참석한 당대회인 11차 당대회에서 당의 규율을 강제하는 극단적 조처가 필요한 이유와 분파 금지가 불가피한 이유를 다음과 같이 설명했다.

군대가 승리해서 전진하고 있을 때는 규율이 느슨하더라도 누구나 알아서 앞으로 나갑니다. 그러나 후퇴할 때는 규율이 더 의식적이어야 하고 백배나 더 필요합니다. 왜냐하면 군대 전체가 후퇴할 때는 어디서 멈춰야 할지를 알지도 못하고 보지도 못하기 때문입니다. 후퇴하는 군대는 후퇴 말고는 아무것도 눈에 들어오는 게 없습니다. 그런 상황에서는 겁에 질려 허둥대는 몇 사람의 고함 소리만으로도 풍비박산 날 수 있습니다. 그 위험은 엄청나게 큽니다. 그래서 실제 군대가 후퇴할 때는 미리 기관총을 배치해 놓고, 질서 있는 후퇴가 무질서한 후퇴로 바뀌는 순간 발포 명령을 내립니다. 이것은 아주 정당한 조처입니다.

만약 천신만고하며 겨우겨우 후퇴하는 어려운 상황에서, 그래서 모든 것이 질서 유지에 달려 있는 상황에서 누군가가 갑자기 극심한 공포를 퍼뜨린다면(그 의도가 아무리 좋더라도) 가장 사소한 규율 위반조차 호되게, 엄하게, 무자비하게 처벌해야 합니다.[43]

그러나 분파 활동의 금지가 무제한의 절대적 조처로 여겨지지는 않았다. 랴자노프가 서로 다른 의견그룹들(저마다 독자적 강령을 표방하는)을 바탕으로 중앙위원을 선출하는 방식을 배제하자고 수정안을 제출했을 때 레닌은 다음과 같이 반대했다.

근본적 쟁점들에 관한 이견이 있을 때 당에 호소할 권리를 당과 중앙위원들한테서 박탈할 수는 없습니다. … 예컨대, 우리가 브레스트리토프스크 강화조약 체결 같은 문제에 부딪히면 어떻게 되겠습니까? 그런 문제가 다시 발생하지 않을 것이라고 보장할 수 있습니까? 그럴 수 없습니다. 그런 상황에서는 강령을 바탕으로 선출하는 방법밖에는 없습니다.[44]

분파 금지가 곧 당내 이견을 모두 금지하는 조처는 아니라는 점은 레닌과 랴자노프의 논쟁에서도 분명히 드러나지만, "당의 단결에 대하여"라는 결의안 자체가 이견이 있는 사람들에게 토론용 특별 자료집이나 당 언론 매체에 견해를 표명하도록 요청했다는 사실에서도 드러난다.

레닌은 또, 당과 국가의 상태를 비판하는 노동자반대파의 주장은 중요한 지적이라고 강조하기도 했다. 그는 "노동자반대파의 기여"를 거론하며,

당의 단결에 관한 결의안에 다음과 같은 내용을 포함시켰다.

> 그와 동시에 당대회는, 예컨대 이른바 노동자반대파 그룹이 특히 주목한 문제들, 즉 프롤레타리아도 아니고 믿을 수도 없는 자들을 당에서 숙청하는 문제, 관료주의적 관행에 맞서 싸우는 문제, 민주주의와 노동자들의 주도력을 발전시키는 문제 등에 관한 실천적 제안들을 모두 최대한 신중하게 검토해서 실천의 검증을 거쳐야 한다고 선언한다.[45]

가장 암담한 내전 때도 볼셰비키당에서는 분파가 금지되지 않았다. 멘셰비키와 사회혁명당은 괴롭힘에 시달렸고 불법화될 때도 있었지만 공개 활동이 허용될 때도 있었다. 그런 정책 변화는 전쟁의 상황 변화와 이 정당들의 오락가락에 달려 있었다. 그런데 이제는 멘셰비키와 사회혁명당이 불법화됐을 뿐 아니라 집권당인 볼셰비키 당내 분파조차 금지됐다. 볼셰비키 당내의 분위기는 달리 대안이 없다는 것이었다. 당의 태도를 가장 잘 요약한 것은 아마 당대회에서 라데크가 했던 말일 것이다.

> 저는 이 결의안에 찬성표를 던지면서, 이것이 자칫 우리 자신에게 부메랑이 될 수 있다는 생각이 들지만 그래도 이 결의안을 지지합니다. … 이 위험한 순간에 중앙위원회가, 필요하다면, 최상의 당원에게도 가장 가혹한 조처를 취하게 합시다. 심지어 중앙위원회가 실수를 저지르게 합시다! 차라리 그것이 지금 눈에 보이는 동요보다는 덜 위험할 것입니다.[46]

09 신경제정책

전시공산주의에서 신경제정책(NEP, 네프)으로의 전환은 급속하게 이뤄졌다. 1920년 여름까지만 해도 레닌은 헝가리 혁명의 경험에 자극받은 바르가가 "[곡물] 징발은 생산량 감소를 초래해서 결국은 목적 달성에 실패할 것"이라고 쓴 글을 읽고 그 옆에 물음표 2개를 적어 놓았다.[1] 몇 달 뒤 부하린의 책 《과도기 경제학》에서, 농민을 강압하는 조처는 "종합적 경제 발전의 경로 위에 있는 것"이므로 "단지 강압"으로만 여겨서는 안 된다는 내용을 읽고 그 옆에 "매우 좋다"고 써 놓았다.[2]

1920년 12월까지도 레닌은 여전히 강제 징발을 지지했다. 1920년 12월 22일 제8차 소비에트 대회에서는 다음과 같이 말했다. "소농이 압도적인 나라에서 우리의 주된 과제는 근본적으로 국가의 강요에 의지해서 농민의 영농 수준을 높이는 것입니다."[3]*

---

* 흥미로운 사실은 1920년 2월에 이미 트로츠키가 식량 징발은 한계에 부딪혔다는 결론을 내렸다는 것이다. 그는 우랄 지방을 돌아다니며 경제 상황을 살펴본 뒤 중앙위원회에

그러나 1921년 2월 8일 레닌은 정치국에서 농업 문제를 토론하기 위해 다음과 같은 테제 초안을 작성했다.

1. 비非당원 농민들이 바라는 대로 잉여 징발 제도(잉여 곡물 재고를 몰수하는 것)를 현물세로 대체한다.
2. 이 세금의 규모는 지난해 징발 규모보다 작게 한다.
3. 세금은 농민의 노력에 비례하게 하는 것을 원칙으로 하되, 더 많이 노력한 농민에게는 세금을 깎아 준다.
4. 농민이 세금을 신속하게 완납하면, 납세 후 잉여 곡물을 지역에서 거래할 때 더 많은 자유를 보장한다.[5]

2월 11일에는 체르노프라는 시베리아 농민이 〈프라우다〉에 기고한 글에서 식량세를 신설해 농민이 잉여 곡물을 자유롭게 처분하게 하는 것이 국가에도 이롭다는 견해를 밝혔다. 2월 17일에는 모스크바의 두 공산당원, 즉 소로킨과 로고프가 〈프라우다〉에서 체르노프의 주장을 되풀이

다음과 같이 보고했다.
"현재의 식량 징발 정책은 농업 생산성을 떨어뜨리고 산업 프롤레타리아를 원자화시키고 있을 뿐 아니라 나라의 경제생활을 완전히 혼란에 빠뜨릴 조짐을 보이고 있다."
그는 근본적 대책으로 다음과 같은 방안을 제시했다. "잉여 [곡물] 징발 정책을 생산량에 비례하는 세금(일종의 누진 소득세) 정책으로 대체할 것. 그렇게 해서, 파종 면적 확대나 경작 방식 개선이 더 수익성 높은 방법이 되게 할 것."[4]
그러나 중앙위원회는 농업의 자유화를 확대하는 정책으로 전환하기를 거부했다. 레닌을 비롯한 당 지도부의 반대에 부딪히자 트로츠키는 오히려 전시공산주의 정책을 더 엄격하게 적용해서 노동의 군사화라는 극단적 방식으로 나아갔다. 당시 트로츠키의 주장이 옳았는데도 그는 소수파가 됐을 때 레닌과 달리 자기 주장을 관철하려고 끝까지 노력하지 않고 중간에 포기하고 말았다. ― 지은이.

하며, 농민을 강요해 토지를 경작하게 하는 조처는 성과를 내지 못할 것이라고 단언했다. 2월 24일에는 레닌의 테제 방침에 따라 정치국이 작성한 세부 계획 초안이 중앙위원회에 제출됐다. 2월 28일 모스크바 소비에트 전원회의에서 레닌은 한 대의원의 주장, 즉 농민은 자신이 국가에 납부해야 하는 것이 무엇인지를 알 필요가 있다는 주장의 요점이 바로 '잉여' 몰수는 현물세로 대체돼야 한다는 것이라고 말했다. "우리는 이 생각을 검토할 의향이 있습니다. 그리고 우리는 1주일 뒤 열릴 당대회에 이 문제를 제기해서 처리하고, 비당원 농민과 인민대중을 만족시킬 만한 결론을 내려야 할 것입니다."[6]

경제정책의 변화는 매우 급작스러웠다. 10차 당대회에서 레닌이 제기하기 전까지 이 문제는 당내에서 논의된 적이 한 번도 없었다. 심지어 당 대회에서도 레닌은 대회가 거의 끝날 무렵에야 문제를 제기했고, 이 문제를 두고 논쟁도 거의 벌어지지 않았다. 이 중대한 문제에 관한 논의는 330쪽짜리 당대회 보고서에서 겨우 20쪽 정도만을 차지할 뿐이다. 레닌과 츄루파가 공식 제안을 하고 나서 겨우 네 사람이 10분씩 발언했고 그다음에 새 정책은 거의 만장일치로 채택됐다(반대는 30표뿐이었다). 그 이유는 매우 분명하다. 정권이 완전히 붕괴하기 직전이었으므로 당장 구조 대책이 필요하다는 것은 누가 봐도 명백했다. 레닌은 정리 발언에서 다음과 같이 말했다.

잉여 곡물 징발 제도를 세금으로 바꾸기로 한 중앙위원회 결정은 분명히 만장일치로 채택됐습니다. 그리고 가장 중요한 사실은, 우리가 지금 봤다시피, 당대회가 열리기 전에 이미 지역의 많은 동지들이 이번 결정과 무관하게 각자 자신의 실천적 경험을 바탕으로 [중앙위원회와] 똑같은 결론에 도달했다

는 것입니다. 즉, 이번 결정이 매우 적절하고 필요한 조처라는 사실은 결코 의심할 수 없습니다.[7]

레닌은 농민의 압력 때문에 볼셰비키가 후퇴해야 한다는 것이 분명해졌다고 생각했다. 당시 레닌이 적어 놓은 메모 하나는 "1794년 대 1921년"이었다.[8] 1794년 프랑스에서는 혁명의 수혜자들, 특히 부유한 농민들이 자코뱅에게 통제를 완화하라고 압박을 가하며 거래의 자유를 요구했다. 이 요구 때문에 로베스피에르는 결국 몰락했고, 테르미도르(로베스피에르가 몰락한 달) 반동 이후 혁명 자체가 우경화했다. 레닌의 메모는 프랑스에서 로베스피에르를 파멸시킨 바로 그 사회 세력과 정면으로 충돌하는 사태를 피하고자 경제적 후퇴를 단행하는 것이 레닌의 의도였음을 보여 준다. 그러나 레닌은 여전히 이것이 일시적 후퇴라고 생각했다. 즉, 자본주의에 포위된 채 유럽 혁명을 기대하는 노동자 국가가 쥐어 짜낸 묘책이라고 여긴 것이다.

"상업을 배우시오"

신경제정책이 실시되자 레닌은 특유의 '막대 구부리기'를 시작했다. 이제 필요한 것은 광범한 혁명적 변화를 세심한 개혁으로, 결정 사항의 일상적 집행으로 대체하는 것이었다.

전시공산주의에서 신경제정책으로 전환하는 데서 주된 위험 하나는 당과 당원들이 새로운 필요에 적응하지 못하는 것이었다. 내전 때는 열정이 힘의 원천이었지만, 이제 열정만으로는 새로운 경제 문제들을 해결할 수 없었다. 신경제정책 실시 후 레닌이 수많은 연설에서 거듭거듭 강조한 주제는 바로 '공산주의자들은 상업을 배워야 한다'는 것이었다.

1921년 12월 23일 제9차 소비에트 대회에서 연설할 때 레닌은 "프랑스 속담에 이르기를, 사람들의 장점은 흔히 단점과 연결돼 있다고 합니다" 하고 말했다. "단점은 말하자면, 장점의 연속이라는 것이지요." 그러고 나서 다음과 같이 연설을 이어 갔다.

> 그러나 장점이 필요 이상으로 지속되면 … 단점이 됩니다. … 우리가 정치·군사 분야에서 역사적으로 중요한 한 걸음을 내디뎠다는 것은 큰 장점입니다. 그것은 세계사에서 획기적 변화로 기록될 것입니다. … 이것은 명백하고, 변할 수 없고, 결코 양도할 수 없는 우리의 장점입니다. 이 장점은 우리의 적들이 아무리 기를 쓰고 공격하더라도 결코 빼앗아 갈 수 없는 것입니다. 그러나 이 장점이 더는 필요하지 않은데도 계속 유지된다면 그것은 아주 위험한 단점으로 바뀌고 말 것입니다.
>
> 노동자·농민의 열정이 분출한 것만으로도 … 정치·군사 문제를 해결하는 데는 충분했습니다.
>
> 이제는 열정만으로는 부족합니다. "관용, 쓰라린 경험, 끈질긴 노력, 꼼꼼함, 인내"가 필요합니다.[9]
>
> 공산주의자들은 상업을 배워야 합니다.
>
> 프롤레타리아 국가는 신중하고 부지런하고 명민한 '기업인', 꼼꼼한 도매상인이 돼야 합니다. 그러지 못하면 이 소농의 나라를 경제적으로 일으켜 세울 수 없을 것입니다.[10]
>
> 요점은 책임 있는 공산주의자들, 심지어 전에는 징역도 마다 않고 죽음도 두려워하지 않았던 최상의 공산주의자들조차 상업을 전혀 모른다는 것입니다. 왜냐하면 그들은 기업인도 아니고 상업을 배운 적도 없기 때문입니다.[11]

공산주의자들, 지하활동의 영웅이었고 내전의 영웅이었던 공산주의자들이 이제는 상업을 배워야 한다는 것이다.

공산주의와 상업이라고?! 이상하게 들릴 것입니다. 이 둘은 아무 상관 없고 서로 어울리지 않고 극과 극처럼 보입니다. 그러나 **경제학의 관점에서 보면,** 둘의 관계는 공산주의와 소농의 가부장 농업 사이의 관계와 마찬가지라는 사실을 알 수 있습니다.[12]

다시 국가자본주의로

레닌은 신경제정책이 프티부르주아 농민의 압력 때문에 볼셰비키에게 강요된 후퇴라는 사실을 숨기지 않았지만, 신경제정책은 자신이 1918년 봄에 개발했다가 내전 발발로 중단됐던 정책을 다시 실시하는 것이라고도 주장했다. 그는 1918년 4월에 쓴 글["소비에트 정부의 당면 과제"]의 일부를 다음과 같이 인용했다.

일반적 의미의 혁명가, 사회주의 지지자, 공산주의자가 되는 것만으로는 부족하다. 우리는 사슬 전체를 붙잡기 위해, 그리고 사슬의 다음 고리로 넘어가는 일을 확실히 준비하기 위해 우리가 특정 순간에 온 힘을 다해 움켜쥐어야 할 특정 고리가 어떤 것인지를 찾아낼 수 있어야 한다. 왜냐하면 대장장이가 만든 보통의 사슬과 달리 역사적 사건들의 사슬에서는 고리의 순서, 형태, 연결 방식, 차이 등이 그렇게 간단하고 무의미하지 않기 때문이다.

이렇게 인용하고 나서 다음과 같이 썼다.

지금 우리가 다루고 있는 활동 분야에서는 적절한 국가 규제(지시) 하에서 국내 **상업**을 부활시키는 것이 바로 그런 고리다. 상업은 역사적 사건들의 사슬에서, 1921~22년에 사회주의를 건설하는 과도적 형태에서 우리 프롤레타리아 정부가, 우리 집권 공산당이 "온 힘을 다해 **움켜쥐어야 할**" 고리다. 우리가 **지금** 이 고리를 확실하게 "움켜쥐면" 머지않아 사슬 전체를 틀림없이 지배할 수 있을 것이다. 그러지 못하면 사슬 전체를 지배할 수 없을 것이고, 사회주의 사회·경제 관계의 기초를 놓을 수도 없을 것이다.[13]

1918년 봄에 레닌이 개발한 이 정책을 요약한 말이 '국가자본주의'였다(3권 6장 참조). 프롤레타리아 독재 하의 국가자본주의는 개인주의적인 프티부르주아 농민들과 사회주의를 연결하는 다리가 될 것이다. 레닌은 1918년에 자신이 제안했던 행동 방침을 반복하고 재개발했다.

앞으로 몇 년 동안 우리는 가부장제와 소규모 생산에서 사회주의로 전환하는 과정을 앞당길 수 있는 중간 고리들에 대해 생각하는 법을 배워야 한다. '우리'는 때때로 "자본주의는 악이고 사회주의는 선이다" 하고 말한다. 그러나 그런 주장은 틀렸다. 왜냐하면 현존하는 경제 형태 전체를 고려하지 않고 그중에서 두 가지만을 골라내기 때문이다.
자본주의는 사회주의와 비교하면 악이다. 그러나 봉건제, 소규모 생산과 비교하면, 그리고 소생산자들의 고립 분산에서 비롯한 관료주의의 해악과 비교하면 선이다. 우리가 아직은 소규모 생산에서 사회주의로 곧장 나아갈 수 없으므로 소규모 생산과 교환의 자생적 산물로서 약간의 자본주의는 불가피하다. 따라서 우리는 소규모 생산과 사회주의의 중간 고리로서, 생산력 증대의 수단·경로·방법으로서 자본주의를 활용해야 한다(특히 자본주의가 국가자본주의 쪽으로 향하도록 이끌어야 한다).[14]

위험을 숨기지 않기

레닌이 신경제정책은 "봉건제, 소규모 생산"과 사회주의를 연결하는 데 필요한 다리라고 주장했다고 해서, 새 정책에 내재한 위험을 무시하고 덮어 버렸다는 말은 아니다. 레닌은 위험과 대결하기를 회피하거나 프롤레타리아 진영과 적대 진영의 힘을 냉정하고 솔직하게 평가하기를 회피하는 사람이 아니었다. 그는 10차 당대회에서 보고할 때, 신경제정책으로 말미암아 농촌에서 자본주의가 더 강력해질 것이라는 점을 분명히 했다. "잉여 [곡물] 징발에서 세금으로 전환한다는 것은 새 제도 하에서 쿨락[부농 — 지은이]이 더 늘어날 것이라는 뜻입니다. 이제 쿨락은 전에는 나타날 수 없었던 곳에서도 나타날 것입니다."[15] 보고와 토론을 정리하는 발언에서는 다음과 같이 말했다. "앞서 발언자들이 질문했지만, 저는 똑같은 취지의 질문을 서면으로도 받았습니다. '농촌 지역에서 자본주의가 발전하면, 노동자 국가를 어떻게 유지할 것인가?' 이것은 … 극히 심각한 위험입니다."[16]

10차 당대회 2주 뒤에 열린 전국 운수 노동자 대회에서 레닌은 다음과 같이 연설했다.

우리 자신의 경험을 통해 우리가 알고 있는(그리고 현대의, 예컨대 지난 150여 년의 전 세계 혁명을 보면 확실히 알 수 있는) 사실은 어디서나 결과가 항상 똑같았다는[즉, 농민은 독자적으로 정치와 경제를 운영하지 못하고 프롤레타리아의 지도를 따르거나 아니면 자본가들의 지도를 따라야 했다는] 것입니다. … 소小소유자들이 생산수단과 토지의 소유자가 되고 나면, 그들 간의 교환에서 반드시 자본이 생겨나고 그와 동시에 자본과 노동의 적대 관계도 생겨납니다. 그러면 자본과 프롤레타리아의 투쟁은 필연적입니다. … 이 사실을 인정하지 않으려는 사람은 자기 자신을 속이는 셈입니다.[17]

실제로, 신경제정책이 실시된 후 시간이 흐를수록 농촌에서는 계급 분화 속도가 빨라졌다. 부유한 농민은 더 부유해졌다. 가축과 농기구를 충분히 소유한 일부 중농도 새 정책으로 크게 이득을 봤다. 반면에, 대부분 말을 소유하지 못한 힘없고 가난한 농민은 처지가 더 어려워졌다. 그들은 돈을 주고 말이나 종자 등을 빌려야 했으므로 부자들에게 경제적으로 의존하게 됐다. 가난한 농민은 갈수록 조그만 땅뙈기조차 잃고 농업 노동자로 전락했다.

레닌은 농민에게 일정한 한계를 부과하려 했지만 농민은 그 한계를 뛰어넘었다. 신경제정책이 처음 실시됐을 때는, 상업을 지역 시장에 국한하고 농업과 공업 간의 현물 교환으로 제한하려 했다. 그러나 그런 제한은 지켜지지 않았다. 오히려 상업은 널리 자유롭게 발전했다. 레닌은 이 점에서 패배를 시인하고 1921년 10월 29일 다음과 같이 말했다.

우리의 의도는 '상품 교환'을 활성화하는 것이었습니다. 이 말은 무슨 뜻이었습니까? … 그것은 거의 사회주의적 방식으로 전국에서 공산품과 농산물을 교환하는 것, 그리고 이런 상품 교환을 통해 사회주의 조직의 유일한 토대인 대규모 공업을 복구하는 것을 뜻했습니다. 그러나 실상은 어땠습니까?

… 이 상품 교환 체계는 무너졌습니다. 그것은 매매의 형태를 띠었다는 의미에서 무너졌습니다. … 상품 교환은 아무 성과도 없었습니다. 사적 시장은 너무 강력하다는 사실이 드러났고, 우리가 얻은 것은 상품 교환이 아니라 보통의 매매, 상업입니다.[18]

부농, 즉 쿨락은 네프맨, 즉 신흥 상인들과 연계돼 있었다. 1922년에는 전체 소매업의 78퍼센트를 이 사적 상인들이 장악하고 있었다. 네프맨들은 국유화된 공장과 국가기관의 중개상인이 되기도 했다. 그들은 또, 협동조합으로도 파고들었다. 그래서 일부 협동조합은 사적 상업회사의 허울에 불과했다.

1922~23년에는 심지어 소비자 협동조합들조차 그들의 도시 가게에 공급하는 품목의 거의 3분의 1을 사적 상인들을 통해 구입했다. 당시 전체 소매점(일반 상점뿐 아니라 노점이나 가판대도 포함해서)의 약 10분의 9가 사적 점포였고, 소매업 매출액의 4분의 3은 사적 상인이 차지한 것으로 추산됐다.[19]

1924년 1월 제13차 당 협의회에서 프레오브라젠스키는 전년도 상공업 순이윤의 3분의 1에서 2분의 1을 네프맨, 즉 자본가들이 가져간 것으로 추산했다. 그는 네프맨이 농민에게 미치는 영향을 강화하고 농민과 경제적 동맹을 구축해서 사회주의화 흐름을 저지할 것인가 아니면 노동자 국가가 충분히 강력해져서 그들의 동맹을 깨뜨리고 네프맨을 국가 산업에 종속된 중개상인으로 변모시킬 것인가가 긴급한 문제라고 봤다.[20]

레닌은 신경제정책이 단지 국가 부문과 사적 부문의 협력만이 아니라 **경쟁과 투쟁**도 뜻한다고 생각했다. 협력과 투쟁은 변증법적으로 통일돼야 했다. 즉, 국가는 사적 부문을 억제하는 동시에 국가 부문을 보호하고 확대해야 했다. 혼합경제에서는 사적 부문이 국가 부문에 종속돼야지 그 반대여서는 안 된다. 신경제정책 하에서 계획적인 국가 부문은 그 경쟁 상대, 즉 상품을 생산하는 사적 부문에 대한 통제를 확대하고 강화하려 해야 하는데, 그러면 당연히 사적 부문은 그런 침입에 저항하면서 거의 정상적인 '자유' 시장 경제를 위해 분투할 것이다. 레닌은 신경제정책에서 "자본주의와 공산주의 사이의 목숨을 건 필사적 투쟁"을 봤다.

후퇴하는 프롤레타리아

신경제정책이 농민과의 타협을 뜻한다는 것은 처음부터 분명했다. 그러나 프롤레타리아에게, 즉 프롤레타리아의 경제적·사회적·정치적 힘과 관련해서 무엇을 뜻하는지는 별로 분명하지 않았다. 사실, 신경제정책의 효과는 매우 광범했다. 농민에 대한 양보는 프롤레타리아의 희생을 대가로 이뤄진 것이었다.

레닌이 "상업 원리로의 전환"이라고 부른 호즈라쇼트(Khozraschyot, '원가계산' 또는 '회계' 원리)의 도입은 신경제정책의 필연적 요소였다. 그 직접적 결과 하나는 산업체 경영진이 노동자들을 해고하기 시작했다는 것이다.

> 불필요한 직원들을 해고하는 속도는 갈수록 빨라졌다. 철도 노동자 수는 1921년 여름 124만 명에서 1922년 여름 72만 명으로 감소했다. 주요 섬유 공장 한 곳에서는 1920~21년에 방추 1000개당 노동자·피고용자 수가 30명이었는데 1년 후에는 14명으로 급감했다.[21]

다음 표가 보여 주듯이, 실업자가 된 노동자의 수가 가파르게 증가했다.[22]

1922년 1월	1923년 1월	1924년 1월
175,000명	625,000명	1,240,000명

이런 수치는 별로 심각하게 보이지 않을 수도 있다. 어쨌든, 당시 영국의 실업자도 대략 비슷한 규모였고 영국은 인구가 더 적은 나라였으니까 말이다. 그러나 이것은 그릇된 생각이다. 러시아 인구의 압도 다수는 농민이었다. 취업 노동자의 비율을 감안할 때, 124만 명은 사실 매우 많은 수치였다. 1924년에 '노동자와 피고용자'는 겨우 850만 명이었는데, 이것은 1913년보다 더 적은 수였다.

노동자들을 괴롭힌 것은 실업이라는 재앙만이 아니었다. 또 다른 채찍이 산업 노동자들을 후려갈겼는데, 바로 '적색 경영자'였다. 신경제정책으로 말미암아 '적색 경영자'의 힘이 매우 강해졌다. 점차 옛 경영신 출신이 '적색 경영자'가 됐고, 그들은 점차 당의 고위층으로 통합됐다.

1923년 후반에 주요 트러스트와 신디케이트에서 취합된 통계 자료들을 보면, 1922년에는 경영진의 65퍼센트가 공식적 '노동자'로 분류되고 35퍼센트가 '비노동자'(그중에 당원은 겨우 7명당 1명꼴이었다)로 분류됐으나 1년 뒤에는 이 비율이 거의 정확히 뒤집어져서 경영진의 36퍼센트만이 '노동자'이고 64퍼센트는 '비노동자'였으며 그중에 거의 절반이 당원이었다. 따라서 두 가지 중요한 과정이 진행되고 있었다. 첫째, 산업체 경영권이 다시 옛 부르주아 경영자들과 전문가들의 손으로 넘어가고 있었다. 둘째, 그들 중에서 당원이 돼 지위와 미래를 보장받는 자들이 늘어나고 있었다.[23]

경영자들은 노동자들을 점점 더 강압적으로 대했다. 1922년 8월 노동조합 기관지 〈트루드〉는 경영자들의 새로운 '공동전선'을 강력하게 비판하는 기사를 실었다. 경영자들이 "노동조합의 구실을 축소"하려 하는데, 특히 고용계약 체결이나 노동자 해고 과정에서 노동조합이 하는 구실을 축소하려 하고, "채용과 해고에서 '자유 거래'"를 원한다는 것이었다. 그 기사는 다음과 같은 수사의문문으로 끝맺었다. "지금까지 우리 경영자들은 규율 있고 조직된 노동조합원들보다 미조직 노동자들을 선호하는 '장인' 노릇을 해 왔단 말인가?"

며칠 뒤 또 다른 기사에서는 새 경영자들이 과거의 노사 관계로 되돌아가는 추세를 진단했다. "우리 경영자들은, 심지어 최상의 경영자들조차 놀랄 만큼 신속하게 옛 자본가들의 태도와 방식을 채택하고 있다." 〈트루드〉는 적색 기업인을 묘사하는 만평도 실었는데, 소비에트 예술에서 흔히 자본가의 속성으로 묘사되는 특징들을 한 몸에 보여 주는 듯한 적색 기업인이 시가를 입에 문 채 노동자가 끄는 마차에 앉아서 '노동법' 때문에 산업이 되살아나지 않고 있다고 불평하는 그림이었다.[24]

노동자들의 임금은 어떻게 됐는가? 1923년에 노동자들의 실질소득은 여전히 1913년 수준의 절반에 불과했다. 다음 표는 불변가격으로 표시한 노동자 평균임금이다.[25]

연도	월급(단위: 루블)	시급(단위: 코페이카)
1913	30.49	14.2
1920~21	10.15	5.4
1921~22	12.15	7.3
1922~23	15.88	8.9

1923년 적색 경영자들은 노동자의 임금을 삭감하는 공세에 나섰다. 1923년 3월 11일치 〈트루드〉의 주요 기사 제목은 "그러나 임금은 떨어지고 있다"였다. 그 기사는 [1922년] 12월 이후 임금이 전반적으로 하락하고 있다고 진단하고, "기업인들이 점진적 임금 인하 작전"을 펴고 있지만 '일부' 노동조합은 수동적 태도만 취한다고 불평했다. 12차 당대회 직전인 1923년 4월 14일 노동조합 중앙평의회에서 채택된 결의문은 "실질임금이 떨어지고 있다"는 사실을 인정하며 임금 하락을 막을 대책을 요구했다.[26]

경영자들의 책략 하나는 루블화 가치 저하에 따른 이득을 노리고 임금 지급을 미루는 것이었다. 이미 1921~22년 겨울에 임금 체불에 대한 불평이 터져 나왔다. 특히, 중앙에서 멀리 떨어진 지역들에서 그랬다. 통화가치가 한 달에 30퍼센트씩 떨어지는 일이 잦았으므로 노동자들의 손실은 심각했다. 예컨대, 돈 지방의 노동자들은 1922년의 마지막 3개월 동안 통화가치 하락 때문에 실질임금이 34퍼센트, 23퍼센트, 32퍼센트 잇따라 감소했다. 1923년 1월에 노동조합 신문은 다음과 같이 주장했다. "임금을 두세 달씩 체불하는 경우가 점점 더 일상사가 되고 있다."[27]

신경제정책은 또, 많은 폐습의 원인이 되기도 했다. 연고주의가 만연해서, 취업 희망자는 현장감독이나 관리자를 한 명이라도 알아야만 일자리를 구할 수 있었다.[28] 노동조합 지도자 톰스키는 "어쩌다 우리 국가기구 안에 부당 해고, 아첨, 노예 근성, 줄서기 따위가 생겨났는가?" 하고 개탄했다.[29]

E H 카는 당시 상황을 다음과 같이 요약했다.

1923년에 산업 노동자의 생활수준은 가혹한 전시공산주의 시절보다는 높아졌다. 그러나 혁명 이후 산업 노동자가 그토록 노골적으로 차별 대우를 받은 적은 없었다. 또, 산업 노동자의 이름으로 통치한다고 자처하는 정권에 대한 산업 노동자의 불만과 반감이 그토록 크고 정당했던 적도 없었다.[30]

신경제정책 시기 노동조합의 구실

1922년 1월 초 레닌은 "신경제정책 시기 노동조합의 구실과 기능에 관한 테제 초안"을 작성해서 중앙위원회에 제출했다. 이 결의안은 노동조합이 경영진에 맞서 노동자들을 옹호하는 방어 조직 구실을 해야 한다고 강조했다.

이제부터 노동조합이 직면할 주요 과제 하나는 자본에 대항하는 투쟁에서 프롤레타리아의 계급 이익을 철저하게 보호하는 것이다. 이 과제는 공공연하게 전면에 제기돼야 하고, 노동조합의 기구들은 이 과제에 맞게 개편·변경되거나 보완돼야 한다. 즉, 파업 기금 등이 조성돼야, 아니 확충돼야 한다.

노동조합의 새로운 구실이 특히 필요한 이유는, 신경제정책 시기에는 산업이 자본주의의 호즈라쇼트 원칙에 따라 운영될 수밖에 없기 때문이다.

국영기업의 이른바 영리 체제 전환은 필연적으로 그리고 떼려야 뗄 수 없게 신경제정책과 연결돼 있다. 머지않아 이것이 국영기업의 유일한 형태는 아니더라도 우세한 형태가 될 것이다. … 이런 상황에서는, 노동생산성을 향상시키고 모든 국영기업의 수지 균형을 맞추고 수익성을 확보해야 하기 때문에, 그리고 협소한 부문적 이해관계와 과도한 부문적 열정이 증대할 수밖에 없기 때문에, 한편으로는 노동자 대중과 국영기업 관리자·책임자 사이에, 다른 한편으로는 노동자 대중과 국영기업을 관할하는 정부 부처 사이에 이해관계 충돌이 나타날 수밖에 없다. 그러므로 국영기업에서도 노동조합의 분명한 의무는 사용자에 맞서 프롤레타리아와 노동 대중의 계급 이익을 보호하는 것이다. …

계급이 존재하는 한, 계급투쟁은 불가피하다. … 따라서 지금 우리는 결코 파업 투쟁이라는 생각을 포기할 수 없고, 국가의 강제 조정으로 파업을 대체하는 법률을 원칙적으로 인정할 수도 없다.[31]

이런 주장에 따라, 제5차 노동조합 대회(1922년)에서 노동 인민위원 시미트는 다음과 같이 선언했다. 신경제정책 시기에 "노동조합은 활동의 무게중심을 조합원 이익 방어 쪽으로 옮겨야 한다."[32]

그러나 신경제정책 시기에 노동조합은 레닌의 생각과는 사뭇 다르게 발전했다. 신경제정책 때문에 노동조합은 그 중요성을 내부분 상실했다. 전시공산주의 시기에 노동조합은 그 자체로 필수적이었을 뿐 아니라 국가와 협력해서 산업을 관리하는 데서도 필수적이었다. 노동조합은 노동인민위원회와, 그리고 최고국가경제위원회와 통합됐다. 그런데 신경제정책 시기에 노동조합은 경영진이 기업을 운영하는 데 개입할 권리를 박탈당했다.

1922년 3월 11차 당대회는 신경제정책이 노동조합에 뜻하는 바가 무엇인지를 분명히 밝혔다. 즉, 노동조합은 이제 기업 경영에서 아무 구실도 하지 못한다는 것이었다.

이제 위원회가 아니라 개인이 경영하는 체제가 확립돼야 했다. "권력 장악 후에 프롤레타리아의 주된 … 과제는 … 생산량을 늘리는 것이고 사회의 생산력을 … 발전시키는 것이다. … [그러려면 – 지은이] 공장의 경영진에게 모든 권한이 집중돼야 한다. … 그런 상황에서는 노동조합이 기업 경영에 직접 개입하는 것은 모두 무조건 해롭고 결코 용납될 수 없는 일로 여겨야 한다."

심지어 사기업에서도 노동조합은 경영에 개입할 권한이 없어졌다. "사기업이나 개인이 임대한 기업에서 노동조합은 생산을 통제하는 기능을 직접 맡아서는 안 된다."[33]

최저임금은 이제 전국 노동조합 중앙평의회가 아니라 노동인민위원회가 결정했다. 1922년 말에 노사분규 중재 권한이 노동인민위원회에 부여됐다. 소비에트 러시아의 노사 관계를 연구한 역사가 마거릿 듀어는 당시 상황을 다음과 같이 요약했다.

> 노동자들과 노동조합은 실제로 기업 통제권을 완전히 잃어버렸다. 그들이 내전기에 행사했던 그 통제권이 점차 확대되면 결국 자신들이 기업을 운영하게 될 거라고 기대했는데 말이다. 이제 노동자들과 노동조합은 생산계획의 결정 과정에 참여하지도 못한 채 단지 정부와 사기업 경영자가 결정한 생산계획을 집행하는 구실만 하게 됐다. 그들은 실업의 위협에 시달려야 했고, 임금 인상 투쟁이나 노동조건 개선 투쟁에서는 정치적 충성과 법률 때문에 불리한 처지에서 싸워야 했다.[34]

(게다가, 질병과 실업에 대비한 사회보험의 운영권도 노동조합에서 노동인민위원회로 넘어가 버렸다.)

노동조합은 노동자들의 요구에 어떻게 반응했는가? "임금 인상 요구는 노동조합 지도자들의 반대에 부딪히기 일쑤였다. 특히, 석탄·철강 등 국가의 재정 지원을 받는 기업들의 임금이 매우 낮았다."[35]

1922년 9월 제5차 노동조합 대회에서 채택된 결의문은 "임금률이 머지않아 전쟁 전의 최저 수준까지는 오를 수 있을 것이라는 환상을 버려야 한다"고 선언했다. 1923년 2월 25일치 〈트루드〉는 임금 인상을 모두 중단하기로 결정했다.

> 현재의 경제 상황 때문에 임금의 전반적 인상은 불가능하다. … 노동조합이 지금 주의를 집중해야 할 일은 현재의 임금 수준을 유지하는 것과 미래의 합의에서 실질임금 삭감을 허용하지 않는 것이다.[36]

노동자들의 좌절감은 노동조합원 수 감소로 나타났다. 1921년 7월부터 이듬해 8월까지 노동자의 50퍼센트 이상이 노동조합을 탈퇴했다.[37] 노동자들의 좌절감은 1923년 7~9월에 분출한 수많은 비공인 파업으로도 나타났다. 당시 상황이 얼마나 심각했는지는 1923년 12월 2일 스탈린이 다음과 같이 연설한 것을 봐도 알 수 있다. "당내 정책 문제가 현 시기에, 올해 가을에 그토록 첨예해진 이유는 무엇입니까? 이것을 어떻게 설명해야 합니까?" 그의 설명은 이랬다. "올해 8월 임금에 대한 불만과 파업의 물결이 공화국의 특정 지역들을 휩쓸었습니다. 그러나 사실은 이 파업 물결 때문에 우리 조직들의 약점이 드러났습니다. 즉, 우리 조직들이(당과 노동조합 모두) 공장에서 일어나는 사건들과 동떨어져 고립돼 있음이 드러난 것입니다."[38]

노동자들이 불만을 알리고자 파업 위협이라도 하면 노동조합 규율 위반이라는 딱지가 붙었고, 주동자들은 노조 제명이라는 징계를 받았다. 그러면 자동으로 공장에서 해고될 뿐 아니라 다른 일자리도 구할 수 없었다. 따라서 실제로는 노동조합 대표와 공장위원회가 흔히 경영자나 경찰과 협력해서 노동자들의 규율을 유지하고 파업을 예방하고 소요를 억제했다. 만약 조업 중단 사태가 벌어지면, 경영진의 요청과 노동조합의 명시적 또는 암묵적 동의 하에 보안경찰이 즉시 개입해서 '주모자'와 '선동가'를 체포했다. 노동자들의 항의와 시위는 가차없이 탄압받았다. 파업 소식을 자유롭게 보도할 수 있었던 1923년 상반기에 〈트루드〉에는 파업 노동자들이 노조에서 제명당했다는 소식이 자주 실렸다.[39]

당과 국가의 지도부에 완전히 종속된 노동조합 지도자들은 노동자들을 방어하지 않았고, 점차 경영진과 협력해서 노동자들을 단속했다.

"1923년 말에 러시아 프롤레타리아는 고립 분산되고, 무시당하고, 질적·양적 퇴보의 오랜 과정을 겪고 있어서 그 위신과 영향력이 완전히 바닥난 것처럼 보였다."[40]

특권의 남용

3권 13장에서 봤듯이, 전시공산주의 시기에는 부패한 특권층이 자신의 부富를 몰래 숨겨야 했다. 당시 널리 퍼진 사회윤리로 보면, 부는 남몰래 혼자서만 먹을 수 있는 훔친 과일 같은 것이었다.

신경제정책과 함께 상황은 급변했다. 불평등이 널리 퍼졌다. 부와 사치는 정당한 것이 됐다. 더는 부를 숨길 필요가 없어졌다. 교양은 없어도 지갑은 두둑한 벼락부자들은 돈을 물 쓰듯 했다. 앞으로 얼마나 더 오래 자유롭게 돈을 벌 수 있을지 모르는 상황에서 투기 열풍이 몰아치자, "즐길 수 있을 때 즐겨라"가 네프맨과 쿨락의 모토가 됐다. 그들은 정신없이 돈을 모았고, 그 돈을 흥청망청 써 댔다. 도처에서 부와 사치를 과시하는 행태가 넘쳐났다.

당시의 소비에트 소설들은 신경제정책에 대한 혁명가들의 환멸이나 부와 특권의 확산 현상을 자주 다뤘다. 예컨대, 레오니드 레오노프가 쓴 소설 《도적》의 주인공 미트카 베크신은 금속 노동자이자 당원으로서 10월 혁명에 적극 참여했고, 길고 격렬한 내전 시기에는 붉은 기병대의 공산 당원으로서 영웅적 활약을 했던 인물이다. "그는 마치 목숨이 열두 개라도 되는 양 연대를 지휘했고, 실제로 전투가 벌어지면 마치 열두 명의 베크신이 싸우는 것처럼 보였다." 그러나 신경제정책이 실시되자 베크신은 엄청나게 실망했다.

광장에 있는 상점들은 재빨리 수리됐고, 유흥업소에도 불빛이 켜졌으며 웃음소리도 더 자주 들렸다. 제대한 혁명군 병사들은 상점 진열장을 뚫한 표정으로 경멸스럽다는 듯이 바라봤다. 엊그제까지만 해도 총탄 세례를 받았던 그곳이 이제는 더욱 더 사치스럽게 반짝이고 있었다. 그러나 오늘 이 상점 진열장은 배고픔, 두려움, 놀라움만을 불러일으켰다.

한 가지 사건이 베크신을 완전히 비통하게 만들었다. 그가 식료품점 앞에 서 있을 때였다.

그날은 찌는 듯이 더웠고, 상점 진열장에는 머리 없는 철갑상어 몸통에서 기름이 뚝뚝 떨어지고 있었다. 베크신은 배가 고팠다. 우아하게 차려입은 여자가 상점 안으로 들여가려 했다. 베크신은 그 여자를 위해 문을 열어 주려고 정중하게 손을 뻗었다. 그러나 베크신의 행동을 오해한 그 여자는 문고리를 잡고 있는 베크신의 손을 장갑으로 탁 쳤다. 베크신이 황급히 손을 빼지 않았다면, 그 여자는 다시 쳤을 것이다.

베크신의 과거 영광을 지켜봤고 오늘은 그의 굴욕을 목격한 스나카 바브킨 [베크신의 동료 — 지은이]은 절망하는 베크신의 얼굴 표정을 보고 몸이 얼어붙는 듯했다. 그 사이에 관리의 부인인 여자는 상점 안으로 들어갔다.

그날 밤 베크신은 술에 잔뜩 취했다. 도시 변두리에 있는 도적 소굴에서 그는 썩은 냄새가 나는 쓰고 독한 술을 벌컥벌컥 들이켰다.

그래서 미트카 베크신은 도적이 되고 범죄 집단의 우두머리가 됐다.

그의 이웃집에는 하급 관료 표트르 고르비도니치 치켈료프가 살았는데, 미납금 받아 내는 일을 하는 치켈료프의 삶은 베크신과 대조적이었다.

직장에서 치켈료프가 상사들에게 인정받을 수 있었던 것은 오로지 힘들고 고된 노력 덕분이었다. 물론 상관들은 어떻게든 미납금을 받아 내는 치켈료프의 수완을 높이 평가했다. 그는 흔히 우스개 소리로 "나는 돌에서도 돈을 짜낼 수 있다"고 떠벌렸다. 그의 외투 가슴팍에는 항상 위신의 징표로서 금속 훈장이 주렁주렁 매달려 있었다. 치켈료프는 매일 밤 정치학 교재를 몇 줄이라도 읽고 외우면서, 그것이 승진에 도움이 되기를 바랐다. 그는 약삭빠르고 치밀했으며, 낡은 사회에서 혼자 힘으로 그럭저럭 작은 성공을 거뒀듯이(치켈료프는 과거에 안나기사단 훈장도 받을 뻔했지만 혁명 때문에 받지 못했다) 새 사회에서도 그랬다. 이제 그는 주택위원회 위원장이 됐는데, 이것은 보잘것없는 사람에게는 대단한 지위였다. 그리고 아직도 그에게는 더 높은 경력을 쌓을 가능성이 있었다.[41]

어느 미국인 기자의 회고록에는 당시의 사회적 부패를 보여 주는 증거가 많이 나오는데, 비록 그의 정치적 식견은 형편없지만 1920년대 초의 러시아 생활을 묘사한 르포는 탁월하다. 그는 신경제정책 시기 모스크바 특권층의 삶을 '달콤한 생활'로 묘사했다. 프랑스산·독일산 샴페인과 고급 포도주, 50년 묵은 코냑, 향기 좋은 커피, 닭고기를 비롯한 갖가지 육류, 신선한 캐비아부터 설탕과 복숭아까지 모든 것을 즐길 수 있었다. 그들은 달콤한 쾌락에 흠뻑 빠져, "오랫동안 누릴 수 없었던 삶의 기쁨을 만끽"하려 했다.

세계 최초의 프롤레타리아 공화국 한복판에 이 프라가*가 있다니, 정말 기묘한 광경이었다. 프라가를 드나드는 사람들은 대부분 호황 때의 전형적 인물들, 즉 자칼처럼 부자들 주위를 어슬렁거리는 하층민들이었지만 … 낡은 브로드** 정장을 차려입은 옛 귀족들과 … 모스크바의 환락가를 찾거나 도박판의 판돈을 노리는 … 적군赤軍 병사들도 있었다. 또, 아주 소수지만 외국인, '해결사', 첩자 그리고 레닌의 새로운 양보 정책에 끌린 10여 개 대기업의 직원들도 있었다. 그들은 러시아가 다시 외국의 말벌들에게 달콤한 꿀단지가 됐다는 말이 사실인지를 확인하기에 급급했다. 그리고 온갖 부류의 여성들 … 주로 신경제정책 덕분에 급증한 기쁨의 딸들이 … 참새처럼 … 시끄럽게 떠들어 댔다. 나중에는 새로운 부당이득자, 즉 네프맨의 부인과 가족도 늘어났다. 그들은 굵은 손가락에 보석 반지를 끼고 있었다.[42]

---

* 당시 모스크바에서 가장 큰 도박장.
** 직물의 하나. 면사 따위를 평직으로 짠 것으로, 촘촘하고 광택이 있다.

그 미국인 기자는 또 다른 곳, 즉 "사보이 호텔에서 멀지 않은 곳에 있는 '바'라는 레스토랑"을 다음과 같이 묘사했다.

1922년 가을 무렵 '바'는 멋진 레스토랑이자 나이트클럽이자 성매매 업소로 번창하고 있었다. 그해에 포도주와 맥주 판매가 법적으로 허용됐지만, '바'에서는 보드카와 위스키도 팔았다. 그해 겨울에는 단골 고객들에게 꽤 비싼 가격으로 코카인과 헤로인을 팔기도 했다. 1923년 봄에 '바'는 즐거운 작은 지옥이었다. … 트루브니 광장 근처의 … 홍등가도 '바'에는 못 미쳤다. 비록 홍등가가 더 노골적이고 호화롭고 잘 '보호받고' 수익성도 높았지만 말이다. … 대형 공동주택의 … 복도 벽에는 … 작은 방들의 호실 번호와 사람 이름 옆에 거의 옷을 걸치지 않은 세입자 사진이 붙어 있었다.[43]

1921년에 일랴 예렌부르크는 냉소주의를 노골적으로 드러내며 다음과 같이 썼다. "프랑스인들은 감옥 벽에 자유-평등-우애를 써 놓았다. 러시아에서는 투기꾼과 청부업자의 주머니를 가득 채운 1만 루블짜리 채권에 '만국의 노동자여, 단결하라!'는 혁명적 구호가 쓰여 있다."[44]

여성이 완전히 타락해서 돈 가진 남성에게 몸을 파는 성매매가 사창가와 술집에서 나타났을 뿐 아니라 당시 소비에트 문학작품도 성매매를 흔한 일로 묘사했다. 예컨대, 이사크 바벨은 《나의 첫 봉사료》(1922), 《중국인》(1923), 《창살 틈으로》(1923) 같은 많은 소설에서 성매매를 다뤘다.

사회가 더러운 진창으로 가라앉고 있었다.

얼마나 오래 후퇴할까? 신경제정책은 얼마나 오래갈까?

전시공산주의가 끝난 후 레닌이 이런 물음에 분명하고 단호하게 답변하지 못했음을 보여 주는 증거들이 있다. 그는 서로 다른 모순된 답변을 많이 했다. 그는 후퇴를 언제 멈출 수 있을지를 알려 줄 경험을 더듬더듬 찾고 있었다.

1921년 5월 새 노선을 당 활동가들에게 설명하려고 소집된 10차 당 협의회에서 레닌은 신경제정책이 "진지하게 오랫동안" 실행될 것이라고 주장했다.

> 이것은 장기적 정책이고 우리는 이 정책을 진지하게 채택하고 있습니다. 이 사실을 잘 이해하고 명심해야 합니다. 왜냐하면 쑥덕공론 때문에, 우리가 임시방편 정책, 다시 말해 정치적 속임수를 쓰고 있고 이 정책은 금방 끝날 것이라는 소문이 퍼지고 있기 때문입니다.[45]

협의회 결의문은 신경제정책이 "오랫동안 실행될 것"이고 "여러 해가 걸릴 것"이라고 설명했다.[46]

레닌은 1921년 6월 16일 제3차 전국 식량 협의회에서 연설할 때 "우리가 대규모 산업을 완전히 복구할 때까지" 신경제정책은 계속될 것이라고 말했다.[47]

그러나 1921년 7월 11일 연설에서는 신경제정책을 오래 지속할 의도는 없다고 말했다. "확신컨대, 우리가 더 신중하게 행동한다면, 제때 양보를 잘 한다면, 우리는 이 전쟁에서도 승리할 것입니다. 비록 이 전쟁이 3년 넘게 지속되더라도 말입니다."[48]

또, 1921년 11월 5일에 쓴 "금의 중요성"이라는 글에서는 "후퇴가 끝나

간다는 조짐들이 보인다. 즉, 너무 멀지 않은 미래에 이 후퇴를 멈출 수 있을 듯하다"고 썼다.[49] 그러나 12월 23일에는 신경제정책이 꽤 오랫동안 지속될 것이라고 말했다. "우리는 이 정책을 본격적으로 오랫동안 추진할 것입니다. 물론 … 영원히 추진하지는 않을 것입니다."[50]

미지의 영역을 개척해야 하는데 경험이 부족했다. 그래서 모순된 공식들이 나온 것이다. 그러나 이렇게 분명하지 않은 부분이 많았지만, 몇 가지 점은 명백하다. 레닌이 신경제정책을 "후퇴", "패배"라고 불렀다는 사실에서 분명히 알 수 있는 것은 첫째, 그가 신경제정책의 틀 내에서 후퇴를 최소화하려고 애썼다는 점이고 둘째, 신경제정책을 최대한 빨리 끝낼 방법을 찾고 있었다는 점이다.

1922년 3월 27일 11차 당대회에서 레닌은 생애 마지막 연설을 했다. 그 연설은 산만했다. 레닌은 "여러 가지 이유로, 주로 병 때문에" 보고할 내용을 잘 정리할 수 없었다며 산만한 연설을 하게 돼 죄송하다고 사과했다. 그러고 나서 다음과 같이 말했다.

> 중앙위원회가 승인한 제 계획에 따르면, 중앙위원회는 당대회에 제출할 보고서에서 이 후퇴의 중단을 매우 강조해야 하고, 당대회는 당 전체를 대신해서 구속력 있는 지침을 내려야 합니다. 1년 동안 우리는 계속 후퇴했습니다. 이제 우리는 당을 대신해서 후퇴의 중단을 요구해야 합니다.[51]

당대회 연설에 붙인 각주에서 레닌은 자신의 방침을 다음과 같이 요약했다. "후퇴의 중단. … 사적 자본에 대한 공세 준비. 이것이 우리의 표어다."[52]

후퇴에서 … 참패로?

레닌은 신경제정책으로 시작된 후퇴가 공산주의의 완전한 참패로 이어지지 않을까 점차 걱정했다. 11차 당대회에서 연설할 때는 신경제정책 도입 이후 국가와 당의 실패를 지적했다.

> 지난해에는 우리가 경제를 관리할 수 없다는 사실이 매우 분명히 드러났습니다. 그것이 근본적 교훈입니다. 올해 우리는 그 반대를 입증해야 합니다. 그러지 못하면 소비에트 권력은 살아남을 수 없을 것입니다.[53]
>
> 지난해에 우리는 비록 아주 작은 것들이긴 하지만 이런저런 성공을 거뒀습니다. 그러나 그것은 중요하지 않습니다.[54]

콜차크 정부에서* 장관을 지낸 옛 입헌민주당원 우스트랼로프는 프라하에서 발행된 잡지 《스메나 베흐》(목표의 변화)에서 "볼셰비키의 신경제정책이란 무엇인가? 진화인가 아니면 전술인가?" 하고 물었다. 당대회에서 레닌은 우스트랼로프의 질문이 다음과 같은 뜻이라고 말했다.

> "소비에트 정부는 어떤 종류의 국가를 건설하고 있는가? 공산주의자들은 자신들이 공산주의 국가를 건설하고 있다며, 새 정책은 전술 문제일 뿐이라고 단언한다. 볼셰비키는 당장 상황이 어려워서 사적 자본가들을 이용하고 있지만 나중에는 자신들이 우세해질 것이라고 주장한다. 볼셰비키가 뭐라고 말하든 그들의 자유다. 그러나 사실, 새 정책은 전술이 아니라 진화이

---

* 내전기에 시베리아에 세워졌던 백군 정부.

고 내적 쇄신이다. 따라서 볼셰비키는 평범한 부르주아 국가에 도달할 것이다. 그러므로 우리는 그들을 지지해야 한다. 역사는 기만적으로 전진하는 법이다."

레닌은 결코 근거 없는 낙관주의자가 아니었다. 역사는 우스트랼로프가 옳았음을 보여 줄지도 모른다.

우리는 우스트랼로프의 말대로 될 수도 있다는 것을 솔직하게 인정해야 합니다. 역사를 보면 온갖 종류의 변형이 있었습니다. 확고부동한 신념, 충성, 그 밖의 훌륭한 도덕적 자질에 의지하는 것은 결코 진지한 정치적 태도가 아닙니다. …
우리의 적은 계급적 진실을 말하고 있고 우리가 직면한 위험을 지적하고 있습니다. 그러면서 그 위험을 필연적인 것으로 만들려고 애쓰고 있습니다. 《스메나 베흐》 지지자들은 수많은 부르주아의 정서 또는 우리의 신경제정책을 집행할 임무를 맡은 소비에트 직원들의 정서를 표현하고 있습니다. 이것은 현실적이고 중대한 위험입니다. 그리고 바로 그 때문에 다음과 같은 질문에 우리의 주의를 집중해야 합니다. "누가 승리할 것인가?" … 이제 우리는 직접 공격에 시달리지 않습니다. … 오늘날 우리는 무장 공격을 받고 있지 않습니다. 그렇지만 자본주의 사회에 맞선 투쟁은 백배나 더 격렬해졌고 위험해졌습니다. 왜냐하면 우리가 항상 친구와 적을 잘 구별할 수 있는 것은 아니기 때문입니다.[55]

레닌의 마르크스주의는 결코 기계적이거나 숙명론적이지 않았다. 그래서 레닌은 프롤레타리아 독재가 이행기라는 것은 이 국면의 결과가 두 가지일 수 있다는 뜻이라고, 즉 프롤레타리아 독재는 사회주의로 전진하거나 아니면 자본주의로 되돌아갈 것이라고 봤다. 그리고 당의 정책이 그 결과를 좌우할 것이라고 생각했다.

신경제정책 시기에 관료화가 더 심해지다
11차 당대회에서 랴자노프는 다음과 같이 말했다.

우리 중앙위원회는 완전히 특별한 기구입니다. 흔히 영국 의회는 전능하다고들 합니다. 남자를 여자로 바꾸는 일 빼고는 뭐든지 할 수 있다고 말입니다. 그러나 우리 중앙위원회는 더 전능합니다. 매우 혁명적인 남성을 이미 노파로 만들어 버렸고, 이런 노파의 수를 엄청나게 늘려 놨으니 말입니다.[56]

그는 또 중앙위원회가 당 활동의 모든 측면에 개입하고 있다고 비난했다. V 코시오르는 정치국이나 조직국의 결정에 따라 지역의 당과 노동조합 지도자들이 제거된 사례를 많이 거론했다.

올해는 당 조직들 내부의 결속과 유대가 사라지고, 당과 노동 대중의 연계가 끊어졌을 뿐 아니라 노동 대중이 우리 당을 떠나고 있습니다. 많은 노동자가 당을 떠나고 있습니다. 이것을 어떻게 설명해야 합니까? 동지들, 이것은 '강압적 체제' 때문이라고 설명해야 합니다. 진정한 당 규율과는 아무 상관도 없는 이 강압적 체제가 우리 사이에서 자라나고 있습니다. 우리 당은 나무를 운반하고, 거리를 청소하고, 투표도 하지만, 어떤 문제도 결정하지 않습니다. … 그리 건강하지 않은 프롤레타리아가 이런 상황에 처해 있으니 도저히 견뎌 낼 재간이 없습니다.[57]

12차 당대회(1923년 4월)에서 프레오브라젠스키는 주州당 위원회 사무국장의 30퍼센트를 중앙위원회가 '추천했고,'[58] 따라서 모든 당직자의 선출 원칙을 어겼다고 불평했다. 1923년 부하린은 모스크바 당원들에게 연설할 때 지역 당 기구의 간부 임명 방식을 다음과 같이 묘사했다.

> 표결 방식은 대개 일정한 패턴이 있습니다. 그들이 회의에 와서 "반대하는 사람 있습니까?" 하고 묻습니다. 그러면 모든 사람이 이견을 말하기를 사실상 두려워하므로, 임명된 사람이 결국 세포국 간사가 됩니다. … 대다수 경우에 우리 당 조직들에서 실시되는 선거는 사실은 선거 시늉일 뿐입니다. 투표 전에 사전 토론도 없을뿐더러 투표 자체도 "반대하는 사람 있습니까?" 공식에 따라 진행되기 때문입니다. 그리고 '지도부'에 반대하는 발언은 모두 나쁜 일로 여겨지므로 문제는 저절로 해결됩니다. 이것이 바로 지역 세포들에서 이뤄지는 선거의 실상입니다.
> 이제 우리 당의 회의에 대해 얘기해 봅시다. 당의 회의는 어떻게 진행됩니까? 저도 모스크바에서 수많은 회의에 직접 참석해 봐서 우리 당 조직들에서 이른바 토론이 어떻게 진행되는지 알고 있습니다. 회의의 운영위원회 선출을 예로 들어 봅시다. 지구위원회의 위원 한 명이 후보 명부를 제출하고 나서 "반대하는 사람 있습니까?" 하고 묻습니다. 아무도 반대하지 않습니다. 그러면 문제는 해결된 것으로 여겨집니다. 운영위원회 선출이 끝난 것입니다. 그러면 똑같은 동지가 운영위원회가 만장일치로 선출됐다고 발표합니다.[59]

레닌은, 앞서 봤듯이 혁명 이후 그가 계속 씨름해 온 문제, 즉 부패한 관료 문제˙로 거듭거듭 되돌아갔다. 신경제정책 하에서 국가·당 관료와 네프맨·쿨락의 동맹은 프롤레타리아에게서 모든 힘을 빼앗아갈 수 있었다. 앞서 인용한 11차 당대회 연설에서 레닌은 다음과 같이 말했다.

> 지난 1년 동안 국가는 우리 수중에 있었습니다. 그러나 그 국가는 지난 1년 동안 우리가 원하는 대로 신경제정책을 운용했습니까? 아닙니다. … 실상은 어땠습니까? [국가]기구는 자신을 지도하는 손을 따르지 않았습니다. 그것은 마치 운전자가 원하는 방향이 아니라 다른 누군가가 원하는 방향으로 가고 있는 자동차와 비슷했습니다. 뭔가 신비하고 제멋대로 움직이는 손, 아무도 모르는 누군가의 손이 그 자동차를 몰고 있는 것처럼 말입니다. 아무도 모르는 그 손은 아마도 부당이득자의 손이거나 사적 자본가의 손이거나 둘 다의 손일 것입니다. 그것이 누구 손이든 간에, 그 차는 운전대를 잡은 사람이 원하는 방향이 아니라 전혀 엉뚱한 방향으로 나아가기 일쑤입니다.[60]
> 그렇다면 무엇이 부족한 걸까요? 분명히, 행정 기능을 담당하는 공산주의자들의 문화가 부족합니다. 예를 들어, 모스크바에는 4700명의 공산주의자가 책임 있는 지위를 맡고 있고, 저 어마어마한 관료 기구, 산더미처럼 거대한 저 기구가 우리 앞에 있습니다. 그렇다면, 우리는 누가 누구를 지도하고 있는지 물어야 합니다. 저는 공산주의자들이 저 거대한 기구를 지도하고 있다는 것이 참말인지 심히 의심스럽습니다. 솔직히 말하면, 공산주의자들은 지도하는 것이 아니라 지도받고 있습니다. 비유를 들어 말하면, 우리가 어렸을 때 역사 수업 시간에 배운 것과 비슷한 일이 지금 여기서 일어나고 있다

---

* 《레닌 평전 3》의 223~227쪽 참조. — 지은이.

고 할 수 있습니다. 즉, 한 나라가 다른 나라를 정복할 때 … 정복한 나라가 정복당한 나라보다 문화 수준이 더 높으면 그들은 자신의 문화를 정복당한 나라에 강요합니다. 그러나 반대의 경우라면, 정복당한 나라의 문화가 정복한 나라에 강요됩니다. 이와 비슷한 일이 러시아소비에트연방사회주의공화국RSFSR의 수도에서 일어난 것은 아닙니까? 4700명의 공산주의자가 … 낯선 문화의 영향을 받은 것은 아닙니까? … 저들의 문화는 보잘것없고 하찮은 것이지만 그래도 우리의 문화보다는 수준이 높습니다. 비록 보잘것없고 수준 낮은 문화지만 그래도 우리 책임 있는 공산주의자 행정가들의 문화보다는 수준이 높습니다.[61]

우스트랼로프의 말이 옳았을 수도 있다는 것이다.

10 독일 혁명의 패배

혁명적 상황

　러시아 프롤레타리아가 신경제정책 때문에 후퇴하고 있을 때 독일에서 새로운 혁명의 희망이 솟아났다. 만약 독일 노동계급이 혁명에 성공했다면, 러시아 프롤레타리아의 고립도 끝났을 것이고 국제 상황 전체가 완전히 바뀌었을 것이다.

　1923년 독일에서는 격렬한 계급투쟁이 벌어졌다. 그것은 심각한 위기의 결과였다. 위기의 직접 원인은 그해 1월 11일 독일의 전쟁 배상금 체불에 대한 보복으로 프랑스가 루르 지방을 점령한 것이었다. 이틀 뒤 독일 정부(보수파인 쿠노가 총리였다)는 루르 주민들에게 프랑스 점령 당국에 협력하지 말고 '소극적 저항'을 하라고 호소하는 담화문을 발표했다. 그러자 파업과 사보타주 등 독일인들의 저항이 증가했다. 프랑스의 루르 점령과 독일인들의 저항이 낳은 중요한 부산물이 독일의 천문학적 물가 폭등이었다. 다음 표는 미국 달러화 대비 독일 마르크화 환율이다.[1]

1923년 1월	17,920	1923년 8월	4,600,000
1923년 2월	20,000	1923년 9월	98,860,000
1923년 5월	48,000	1923년 10월	25,260,208,000
1923년 6월	110,000	1923년 11월	4,200,000,000,000
1923년 7월	349,000		

그 결과 노동 대중 전체가 절대 빈곤층이 됐고 프티부르주아지도 파탄 났다. 그러나 자본 소유자들은 순식간에 더 부유해졌고, 대규모 투기와 부패가 만연했고, 사회적 안전밸브가 모두 닫혀 버렸다. 매우 발전한 산업사회가 그토록 심각한 혼란에 빠진 적은 일찍이 없었다.

이런 상황에서 노동계급의 전통적 개혁주의 조직들은 무기력했다. 에벌린 앤더슨이라는 작가는 다음과 같이 썼다.

당시 … 사회민주당과 노동조합의 영향력은 쇠퇴하고 있었다. 비록 노동조합원 수는 그 어느 때보다 많았지만, 화폐가치 폭락 때문에 노동조합 기금은 쓸모가 없어졌다. 그래서 노동조합은 조합원들을 재정적으로 지원할 수도 없었고, 파업 지원 자금도 보내 줄 수 없었고, 심지어 노조 상근자 임금도 지급할 수 없었다. 또, 명목 임금과 봉급이 아무 의미도 없는 상황에서는 정상적 노조 활동도 완전히 불가능했다.[2]

피에르 브루에는 독일 혁명의 역사를 다룬 걸작 《1917~23년 독일 혁명》에서 다음과 같이 썼다.

사회민주주의의 전통적 노동조합 관행은 아무 의미가 없어졌다. 노동조합운동은 무기력했고, 단체협약은 웃음거리가 됐다. 노동자들은 노동조합을 떠났고, 흔히 노조의 수동성을 비난하며 분노를 터뜨렸고 심지어 노조를 위기의 공범으로 몰아붙이기도 했다. 노조 기구와 사회민주당의 붕괴와 함께 국가기구도 붕괴했다. 소유·질서·준법 개념은 어떻게 됐는가? 그토록 심각한 위기 상황에서 의회제, 투표권, 보통선거권에 대한 지지를 어떻게 정당화할 수 있겠는가? 경찰과 군대도 감염됐다. 세계 전체가 무너져 내리고 있었다.[3]

5월 이후 전국에서 대규모 파업들이 자발적으로 벌어졌다. 노조 지도자들은 파업을 비난했고 사회민주당은 파업을 반대했다. 투쟁을 이끄는 공장위원회들의 권위가 엄청나게 높아졌다. 공장위원회들이 모여서 만든 전국 실행위원회가 노동자들의 대안적 지도부 구실을 하기 시작하며, 노조 지도자들의 만만찮은 대항 세력으로 떠올랐다.

6월 16일 실행위원회 의장 그로테가 공장위원회 이름으로 노동자·종업원·공무원·지식인에게 보내는 중대한 호소문을 발표했다. 그는 독일 사회를 위협하는 재앙을 묘사하며, 노동자들이 자본주의 체제를 제거해야 그 재앙을 막을 수 있다고 거듭 강조했다.

> 오직 공동의 투쟁만이, 오직 계급투쟁만이 여러분에게 필요한 것을 줄 수 있고 여러분의 생존을 보장할 수 있습니다. 노동자들이 움직이고 있습니다. 그런데 지금 노동조합들은 이 [투쟁의] 홍수를 막고 차단하려 합니다. 따라서 공장위원회가 중요한 과제들을 떠맡고 주도력을 발휘해야 합니다.

그로테는 공장위원회들에게 향후 투쟁에서 노동 대중에게 "목표와 지도력"을 제공할 조직을 지역과 기층에서 건설하라고 호소했다. 물가 통제 위원회와 노동자 방어 조직(노동자 백인대百人隊)이 필요한데, 그런 조직들은 공장위원회와 함께 노동자 정부의 토대가 될 것이고, 오로지 노동자 정부만이 이 위기를 극복할 수 있을 것이라는 주장이었다.

파업과 시위가 잇따랐다. 6월 2일에는 바우첸에서, 6월 7일에는 드레스덴과 라이프치히에서 노동자들이 시위를 벌였다. 그날 슐레지엔 북부에서는 광원과 금속 노동자 10만여 명이 파업을 벌이고 있었는데, 선출된 파업위원회의 지도부 26명 가운데 6명이 공산당원이었다. 6월 11일에는 슐레지엔의 농업 노동자 10만 명이 역사적으로 전례 없는 파업을 시작했고, 곧바로 브란덴부르크에서는 일용 노동자 1만 명이 파업을 벌였다. 그날은 또, 엠덴·브레멘·함부르크·뤼베크에서 상선 선원들의 파업도 시작됐는데, 이 파업을 주도한 선원연맹은 공산당 계열의 프로핀테른, 즉 적색노동조합인터내셔널 소속이었다.

베를린에서는 금속 노동자들이 행동에 나섰다. 베를린과 근교의 금속 노동자 25만 명 가운데 15만 3000명이 노동조합으로 조직돼 있었다. 처음에 노동자들은 노동조합에 압력을 가해 파업 찬반 투표를 실시하게 했다. 결과는 압도적 찬성이었다. 그러자 노동조합은 비조합원도 참여할 수 있는 2차 찬반 투표를 조직했다. 파업 찬성률이 더 높았다. 결국 60개 대기업의 노동자들이 파업을 실시하기로 결정하자 사용자들은 즉시 협상에 나섰다. 7월 10일 금속 노동자 15만 명이 파업을 벌였고 많은 공장에서 노조 지도부가 날아갔다. 같은 날 사용자들은 임금 인상에 합의했다. 6월 둘째 주에 9800마르크였던 임금을 7월 첫째 주 1만 2000마르크로 인상한다는 데 동의한 것이다. 합의문에는 물가 인상에 따른 임금 손실을 보전하기 위해 가격지수를 산정할 평가위원회를 구성한다는 조항도 포함돼 있었다. 이런 일이 확산될까 봐 두려워한 사용자들의 요청으로 이 조항은 비밀에 부쳐졌다. 그러나 어쨌든 협상 결과는 분명했다. 6월

10일 이후 금속 노동자들의 임금은 6월 3일 노동조합이 요구했다가 거부당한 액수보다 38퍼센트 더 올랐으니 말이다. 곧이어 건설 노동자들이 파업에 돌입했고, 수도의 목공들이 그 뒤를 따랐다. 어디서나 공산당원들은 파업을 시작할 때 그리고 파업을 끝내고 작업에 복귀할 때 선두에 서 있었다. 또, 공산당원들이 흔히 다수를 차지했던 노동조합 집회에서 뿐 아니라 그들이 노조 지도부에 압력을 가해 소집하게 만든 '노동자 의회'(모든 노동자에게 개방된 집회)에서도 주도적 구실을 했다.[4]

처음으로(그리고 역사가 보여 주듯이, 마지막으로) 독일 공산당은 독일 프롤레타리아의 다수에게 영향을 미치고 있었다. 한 역사가는 다음과 같이 썼다. "1923년 여름에 독일 공산당은 분명히 독일 프롤레타리아 다수의 지지를 받고 있었다."[5]

따라서 약 5년 사이에(1918년 12월부터 1923년 여름까지) 독일 공산당은 노동계급의 극소수를 대변하던 당에서 계급의 다수에게 영향을 미치는 대중정당으로 성장한 것이다.

거리의 소요

"식량 폭동이 흔한 일이 됐다. 베를린, 드레스덴, 프랑크푸르트암마인, 만하임, 쾰른에서 그랬다."[6] 독일의 부르주아 국가기구는 엄청난 압력에 시달렸다.

이렇게 경제생활이 파탄 나자 바이마르공화국의 법질서도 위태로워졌다. 공무원과 국가를 연결하던 끈이 끊어졌다. 공무원의 적은 봉급으로는 생필품을 구하기도 힘들었다. 공무원들은 방향타 없는 배에 타고 있는 듯하다고 느꼈다. 경찰도 폭도에게 공감했다. 그래서 굶주린 시위대를 진압할 투지를 잃었고, 전국에서 우후죽순처럼 생겨나는 사보타주 집단과 비밀 군사 조직들을 눈감아 줬다. 함부르크에서는 긴장이 어찌나 첨예했던지 굶주린 대중이 식료품을 약탈하는 것을 보고도 경찰이 감히 개입하지 못했다. 8월에 함부르크 항구에서는 항만 노동자들의 대규모 시위가 폭동으로 이어졌다. [함부르크의 공산당 지도자는 ─ 지은이] 다음과 같이 썼다. "경찰의 일부도 믿을 수 없어 보였다. 그들도 노동계급에게 동조하고 있었다."[7]

8월 8일쯤 사태는 중대 국면에 이르렀다. 총리 쿠노는 제국의회에서 자신의 정책을 정당화하는 연설을 장황하게 늘어놨다. 논쟁은 이튿날까지 이어졌다. 그러자 노동자 대표들이 제국의회를 둘러쌌다. 그들은 의사당 안으로 들어가려 했으나 거절당했다. 논쟁은 8월 10일 정부 신임투표와 함께 끝났다. 사회민주당은 기권했고, 공산당은 반대표를 던졌다. 공산당 [국회의원] 빌헬름 쾨넨은 의회에서 독일 노동자들을 향해 연설하며 "노동자들의 대중운동은 의회를 뛰어넘어 혁명적 노동자 정부를 구성하는 데까지 나아가야 합니다" 하고 주장했다. 파업 운동에 탄력이 붙었다. 베를린의 시가전차 노동자들이 파업을 벌였다. 그 직후 공산당원 세포의 호소에 따라 인쇄 노동자들이 파업에 들어갔다. 그 파업에는 조폐국 노동자 8000명도 동참했다. 그러자 지폐 발행이 중단됐고, 몇 시간 만에 정부는 돈이 바닥나고 말았다. 이어서 지멘스와 보르지크 같은 대기업 노동자들이 파업에 돌입했다. 베를린에서 파업을 벌이던 11개 기업 노동자들은 공산당이 요구한 쿠노 총리 사퇴와 노동자 정부 구성도 함께 제기했다. 도시의 교통은 완전히 마비됐고, 전기와 가스도 끊겼다. 함부르크에서는 건설공사가 모두 중단됐고, 크레펠트와 아헨에서는 노동자 시위를 경찰이 진압하는 과정에서 몇 사람이 죽었다. 정오에 발행된 신문들은 중앙은행이 지폐 부족 때문에 곧 문을 닫을 것이라고 보도했다.[8]

8월 11일 서둘러 소집된 베를린 공장위원회 협의회는 도시 전체의 총파업을 선언하고 전국의 노동자들에게도 파업 동참을 촉구했다. 그 선언을 보도한 〈로테 파네〉 호외는 발행되자마자 정부 당국에 전량 압수됐다(정부는 "공공질서를 보호"한답시고 포고령을 공포했지만 정부 자체가 하루 만에 무너져 버렸다). 그렇지만 공산당은 베를린에서 몇몇 노동자 집단의 강력한 반응을 끌어내는 데 성공했다. 또, 이날 이후 며칠 동안 전국 곳곳에서 비공인 파업들이 간헐적으로 분출했다. 1920년 3월 카프 쿠데타 때처럼, 이 간헐적 파업들이 총파업으로 발전할 가능성은 분명히 있었다.[9]

그러나 쿠노 파업과 카프 파업은 근본적 차이가 있었다. 에벌린 앤더슨은 《망치냐 모루냐》라는 책에서 다음과 같이 썼다.

> 1920년 3월에는 독일 노동자들이 노동조합과 정당의 공동 호소에 호응했다. 1923년 8월에는 노동조합이든 노동계급 정당이든 누구도 그런 호소를 하지 않았다. 쿠노 파업은 완전히 자발적이었고, 그만큼 독일 노동운동 역사상 독특한 투쟁이었다. 직장위원들과 기층의 노동자 대표들이 운동을 주도하고 이끌었다. 정당들은 이 대중운동이 기정사실이 된 후에야 무슨 일이 일어나고 있는지를 깨닫기 시작했다. 이 모든 것은 중요한 결과를 낳았다. 쿠노 파업은 이렇게 지도부 없는 자발적 운동이 달성할 수 있는 최대한도, 즉 정부 사퇴를 쟁취하고 나자 기력이 다했다. 이 성공을 이용해 더 분명하고 건설적인 목표를 달성하는 것은 노동계급 정당들의 과제였을 것이다.

그러나 유감스럽게도 "기존 정당들 가운데 이 과제를 떠맡은 정당은 하나도 없었다."[10]

독일 공산당의 정책

1923년의 첫 7개월 동안, 즉 프랑스 군대가 루르를 점령했을 때부터 8월 11일 쿠노 정부가 무너질 때까지 독일 공산당의 정책은 응집력도 없었고 분명한 방향도 없었다. 이 기간 내내 공산당 지도자들은 매우 비관적이었다. 그래서 3월 17일 프랑크푸르트 국제 회의에서 독일 공산당 의장 브란들러는 다음과 같이 말했다.

> 그때는[1918년에는 ― 지은이] 러시아 혁명 덕분에 혁명의 물결이 고조되고 있었지만, 오늘날에는 부르주아지의 권력 장악 때문에 혁명의 물결이 퇴조하고 있습니다. 따라서 지금 우리의 주된 과제는 프롤레타리아를 결집하는 것입니다.[11]

1923년 내내 독일 공산당 지도부는 자주적이지 못하고, 모스크바에서 내려오는 코민테른의 지시에 완전히 굴종했다. 이것은 1921년 '3월 행동'이 낳은 재앙적 결과였다. 브루에는 '3월 행동' 이후 브란들러, 탈하이머, 발허, 에른스트 마이어는 '우파'가 돼 버렸다고 설명한다.

그들은 아주 신중한 태도를 고수했고, 일체의 폭동 노선이나 심지어 단순한 좌파적 반사작용조차 예방하려고 애썼다. 코민테른 지도부는 그들이 얼마나 큰 잘못을 저질렀는지를 깨닫게 해 줬다. 그래서 그들은 독자적 사고 능력에 대한 자신감을 잃었고 흔히 볼셰비키의 의견을 따르려고 자신들의 견해를 포기했다. 어쨌든 볼셰비키는 혁명을 성공시킨 경험이 있으므로 자신들보다는 나을 것이라고 생각한 것이다.¹²

당면 혁명의 전망에 비관적이었던 브란들러와 대조적으로 부르주아 언론들은 혁명이 임박했다고 확신하고 있었다! 7월 26일 〈크로이츠차이퉁〉은 "지금 우리가 새로운 혁명 전야에 있다는 것은 의심의 여지가 없다. 바로 우리 눈앞에서 벌어지는 일을 보지 못하는 사람만이 그 사실을 의심할 수 있을 것이다" 하고 썼다. 이튿날 〈게르마니아〉는 다음과 같이 보도했다. "제국 정부에 대한 신뢰가 심각하게 흔들리고 있다. … 불만이 위험 수준에 이르렀다. 분노가 널리 퍼져 있다. 그야말로 일촉즉발의 분위기다. 불꽃 하나만 튀어도 폭발이 일어날 듯하다. … 11월 9일의 정신 상태가 느껴진다."¹³ 다시 말해, 카이저가 퇴위하던 날의 분위기가 느껴진다는 것이다.

독일의 모든 신문은 '노벰버슈티뭉'(11월의 분위기)이라는 표현을 쓰고 있었지만, 공산당 신문만은 예외였다.

4월 말이나 5월 초에 공산당 지도부의 각 분파 대표들이 모스크바에 도착해서 볼셰비키 지도자들에게 다시 한 번 자신들을 중재해 달라고 요청했다. 코민테른 집행위원회를 대표해서 회의에 참석한 사람은 트로츠키·라데크·부하린·지노비예프였다. 회의에서는 공동전선 전술이 토론 됐지만, 공산당의 권력 장악 문제는 전혀 거론되지 않았다.¹⁴ 6월에는 코민테른 확대 집행위원회 회의가 열렸다. 그 회의에서는 독일 상황을 매우 일반적 수준에서만 논의하는 데 그쳤다. 회의가 끝난 후 러시아 공산당 정치국과 코민테른 집행위원회의 주요 인사들은 대부분 휴가를 떠났다.

심지어 대규모 파업으로 쿠노 정부가 무너진 뒤에도, 그리고 슈트레제만이 이끄는 새 정부(힐퍼딩이 재무장관을 맡는 등 사회민주당원들이 요직에 기용된 연립정부)가 수립된 뒤에도(이 정부는 인플레이션을 잡기 위한 결정적 조처들을 취했고, 프랑스와 타협하고자 '소극적 저항'을 끝내는 방안을 고려하고 있었다) 라데크는 여전히 기다리는 전술을 주장했다. 그는 〈로테 파네〉에 다음과 같이 썼다.

> 지금 상대적 휴전이 유지되고 있다. 대大연정이 프티부르주아지와 후진적 노동자 대중의 눈앞에서 더 완전히 신뢰를 상실하려면 시간이 필요하다. 지금은 대중이 여전히 힐퍼딩의 이름에 모종의 막연한 기대를 걸고 있기 때문이다.[15]

마침내 8월 15일 코민테른 의장 지노비예프는 캅카스에서 모스크바로 연락해서, 독일 공산당은 다가오는 혁명적 위기를 예의 주시해야 한다고 전하며 "독일 공산당과 코민테른의 활동에서 결정적 시기가 새로 시작되고 있다"고 주장했다.[16]

독일 소식에 가장 열의를 보인 사람은 단연 트로츠키였다. 그는 쿠노 파업과 슈트레제만의 새 정부 소식을 듣고는 독일 상황이 진짜 심각한 위기로 치닫고 있으며 독일 공산당은 이 위기를 잘 이용해야 한다는 결론을 내렸다. 그는 더 많은 정보를 얻고 싶어서 독일 공산당원 둘, 즉 아우구스트 엔데를레와 야콥 발허에게 러시아 남부로 당장 와 달라고 요청했다. 두 사람은 당시 프로핀테른 집행위원회에 파견된 독일 공산당 대표로 모스크바에 머물고 있었다. 그들과 대화를 나누고 나서 트로츠키는 한 명을 베를린으로 돌려보냈다. 자신의 연락 상대 겸 현지 관찰자

노릇을 부탁한 듯하다.

그다음 주에 러시아 지도자들은 휴가를 끝내고 모스크바로 돌아왔다. 8월 23일 정치국 비밀회의가 열렸다. 이 회의에는 라데크와 퍄타코프(당시 최고국가경제위원회 부의장)도 참석했고, 아마 츄루파(나중에 고스플란[국가계획위원회] 의장이 된다)노 참석했을 것이다.[17]

당시 모스크바에서 토론된 내용이나 그에 따라 결정된 정책 등은 뒤에서 다시 살펴보겠다. 그 전에 먼저 독일 공산당의 정책에 아주 해로운 영향을 미친 문제, 즉 '슐라게터 사건'을 짚고 넘어가야 한다.

슐라게터 전환

코민테른 지도자들이 독일의 혁명적 위기를 얼마나 이해하지 못했는지를 보여 주는 분명한 증거는 6월에 라데크가 코민테른 확대 집행위원회 회의에서 한 발언이다. 이를 계기로 독일 공산당은 오히려 부적절하고 반동적인 길로 나아갔다. 그 회의에서 라데크는 [독일 공산당이] 슐라게터라는 사람을 동맹 대상으로 삼아야 한다고 말했는데, 그는 슐라게터가 "반혁명의 용감한 병사"라면서도 그렇게 주장했다.

A L 슐라게터는 발트해에서는 볼셰비키에 맞서 싸우고 루르에서는 노동자들에 맞서 싸운 극우파 장교였다. 그는 프랑스가 점령한 루르에서 철로를 폭파하려다 체포돼 군사재판을 받고 1923년 5월 26일 총살당했다. 뮌헨에서 그의 장례식이 치러졌을 때 루덴도르프 장군이 추도사를 읊었고 슐라게터는 나치 운동의 영웅이 됐다.

그런데 라데크는 슐라게터를 공산주의자들과 민족주의자들의 동맹의 상징으로 이용하려 했다. 그는 모스크바 회의에서 청중에게 "이 젊은

이들의 길이 어디로 향하겠습니까?" 하고 물었다. [라데크는 다음과 같이 주장했다.] 독일이 나아갈 길은 둘 중 하나뿐이다. 러시아와 손잡고 프랑스에 맞서거나 아니면 프랑스와 손잡고 러시아에 맞서거나. 독일이 후자를 택한다면 우파 활동가들의 민족적 이상은 공허해질 것이다. 독일이 러시아와 손잡을 때만 독일 민족주의는 승산이 있을 것이다. 슐라게터의 친구들은 다음과 같은 결정적 물음에 답해야 한다.

독일 민족주의자들은 누구에 맞서 싸우고자 하는가? 연합국 자본인가 아니면 러시아 민중인가? 독일 민족주의자들은 누구와 동맹하고자 하는가? 연합국 자본의 족쇄를 함께 끊어 버릴 러시아 노동자·농민인가 아니면 독일과 러시아 민중을 노예로 만들 연합국 자본인가?

라데크는 샤른호르스트와 그나이제나우의* 역사적 사례를 들었다. 그들은 예나 전투에서 나폴레옹에게 굴욕적 패배를 당한 뒤에 프로이센의 해방과 부활을 위한 조건은 바로 농민의 해방이라고 생각했다. 마찬가지로 독일이 베르사유 조약이라는 족쇄에서 해방되려면 노동자들이 해방돼야 한다. 독일 공산당은 "단지 산업 노동자들의 빵 덩어리를 위해 투쟁하는 정당이 아니라 자유를 위해 투쟁하는 프롤레타리아의 정당, 즉 독일 국민 전체의 자유, 노동하고 고통받는 모든 독일인의 바로 그 자유를 위해 투쟁하는 프롤레타리아 정당"이다.

이렇게 중요한 문제에 관한 발언을 아마 라데크 혼자서 준비하고 결정하지는 않았을 것이다. 나중에 그는 자신의 발언에 대해 지노비예프의

---

* 샤른호르스트와 그나이제나우는 19세기에 프로이센 군대의 근대화에 기여한 장군들이다.

"암묵적 동의뿐 아니라 서면 동의"도 받았으며, 지노비예프가 나중에 슐라게터 문제를 다룬 자신의 글이 "올바르고 좋다"는 평가를 내렸다고 말했다.[18]

라데크의 발언 뒤에 독일 공산당은 몇 주 동안 나치를 포함한 민족주의자들과 공개 토론을 하기 시작했다. 베를린에서는 공산주의자들과 나치가 "슐라게터는 무엇을 위해 죽었는가?"라는 주제의 학생 토론회를 함께 주최하기도 했다.

〈로테 파네〉의 보도를 보면, 이 토론회는 아무 탈 없이 몇 시간 동안 계속됐다. 토론회에서 공산당 지도자 루트 피셔는 다음과 같이 주장했다. "독일을 해방시킬 거인이 여기 있습니다. … 그 거인은 바로 여러분이 속해 있고 여러분이 지지해야 할 독일 프롤레타리아입니다." 〈로테 파네〉는 이 주장이 "큰 박수"를 받았다고 보도했다. 그리고 토론회가 끝났을 때 양측은 "완전한 합의에 이르지는 못했지만 서로 존중하는 느낌"으로 헤어졌다고 했다. 사회민주당 기관지 〈포어베르츠〉[*]는 루트 피셔의 이 특별한 성과에 대해 흥미로운 사실을 알려 준다. 이 신문은 한 목격자의 말을 인용해서, 공산당 연사가 청중의 유대인 혐오 정서에 공공연히 호소했다고 주장했다.

> 유대인 자본에 반대한다고 외치는 사람은 누구든지 … 이미 자기 계급의 투사입니다. 비록 자신은 모를 수 있지만 그래도 그것은 사실입니다. 여러분은 주식 투기꾼들을 비난합니다. 좋습니다. 유대인 자본가들을 짓밟고, 그들을 가로등 기둥에 매달아 죽이십시오. … 그러나 … 슈티네스·클뢰크

---

* Vorwärts, 전진이라는 뜻.

너 같은 대자본가들에 대해서는 어떻게 생각하십니까? … 오직 러시아와 동맹해야만 … 독일 국민은 루르 지방에서 프랑스 자본주의를 몰아낼 수 있습니다.

당시 공산당 신문에서는 유대인 혐오 발언들이 가끔씩 나타났다(비록 노골적 표현은 아니었고 빈정거리는 투였지만). 8월 7일치 〈로테 파네〉에는 "슈트레제만의 유대인 상업의원들*"이라는 작은 기사가 실렸다. 그 기사는 프리드리히 슈탐페르(〈포어베르츠〉의 편집자), 카를 제버링, 헤르만 뮐러 같은 유명한 사회민주당원들이 유대인 자본가들과 긴밀한 관계라는 사실을 강조했다.

비록 공산당원들은 대체로 유대인 혐오 쟁점을 회피하려 했지만, 항상 그럴 수 있었던 것은 아니고 특히 공동 토론회에서 민족주의자들의 야유를 받으면 더 그랬다. 이 점을 분명히 보여 준 사례가 있다. 공산당 중앙위원인 헤르만 레멜레가 8월 2일 슈투트가르트에서 열린 공산당과 나치의 공동 토론회에서 연설했다. 레멜레가 유대인 혐오는 권력자들이 무지몽매한 대중으로 하여금 자기 불행의 진정한 원인을 못 보게 하려고 시선을 딴 데로 돌릴 때 사용하는 고전적 수법이라고 말하자, 청중석에서 야유와 고함이 터져 나왔다.

레멜레는 다음과 같이 발언을 이어 갔다. "그런 유대인 혐오가 어떻게 생겨나는지는 쉽게 알 수 있습니다. 슈투트가르트 우*시장에 나가 보기만 하면 됩니다. 소 중개상은 대부분 유대인인데, 그들이 소를 닥치는 대로 사들이는 바람에 슈투트가르트의 정육점 주인들은 빈손으로 집에

---

* 상업의원(코메르치엔라트)은 성공한 금융업자에게 주는 명예 작위였다. — 지은이.

돌아가야 합니다. 왜냐하면 돈이 많지 않기 때문이죠."(파시스트들이 "옳소" 하고 외쳤다.)

이렇게 말하고 나서 레멜레는 조금 뒤에 다시 이 문제를 건드렸는데, 이번에도 청중을 회유해서 자신의 주장을 받아들이게 하는 것이 그의 목적인 듯했다. "파시스트 여러분은 지금 유대인 금융자본에 맞서 싸우기를 [원한다고 ― 지은이] 말합니다. 좋습니다. 그렇게 하십시오! 저도 동의합니다! (파시스트들의 우레 같은 박수.) 그러나 여러분이 잊지 말아야 할 것이 하나 있습니다. 바로 산업자본입니다! (파시스트들이 끼어들어서 고함친다. "우리는 산업자본에도 맞서 싸운다!") 왜냐하면 금융자본은 사실 산업자본일 뿐 다른 무엇이 아니기 때문입니다."

공산당이 무슨 수를 써서라도 민족주의자들과 공통점을 찾으려 했음을 분명히 보여 주는 또 다른 증거는 8월 10일 레멜레가 참석한 공개 토론회다. 공산당은 나치와 사회민주당에도 연사를 보내 달라고 요청했지만, 사회민주당은 거절했다. 나치 지지자들을 설득하고 싶어서 안달이 난 레멜레는 공산당의 공식 방침인 공동전선을 명백히 위반하는 발언을 여러 차례 했다. 그는 청중 8000명에게 말하기를 자신은 사회민주당과의 동맹보다 나치와의 동맹을 더 용납할 수 없는 일로 여기지 않는다고 했다. 그러고 나서 공산당은 심지어 리프크네히트와 룩셈부르크를 살해한 자들과도 기꺼이 협력할 것이라고 덧붙였다.[19]

슐라게터 노선은 완전히 실패했다. 누가 독일 민족의 이익을 더 잘 옹호하는지를 두고 나치와 합리적으로 토론한다고 해서 공산주의 쪽으로 넘어올 나치 지지자는 아무도 없었기 때문이다. 그것도 심각한 혁명적 위기의 순간에 이런 노선을 추진한 것이다!

슐라게터 사건은 섬뜩한 일화에 불과한 것처럼 보이지만, 결코 역사에서 지울 수 없다. 레닌이 아직 살아 있는 동안에 코민테른 지도부가 어떻게 변질됐는지를 언뜻 보여 주는 추잡한 사건인 것이다.

코민테른 집행위원회가 정신 차리다

코민테른 지도자들은 쿠노 파업에 깜짝 놀랐다. 당시 그들은 휴가 중이었고, 독일에서 그렇게 강력한 운동이 벌어질 것이라고 예상한 사람은 아무도 없었다. 6월에 코민테른 집행위원회가 결정을 내리지 않고 미룬 것이 부적절했음이 이제 분명해졌다. 모스크바의 지도부는 놀라서 정신을 차렸다. 브루에는 다음과 같이 썼다.

> 지도부는 아직 한참 멀었다고 생각했지만, 8월 10일쯤 대중은 전투를 벌일 태세가 돼 있음이 분명히 드러났다. 그러나 긴장은 한없이 지속될 수 없는 법이다. 대연정 수립으로 표현된 계급 세력 균형은 오래갈 수 없었다. 그래서 8월 중순부터 코민테른 지도자들은 독일의 무장봉기를 준비하면서, 5월 이후 잃어버린 시간을 만회하려고 정신없이 서두르기 시작했다.[20]

브란들러는 8월 말 이후 모스크바에 머무르며, 볼셰비키 지도자들이 독일 정책을 결정해 주기를 기다렸다. 독일 공산당 내 좌파의 지도자들, 즉 아르카디 마슬로프, 루트 피셔, 에른스트 텔만도 모스크바로 소환됐다. 독일 공산당 중앙위원 둘, 즉 에드빈 회른레와 클라라 체트킨도 당시 코민테른 집행위원회에 파견된 독일 대표로서 모스크바에 머무르고 있었다. 이 독일 지도자들과 러시아 공산당 정치국의 합동 회의에서 트로츠키는 독일의 혁명적 상황이 무르익었으므로, 러시아에서 10월 혁명 직전에 그랬듯이 무장봉기 날짜를 정해야 한다고 주장했다. 9월 23일 〈프라우다〉에 실린(그리고 코민테른 중앙이 독일어로 펴낸 〈인테르나치오날레 프레세 코레스폰덴츠〉의 특별호에 재수록된) "반혁명이나 혁명에서 분명한 날짜를 못 박을 수 있는가?"라는 제목의 기사에서 트로츠키는 자신의 견해를 더 자세히 설명했다.

> 쿠데타에 … 유리한 정치 상황을 인위적으로 만들어 낼 수 없다는 것은 분명하다. 하물며, 지정된 날짜에 그런 상황을 조성할 수 없다는 것은 더 말할 나위도 없다. 그러나 그런 상황의 기본적 요소들이 손에 잡힐 듯이 가까워졌을 때는 [계급을] 지도하는 당은 … 유리한 순간을 미리 선택하고, 그에 맞게 정치적·조직적·기술적 힘을 집중하고, (계산이 틀리지 않았다면) 승리의 결정타를 날려야 한다. …
>
> 우리의 10월 혁명을 예로 들어 보자. … 볼셰비키가 페트로그라드 소비에트와 이후 모스크바 소비에트에서 다수파가 된 순간부터 우리 당이 부딪힌 문제는 일반적 의미의 권력투쟁이 아니라 분명한 계획에 따라 지정된 날짜에 권력을 장악하는 일을 준비하는 것이었다. 잘 알려져 있다시피, 우리가 선택한 날짜는 전 러시아 소비에트 대회가 열리는 날이었다.[21]

이렇게 주장하면서 트로츠키는 독일의 무장봉기 날짜를 정해야 한다고 역설했다. 브란들러가 반대하고 라데크도 브란들러와 마찬가지로 우려를 표명했지만, 트로츠키는 11월 9일을 선택했다. 그것은 역사적인 날

---

* Internationale Presse-Korrespondenz, 국제 통신이라는 뜻으로 1921년 9월부터 발행된 코민테른의 독일어판 주간 회보. 영어판은 International Press Correspondence, 즉 Inprecor.

짜였다. 1917년 러시아 혁명이 11월 7일 일어났고, 1918년 독일 혁명이 11월 9일 일어났다.

브란들러가 의견을 바꾸지 않자 지노비예프가 타협안을 제시했다. 날짜는 단지 추구하는 '방향'을 나타낼 뿐이고, 앞으로 4~6주 사이의 어느 시점에 무장봉기를 실행한다는 것이었다. 9월 말에 논쟁이 벌어지고 있을 때도 여전히 11월 초가 목표 날짜였다.

브란들러와 라데크는 주저하며 의심하고 지노비예프는 늘 그랬듯이 대충 얼버무리자 스탈린이 독일 공산당의 자제 정책을 지지하고 나섰다(그때까지 스탈린이 코민테른 문제에 끼어든 것은 아주 드문 일이었다). 8월에 스탈린은 지노비예프와 부하린에게 보낸 편지에서 독일 상황에 관해 다음과 같이 말했다.

독일 공산당이 (지금 단계에서) 사회민주당 없이도 권력을 장악하려고 분투해야 할까요? 공산당이 그만큼 충분히 성숙했을까요? 그것이 문제라고 저는 생각합니다. 우리가 러시아에서 권력을 장악할 때는 다음과 같은 예비 자원이 있었습니다. 첫째, 평화. 둘째, 농민에게 줄 토지. 셋째, 압도 다수 노동계급의 지지. 넷째, 농민의 동조. 지금 독일 공산당에게는 이런 것이 전혀 없습니다. 물론 우리와 달리 지금 그들에게는 바로 옆에 소비에트 러시아가 있습니다. 그러나 지금 이 순간 우리가 그들에게 무엇을 줄 수 있습니까? 독일에서 권력이, 예컨대 당장 붕괴하고 공산당이 권력을 잡게 되더라도 그들은 곧 와지끈 무너지고 말 것입니다. 그것도 '잘해야' 그렇습니다. 최악의 경우에는 격퇴당해 산산조각 나고 말 것입니다. 문제의 요점은 '대중을 가르치려는' 브란들러의 의욕이 아니라 부르주아지와 사회민주당 우파가 함께 공산당의 시위를 전면적 전투로 만들어서(그래도 여전히 그들에게 승산이 있습니다) 공산당을 분쇄할 것이라는 점입니다. 당연히 파시스트들도 낮잠 자고 있지는 않으므로 파시스트들이 먼저 공격하게 하는 것이 우리에게는 유리합니다. 그러면 노동계급 전체가 공산당 주위로 결집할 것입니다. … 또, 모든 소식을 종합해 보면, 독일 파시스트들은 취약합니다. 제 생각은 독일 공산당을 부추겨서는 안 되고 자제시켜야 한다는 것입니다.[22]

1923년 8월 독일 혁명이 모든 문을 세차게 두드리고 있을 때 스탈린은 독일 공산당을 부추겨서는 안 되고 자제시켜야 한다고 생각했다. 그의 수동적 숙명론을 은폐한 것은 위안을 주는 예상, 즉 시간은 혁명의 편이고 혁명 세력의 힘은 갈수록 강력해질 수밖에 없다는 주장이었다. 스탈린은 혁명적 정당이 단호하게 권력을 장악하지 못하면 대중의 기대가 환멸로 바뀔 수 있다는 사실을 무시했다. 레닌이 1917년 9월과 10월에 혁명이 몇 주만 늦어져도 실패하고 말 것이라고, 지금 아니면 결코 성공할 수 없을 것이라고 주장했을 때 레닌은 절대로 옳았다! 그는 1917년 10월 8일(신력으로는 21일) "러시아 혁명과 세계혁명의 성공이 모두 2~3일간의 투쟁에 달려 있다"고 썼다.[23]

독일과 러시아 지도자들의 협의가 끝나기 전에 또 다른 문제 하나가 해결돼야 했다. 그 문제는 브란들러가 제기했는데, 바로 혁명의 최고 지휘부에 관한 것이었다. 브란들러는 자신은 "독일의 레닌"이 아니므로 트로츠키가 몰래 독일에 와서 무장봉기를 지휘해 줄 수 없겠냐고 트로츠키와 지노비예프에게 물었다. 트로츠키는 그러고 싶어 했지만, 당시 러시아 정치국에서 트로츠키에 맞서 연합 세력을 구축한 3인방, 즉 지노비예프·카메네프·스탈린은 트로츠키를 보내 주려 하지 않았다. 트로츠키가 독일에 가서 혁명을 성공시키면, 러시아 혁명뿐 아니라 독일 혁명의 지도자로도 인정받게 될 것이고 그러면 트로츠키에 비해 자신들이 왜소하게 보일 터였기 때문이다.

그들이 이 난관에서 벗어난 방법은 미묘한 장면을 코미디로 바꿔 버리는 것이었다. 지노비예프는 브란들러의 물음에 트로츠키 대신 코민테른 의장인 자신이 '혁명의 일개 병사'로서 독일에 가겠다고 대답했다. 그러자 스탈린이 끼어들어 친근하고 상식적인 체하며, 정치국에서 가장 뛰어나고 사랑받는 두 동지가 없으면 정치국이 제대로 돌아가지 않을 것이라고 말했다.[24]

러시아와 독일 지도자들이 세운 혁명 전략은 다음과 같았다. 작센 주를 혁명의 발판으로 삼는다. 작센에서는 사회민주당 좌파인 차이그너가 이끄는 주(州)정부가 이미 몇 달 동안 공산당과 협력하고 있었다. 러시아인들, 특히 지노비예프는 공산당이 작센 주정부에 들어가야 하고 이 전략적 요충지에서 무장봉기를 준비해야 한다고 생각했다. 나중에 라데크는 이 계획을 다음과 같이 간명하게 정리했다.

> 프롤레타리아는 우리가 참여할 노동자 정부를 방어하는 데서 시작해, 작센에 힘을 집중한다. 그리고 작센 주정부의 권력을 이용해 스스로 무장하고, 독일 중부의 이 작은 프롤레타리아 주에서 남부의 바이에른 주 반혁명 세력과 북부의 파시즘 세력을 막을 장벽을 세운다. 그와 동시에 전국에서 공산당이 나서서 대중을 동원한다.

여기서 라데크가 강조한 핵심은 "[프롤레타리아는 — 지은이] 작센 주정부의 권력을 이용해 스스로 무장"한다는 것이었다.[25]

10월 1일 독일 공산당 중앙위원회는 지노비예프가 코민테른 집행위원회를 대표해 서명한 전보를 받았다.

상황을 분석해 보니, 늦어도 4~6주 안에 결정적 순간이 닥칠 것이므로 [우리 목적에 맞게 — 지은이] 당장 이용할 수 있는 모든 진지를 즉시 점령할 필요가 있다고 생각함. [현재 — 지은이] 상황을 바탕으로 우리는 실질적으로 작센 정부에 들어가는 문제를 다뤄야 함. 우리는 차이그너 사람들이 바이에른과 파시스트들에 맞서 기꺼이 작센을 방어한다는 조건으로 [작센 정부에 — 지은이] 들어가야 함. 당장 노동자 5만~6만 명을 무장시키고, 뮐러 장군은* 무시할 것. 튀링겐에서도 마찬가지로 정부에 들어가야 함.

브란들러는 공산당이 작센과 튀링겐 주정부에 들어가는 것을 반대했지만 소용없었다.

나는 공산당이 작센과 튀링겐 정부에 들어가서(목적은 무기를 손에 넣는 것이었다) 혁명적 위기를 재촉하려고 노력하는 것에 강력하게 반대했다. 작센과 튀링겐의 경찰은 무기를 갖고 있지 않다는 사실을 나는 알고 있었고 그 사실을 코민테른에 보고하기도 했다. 심지어 경기관총 한 자루조차 베를린 근교의 제국군대 무기고에 요청해야 했다. 노동자들은 지방의 무기고들을 이미 두 차례나 털었다. 한 번은 카프 쿠데타 때, 또 한 번은 1921년에 그랬다. 나는 또, 공산당이 정부에 들어가면 대중행동이 새로운 활력을 얻기는커녕 오히려 약해질 것이라고 주장했다. 왜냐하면 대중은 자신들만이 할

---

* 뮐러 장군은 작센의 제국군대 사령관으로 새로 임명된 자였다. — 지은이.

수 있는 일을 정부가 해 주기를 바라게 될 것이기 때문이다.

내 말에 지노비예프는 주먹으로 책상을 내리치고 소리를 지르며 불같이 화를 냈다.

브란들러는 표결에서 패배하자 코민테른의 결정에 따르겠다고 말했다. 그는 자신의 동기를 다음과 같이 설명했다.

나는 혼잣말로 '이 사람들은 혁명을 세 번이나 일으켰어'라고 했다. 내가 보기에 그들의 결정은 터무니없는 것이었다. 그러나 누가 봐도 혁명을 성공시킨 노련한 혁명가는 내가 아니라 그들이었다. 그들은 이미 혁명을 세 번이나 했고 나는 이제 겨우 처음으로 혁명을 일으키려 하고 있었다. 따라서 나는 그들의 지시를 따라야 했다. 모스크바에서 베를린으로 돌아오는 길에 바르샤바 역에서 신문을 한 부 샀다. 신문을 보다가 내가 작센 정부의 장관이 돼 있다는 사실을 알았다. 세상에 이럴 수가! 나 몰래 일이 진행되고 있었는데도 나는 까맣게 몰랐다. 이 모든 것은 그들의 결정을 기정사실로 만들어서 나를 압박하려는 것이었다.[26]

10월 초가 되자 모스크바에 있던 독일 공산당 지도자들은 마슬로프를 제외하고 모두 독일로 돌아가서, 그동안 합의된 계획을 실행하려고 준비했다. 코민테른 대표들도 저마다 임무를 부여받고 독일로 파견됐다. 라데크는 당 문제를 맡았고, 퍄타코프는 스코볼레프스키·구랄스키 장군(이들은 이미 독일에서 활동 중이었다)과 공동으로 군사 문제를 감독했고, 시미트는 독일 노동조합과 연락망을 구축했다.

10월 12일 공산당 지도자 3명이 작센 정부에 들어갔다. 공산당은 그중 1명이 내무장관이 되기를 원했다. 내무부가 경찰을 통제했기 때문이다. 그러나 차이그너가 공산당의 요청을 거부했으므로 공산당원 1명(브란들러)이 주 총리실을 관장하는 부副장관에 임명된 것에 만족해야 했다. 그 덕분에 간접적으로나마 경찰에 영향을 미칠 수 있게 됐다. 또, 공산당원 파울 뵈트허가 재무장관을 맡고 프리츠 헤케르트가 경제장관을 맡는다는 데도 합의가 이뤄졌다.[27]

베를린의 중앙정부는 신속하게 작센의 새 정부를 공격했다. 그래서 10월 13일 '노동자 백인대' 해산을 요구하는 최후통첩을 보냈다. 작센 정부는 이 명령을 거부했다. 공산당은 같은 날 튀링겐 정부와도 합의에 이르렀다는 사실에 우쭐해졌다. 튀링겐에서도 사회민주당 좌파와 공산당의 연립정부가 수립돼, 공산당원 2명이 교육장관과 경제장관으로 입각했다. 중앙정부는 10월 16일부터 작센 주 경찰을 제국군대(중앙정부의 군대)가 관할하겠다고 통보하는 것으로 응수했다. 경찰 통제권을 빼앗겨 버린 차이그너는 무기력했고, 부장관으로 임명된 브란들러는 아무 의미도 없는 경찰 서류철만 만지작거리고 있었다.[28] 마침내 10월 20일 제국군대가 작센으로 진격하기 시작했다.

10월 21일 켐니츠*에서 공장위원회 협의회가 열렸다. 브란들러는 연설을 마치며 총파업을 호소했다. 그러나 연립정부의 사회민주당 각료 한 명이 만약 총파업 제안이 통과되면 자신들은 회의장에서 철수하겠다고 위협했다. 결국 협의회에서 나온 제안들을 검토할 위원회를 설립한다는 결의문으로 총파업 요구는 조용히 묻혔다. 협의회는 완전히 실패했다. 브란들러는 논리적 결론을 이끌어 냈다. 그동안 계획하고 준비했던 무장봉

---

* 작센의 공업 중심지.

기를 취소한 것이다(당시 켐니츠에 있지 않았던 라데크를 비롯한 코민테른 대표들도 브란들러의 결정에 동의했다).

나중에 루트 피셔는 켐니츠 협의회가 작센 총파업 호소를 거부한 이 사건을 돌이켜보며 다음과 같이 아주 정당한 지적을 했다.

> 켐니츠에서 사회민주당원들의 의심은 … 완전히 정당했다. 그것[총파업 호소]은 제국군대와의 충돌 부담을 오로지 작센 노동자들에게만 떠넘기는 어리석은 계획이었다. 프롤레타리아가 강력한 핵심 지역들, 즉 함부르크·베를린·루르 등이 치고 나갈 때만 투쟁은 성공할 수 있었다. … 이 지역들의 공산당은 모두 작센의 공산당보다 더 강력했으므로, 공산당이 작센 주를 선택한 것은 일부러 자신들의 카드를 아껴 두려는 속셈이라고 사회민주당 대의원들은 해석했다.[29]

작센에서 연립정부를 수립한다는 발상 자체가 터무니없는 것이었다. 공산당이 사회민주당과 연립정부를 구성해서 자신들이 통제할 수 없는 정부의 책임을 떠맡음과 동시에 무장봉기도 준비한다는 생각이 얼마나 모순된 것인지가 분명히 드러났다.

코민테른과 독일 공산당 지도자들은 공동전선 정책이 장점도 있지만 잘못 적용되면 위험할 수도 있다는 사실을 간과했다. 공동전선은 대중을 기만하는 지도자들 간의 암묵적 합의로 쉽게 전락할 수도 있고, 개혁주의 세력에 소극적으로 순응할 수도 있고, 기회주의적으로 동요할 수도 있다.

독일판 10월 혁명이 실패한 이 비극의 어처구니없는 결말을 장식한 것은 함부르크에서 공산당이 일으킨 봉기였다. 켐니츠에서 공장위원회 협의회가 열리고 있을 때, 독일 전역의 공산당원들은 행동 명령을 기다리며 대기하고 있었다. 그러나 협의회가 끝나자 봉기 취소 명령을 전달할 사람들이 독일 전역으로 급파됐다. 그런데 비극적 실수로(실수의 원인은 아직도 분명히 밝혀지지 않았다) 공산당 중앙위원 2명, 즉 텔만과 레멜레는 협의회가 끝나기 전에 켐니츠를 떠났다. 그들은 협의회가 성공할 것이라고 확신했고, 그래서 10월 22일 밤 함부르크에 도착했을 때 봉기를 시작하라고 지시했다. 이튿날 아침 일찍 제국군대가 작센의 연립정부를 무너뜨리려고 주도(州都)인 드레스덴으로 거침없이 진군하고 있을 때 함부르크의 공산당원 수백 명이 몇몇 경찰서를 습격해서 점령하고 무기고를 탈취했다. 그들은 48시간 동안 도시의 일부 지역을 통제하며 경찰과 군대에 맞서 필사적으로 싸웠지만 결국 패배하고 말았다.[30]

그래서 독일 혁명은 비극적 참패로 끝났다.

코민테른 4차 대회가 씨앗을 뿌리다

코민테른 본부에서 '노동자 정부'는 프롤레타리아 독재와 다른 어떤 것이라는 말들이 나왔을 때부터 많은 혼란이 있었다. 지노비예프는 독일 공산당 지도자들에게 작센과 튀링겐에서 사회민주당과 연립정부를 구성하라고 지시하면서, 코민테른 4차 대회에서 채택된 '노동자 정부' 결의문을 예로 들었다. 그래서 러시아 공산당을 비롯한 코민테른 지도자들 가운데 어느 누구도 1923년에 독일의 연립정부 수립에 반대하지 않았던 것이다.

코민테른 4차 대회에서 노동자 정부라는 중요한 주제로 논쟁이 벌어졌을 때 레닌과 트로츠키는 모두 이 논쟁에 참여하지 않았다는 사실을 지적해 둬야겠다. 레닌은 정말로 매우 아팠다. 그가 4차 대회에 기여한 것은 10월 혁명 5주년 기념 연설뿐이었는데, 그조차도 매우 혼란스럽고 산만한 연설이었다(레닌이 연설할 때 옆에서 라데크가 도와줘야 했는데, 레닌의 독일어 — 코민테른 대회의 공식 언어 — 실력이 나빠서 그런 것이 아니라 너무 아팠기 때문이다). 트로츠키는 4차 대회에서 중요한 기여를 많이 했지만, 노동자 정부 논쟁에는 참여하지 않았다.

노동자 정부 토론의 주요 연사는 지노비예프와 라데크였다. 둘 다 사회민주당과 공산당의 연립정부를 수립하기 위한 투쟁은 노동자 공동전선 선동의 논리적 귀결이라고 강력하게 주장했다. 그들은 사회민주당과 공산당의 연립정부가 수립되면 거의 자동으로 투쟁 수준이 높아질 것이고, 그러면 곧바로 프롤레타리아 독재로 나아갈 수 있을 것이라고 암시했다. 그래서 라데크는 다음과 같이 말했다.

> 노동자 정부가 수립되면, 그것은 단지 프롤레타리아 독재로 나아가는 징검다리에 불과할 것입니다. 왜냐하면 부르주아지는 아무리 민주적 원칙에 바탕을 둔 정부라 해도 노동자 정부를 결코 용납하지 않을 것이기 때문입니다. 따라서 사회민주당을 지지하는 노동자는 자신의 원칙을 옹호하려면 공산주의자가 될 수밖에 없다는 사실을 깨닫게 될 것입니다.[31]

이것은 기계론적인 헛소리였다. 그것은 마치 부르주아지가 참여하지 않는 개혁주의 정부 아래서는 자본주의가 살아남을 수 없다는 주장과 마찬가지다!

대회 결의문이 라데크의 말보다 훨씬 더 신중했다는 것은 사실이다. 그러나 여전히 모호했고, 기회주의적 결론을 끌어낼 수 있는 여지가 남아 있었다.

4차 대회에서 코민테른 지도부는 과거에 레닌과 볼셰비키가 케렌스키의 임시정부에 비타협적으로 반대했던 사실을 간과한 듯하다. 레닌과 볼셰비키의 비타협적 반대는 코르닐로프 쿠데타로 케렌스키 정부의 존립 자체가 위협받고 있을 때조차 흔들리지 않았다. 심지어 그런 상황에서도 볼셰비키는 정부의 행동에 일절 책임을 져서는 안 되며 멘셰비키·사회혁명당과 볼셰비키의 차이를 결코 묻어 둬서는 안 된다고 레닌은 강조했다. 그는 1917년 8월 30일(신력으로는 9월 12일) 볼셰비키 중앙위원회에 보낸 편지에서 다음과 같이 썼다.

> **심지어 지금도** 우리는 케렌스키 정부를 지지해서는 안 됩니다. 임시정부 지지는 원칙에서 벗어나기 때문입니다. "당신들은 코르닐로프에 맞서 싸우지 않을 것인가?"라는 질문을 받을 수 있습니다. 물론 우리는 싸워야 합니다! 그러나 이 둘은 똑같은 것이 아닙니다. 바로 여기에 경계선이 있습니다. …
>
> 케렌스키의 군대가 코르닐로프에 맞서 **싸우듯이** 우리도 싸워야 하고 싸우고 있습니다. 그러나 우리는 케렌스키를 지지하지 않습니다. 오히려 우리는 케렌스키의 약점을 들춰냅니다. 거기에 차이가 있습니다. 그것은 미묘한 차이지만, 매우 본질적인 차이고 결코 망각해서는 안 되는 차이입니다.[32]

레닌은 개혁주의자들과 실천적·일시적 협정을 맺는 것이 때로는 필요하다고 항상 주장했다. 그러나 그런 협정을 맺더라도 결코 개혁주의자들을 신뢰해서는 안 되며 공산주의자들과 개혁주의자들의 차이가 흐려지도록 놔둬서도 안 되고 "따로따로 행진해서 함께 공격한다!"는 규칙을 따라야 한다고 강조했다. 레닌은 적을 경계하는 것은 말할 나위도 없고 일시적 동맹도 경계해야 한다고 항상 주장했다. 개혁주의자들과의 공동전선 정책은 부분적 과제들, 특히 방어적 투쟁들로만 제한된다. 사회민주당과의 공동전선을 통해 사회주의 혁명을 이룰 수는 없다. 부르주아 질서와 프롤레타리아 독재 사이에서 중재자 노릇을 하는 혁명적 정권 따위는 존재할 수 없다.

1922년 11월 코민테른 4차 대회에서 받아들여지고 1년 뒤 독일에서 실현된, 공산당과 사회민주당의 연립정부라는 구상은 사회민주주의를 불신하고 비타협적으로 반대한 레닌의 태도와 완전히 모순된다.

독일 혁명의 패배와 러시아 관료의 강화

독일 혁명 소식을 들은 러시아 민중은 흥분에 휩싸였다. 루트 피셔는 1923년 9월 모스크바의 상황을 다음과 같이 묘사했다.

> 독일 혁명을 환영하는 구호들이 넘쳐 났다. 도심 곳곳에 나붙은 각종 현수막과 형형색색의 띠지에는 "러시아 청년들이여, 독일어를 배우라. 독일의 10월이 다가오고 있다" 같은 구호들이 쓰여 있었다. 모든 가게 유리창에는 클라라 체트킨, 로자 룩셈부르크, 카를 리프크네히트의 사진이 붙어 있었다. 모든 공장 집회에서는 "우리가 어떻게 독일 혁명을 도울 수 있는가?"를 주제로 토론했다.[33]

그런 토론은 단지 의례적 행사가 아니었다. 정부는 러시아 노동자들이 독일 혁명을 위해 진정한 희생을 해 주기를 기대했다. 코민테른 집행위원회 기록을 보면, "러시아 노동계급은 독일 혁명을 위해 필요하다면 임금 인상을 중단하고 심지어 임금 삭감도 기꺼이 감수하겠다는 데 동의했다." 노동자들은 독일 프롤레타리아의 패배는 곧 러시아 노동자들의 패배라는 말을 들었다. 대중 집회에서는 여성들에게 독일 혁명의 대의를 위해 결혼반지 등 귀중품을 기부해 달라고 호소했다. 통상인민위원회가 뿌린 전단에는 다음과 같이 쓰여 있었다. "독일 혁명이 발전함에 따라 통상인민위원회는 새로운 문제에 직면했습니다. 즉, 현재의 일상적 교역은 독일 프롤레타리아의 승리를 위해 금과 곡물을 비축하는 작업으로 대체돼야 한다는 것입니다." 그리고 각 공화국의 통상인민위원회에 총 6000만 푸드*의 곡물을 러시아 서부 변경으로 보내라고 지시했다. 러시아 공산당은 정치국의 지시에 따라, 독일어를 할 줄 아는 당원들의 명단을 작성했다. 공산주의 훈련을 받은 예비군을 창설해서 적절한 순간에 그들을 독일로 보내 혁명을 지원하기 위해서였다. 특히 공산주의 청년 단체들을 동원하려는 노력이 강조됐다. 그들은 독일 프롤레타리아와 혁명의 대의를 위해 목숨을 바쳐야 할 수도 있다는 말을 들었다. 10월에는 "노동자들의 독일과 우리의 노동자·농민 연합은 평화와 노동의 보루다", "독일의 증기해머와 소비에트의 빵은 전 세계를 정복할 것이다" 등의 혁명 구호가 유행했다. 소비에트 신문들은 독일 노동자들이 혁명에 성공하면 새 독일 정부는 소비에트 러시아와 손잡을 것이고 그래서 "유럽에서 2억 인민의 엄청난 힘을 단결시킬 것이다. 그러면 유럽에서는 어떤 전쟁도 불가능할 것이다. 왜냐하면 감히 어느 누구도 그런 힘에 대항할 수는 없을 것이기 때문이다" 하고 썼다.[34]

---

*　1푸드는 약 16.38킬로그램.

거대한 은폐

러시아 노동자들의 이런 희망은 결국 물거품이 되고 말았다.

모스크바의 지도부는 독일의 상황 변화에 어떻게 대응했는가? 트로츠키는 독일 프롤레타리아가 매우 심각한 패배를 당했다고 확신했다. 그는 5월부터, 늦어도 7월부터 11월까지 독일은 혁명적 상황이었다고 주장했다. 1924년 1월 트로츠키는 다음과 같이 썼다.

독일이 5월(루르에서 저항이 시작된 때) 또는 7월(루르의 저항이 무너진 때)부터 11월(제크트 장군이 권력을 접수한 때)까지 분명히 전례 없는 위기 국면이었다는 사실은 이제 반박의 여지가 없다.

그러나 공산당 지도부는 그 기회를 놓쳐 버렸다.

공산당이 신속하게 활동을 조정해서 그 5~6개월(역사가 공산당으로 하여금 권력 장악을 위한 정치적·조직적·기술적 준비를 하도록 허용한)을 잘 이용했다면, 사태의 결과는 11월에 우리가 목격한 것과는 사뭇 달랐을 수 있다. … 혁명적 정당이 곧장 권력 장악을 향해 진군하는 모습을 독일 프롤레타리아가 눈으로 봤어야 했다.

그러나 공산당은 실제로는 기존의 선전 정책을 고수했다. 단지 선전의 규모만 확대했을 뿐이다.[35]

트로츠키는 1924년 9월에 쓴 유명한 글 "10월의 교훈"에서 다음과 같이 단언했다. "우리가 독일에서 목격한 것은 세계사적으로 중요하고 지극히 예외적인 혁명적 상황을 어떻게 하면 놓쳐 버릴 수 있는지를 보여 준

전형적 사례였다."[36]

트로츠키와 달리, 코민테른 지도부의 지노비예프와 그 동료들은 패배의 중요성을 과소평가했을 뿐 아니라 브란들러와 라데크 같은 인물들을 희생양 삼으려 했다. 혁명의 지도자는 노동자들에게 진실을 말해야 하고, 따라서 급격한 [전술] 전환이 필요할 때는 노동자들의 의식에 분명하고 확실한 각인을 남길 수 있는 방식으로 전술을 바꿔야 한다고 강조했던 레닌과 달리, 지노비예프는 독일 혁명 실패의 의미와 엄청난 국제적 함의를 흐리려고 온 힘을 다했다.

1923년 10월 12일부터 11월 1일까지 지노비예프는 〈프라우다〉에 "독일 혁명의 문제들"이라는 제목으로 10개의 글을 잇따라 썼다. 그 글들은 논조와 내용이 아주 조심스러웠고 태도 변화의 조짐은 전혀 없었다. 첫째 글은 곧 닥칠 독일 혁명을 낙관적으로 묘사했다.

조금만 있으면, 1923년 가을이 독일 역사뿐 아니라 인류 전체의 역사에서도 전환점이었다는 사실이 모든 사람에게 분명해질 것이다. 독일 프롤레타리아는 세계 노동계급 투쟁의 역사에서 가장 중요한 페이지를 떨리는 손으로 넘기고 있다. 때가 오고 있다. 세계 프롤레타리아 혁명의 역사에서 새 장이 열리고 있다.

다섯째 글은 비록 상황이 어렵겠지만 "독일 프롤레타리아는 권력을 유지할 수 있을 것"이라고 주장했다. 이것은 레닌이 1917년 9월에 쓴 유명한 소책자 《볼셰비키는 국가권력을 유지할 수 있는가?》를 연상시킨다. 여섯째 글은 "독일 혁명의 아킬레스건", 즉 외세의 간섭 위험이라는 문제를 다뤘다. 10월 22일(켐니츠 협의회가 파탄 난 바로 다음 날) 쓴 일곱째 글에서는 다음과 같이 주장했다. "독일 공산당이 대체로 공동전선 전술을 매우 성공적으로 적용해 왔다는 사실은 전혀 의심할 수 없"고 "이에 반대해 온 '좌파' 공산주의자들의 견해는 … 분명히 틀렸다."

10월 26일 〈프라우다〉에 실린 글에서 지노비예프는 다음과 같이 주장했다.

> 아주 처음부터 독일의 프롤레타리아 혁명은 러시아 혁명보다 국제적으로 훨씬 더 중요할 것이다. 독일은 러시아보다 더 발전한 공업국이다. 또, 독일은 유럽의 한가운데에 있다. … 독일에는 강력한 프롤레타리아가 있다. 그들이 팔다리를 뻗기만 하면, 독일 혁명에 대항하기로 작정한 어느 부르주아 나라라도 불안정에 빠뜨릴 것이다.

10월 31일 지노비예프는 독일 혁명이 여전히 고양되고 있다고 말했다. "곧 독일에서 유럽의 운명이 결정될 것이라는 사실을 이해하지 못하는 사람은 틀림없이 눈먼 사람이다."

11월 1일에 마지막으로 쓴 열째 글은 부제가 "환상이 아니다"였는데, 이 글에서도 작센과 튀링겐의 재앙에 관한 언급은 전혀 없었다. 지노비예프는 "독일 사회민주당이 파시스트들의 '평화적' 집권으로 가는 길을 열어 줬다"고 진단했다. 작센에서 연립정부가 맡은 바 임무를 "완수할 수 없었던" 이유는 사회민주당의 방해 때문이었다는 것이다. 따라서 독일 공산당 지도부에 대한 견책은 지노비예프의 연재 기사에서도 그 기사들을 모아 독일에서 펴낸 소책자의 머리말에서도 전혀 암시되지 않았다.

몇 주 뒤 지노비예프는 독일 공산당 지도부와 거리를 둘 필요가 있다는 사실을 깨달았다. 그는 코민테른 집행위원회를 대표해서 독일 공산당 중앙위원회에 써 보낸 편지에서 "작센의 상황을 무장 행동의 출발점으로 이용하지 못했고, 작센 정부 참여를 사회민주당과의 진부한 의회주의적 연합으로 변질시켜 버렸다"고 독일 공산당을 비난했다.[37] 그는 편리하게도, 브란들러와 독일 공산당 중앙위원회 다수파가 내키지 않아 하면서도 작센 정부에 들어갔고 그렇게 하도록 압력을 가한 것이 바로 코민테른 집행위원회였다는 사실을 간과했다.

지노비예프는 계속해서 독일 혁명의 패배를 제대로 강조하지 않았다. 1924년 1월 25일 러시아 공산당 13차 협의회에서 그는 다음과 같이 말했다. "코민테른 집행위원회는 비슷한 사건이 다시 일어나더라도 똑같은 상황에서 똑같이 행동할 것이라는 점을 여러분께 말씀드리겠습니다."

1924년 2월 2일 국제적색원조* 협의회에서도 지노비예프는 다음과 같이 말했다. 유럽 전체의 상황을 감안하면 "우리는 지금 외부의 평화적 시기를 기대해서는 안 됩니다. 아무리 짧고 아무리 잔잔한 평화적 시기라도 기대해서는 안 됩니다. … 유럽은 결정적 국면으로 진입하고 있습니다. … 독일은 분명히 첨예한 내전을 향해 나아가고 있습니다."

1924년 2월 초에 코민테른 집행위원회 상임간부회는 독일 사태의 교훈에 관한 결의문에서 다음과 같이 주장했다. "독일 공산당은 무장봉기와 권력 장악 문제를 의제에서 제외해서는 안 된다. 반대로 이 문제를 아주 구체적으로 긴급하게 우리에게 제기해야 한다."[38] 3월 26일 코민테른 집행위원회는 독일 공산당에 다음과 같이 써 보냈다.

---

* 정식 명칭은 국제노동자원조로서, 코민테른이 전 세계 '계급 전쟁'의 '정치적 포로들'을 물질적·도덕적으로 지원하고자 1922년에 설립한 국제 단체.

독일에서 프롤레타리아 혁명은 불가피하다. 1923년 10월에 사태 전개 속도를 잘못 계산한 실수 때문에 당은 많은 어려움을 겪었다. 그렇지만 그런 실수는 에피소드일 뿐이다. 기본적 판단은 바뀌지 않았다. 혁명이 다가오고 있다. … [당은 — 지은이] 지금 독일 노동계급에게 가장 중요한 과제, 즉 직접적 권력투쟁의 준비, 프롤레타리아 독재의 준비를 과거 어느 때보다 더 날카롭게 제기해야 한다.[39]

지노비예프는 [코민테른] 지도부가 저지른 심각한 오류들을 은폐했다. 추수주의[꽁무니 좇기]가 그 대립물인 모험주의로 바뀌는 것은 역사에서 자주 일어나는 일이다. 독일 혁명이 패배한 뒤 지노비예프는 독일 공산당이 극단적 초좌파주의로 전환하도록 부추겼다. 이것은 몇 년 후 독일 프롤레타리아가 나치에게 패배하도록 길을 열어 줬다. 1924년 1월 19일 코민테른 집행위원회가 발표한 독일 사태에 관한 성명서 내용을 인용해 보자.

지금 독일 사회민주당 지도부는 단지 사회주의의 가면을 쓴 파시즘의 일부일 뿐이다. … 이 사회민주당 지도자들이 자본 편으로 넘어간 것은 이번만이 아니다. 실제로 그들은 항상 프롤레타리아의 적대 계급 편이었지만 이제서야 이 사실이 대중에게 밝히 드러났을 뿐이다. 그럴 수 있었던 이유는 자본주의적 민주주의가 자본주의적 독재로 완전히 바뀌었기 때문이다. 이런 상황 때문에 우리는 독일에서 공동전선 전술을 변경할 수밖에 없다. 우리가 백색 독재의 용병들과 거래할 수는 없는 노릇이다. 독일 공산주의자들은 모두 이 사실을 분명히 깨닫고 독일 프롤레타리아 전체에게 큰 소리로 엄숙하게 선언해야 한다.

사회민주당의 우파 지도자들보다 좌파 지도자들이 훨씬 더 위험하다. … 지금 독일에서 공동전선 전술의 구호는 "아래로부터 단결!"이다.[40]

'아래로부터 공동전선'이라는 말은 공산당이 사회민주당 지도자들을 비난하고 사회민주당 지지자들에게 공산당 대열로 합류하라고 요구해야 한다는 뜻일 뿐이다.

지노비예프는 또, 독일 혁명의 패배에 대한 비판을 피하려고 매우 혐오스런 방식을 새로 고안해 냈다. 그것은 바로 독일 공산당 지도부를 속죄양으로 희생시키는 것이었다. 브란들러를 독일 공산당 의장에서 제거한 덕분에 지노비예프 자신은 무사할 수 있었다.

트로츠키는 브란들러의 행동을 처음부터 줄곧 비판했지만, 그래도 모스크바가 외국 공산당 지도자들을 제거하는 데는 원칙적으로 반대했다. 독일 공산당 지도부가 교체되고 나서 얼마 뒤에 트로츠키는 다음과 같이 썼다.

다른 때와 마찬가지로 이때도 나는 용납할 수 없는 제도에 맞서 싸웠다. 즉, 각국 공산당 지도부를 가혹하게 핍박하고 심지어 당에서 제명하는 등 주기적으로 제거해서 [코민테른] 중앙 지도부의 무오류성을 유지하기에 급급한 제도에 맞서 싸웠다.[41]

외국의 공산당은 자신의 경험과 오류에서 배우고 자신의 일을 스스로 처리하고 지도부를 스스로 선출하게 해 줘야 한다고 트로츠키는 주장했다. 브란들러를 제거한 것은 아주 나쁜 선례를 남긴 셈이었다.

1923년에 레닌은 매우 아팠기 때문에 독일 공산당의 정책을 결정하는 데서 아무 구실도 하지 못했다. 3월 10일 뇌중풍으로 쓰러져 반신불수가 되고 말도 할 수 없게 된 이후 레닌은 거의 죽은 것이나 다름없었다. 비록 1924년 1월 21일까지 9개월 동안 더 살아 있긴 했지만 이제 레닌의 정치 활동은 끝났다.

레닌이 1923년 독일 사태에서 아무 구실도 못했다면, 독일 혁명을 다룬 10장을 레닌의 정치적 전기에 꼭 넣어야 하는지 의아해할 독자도 있을지 모르겠다. 대답은 그럴 수밖에 없다는 것이다. 1923년 독일의 재앙은 레닌의 코민테른을 평가하는 대차대조표에서 가장 중요한 항목이다. 그 비극적 사건에 대한 설명은 코민테른 지도자로서 레닌의 활동을 설명할 때 결코 빠뜨릴 수 없는 핵심이다.

또, 1923년 독일 혁명의 실패는 레닌의 코민테른을 괴롭힌 매우 심각한 약점도 보여 준다. 레닌의 코민테른은 두 가지 가정 위에 세워졌다. 첫째, 세계 노동계급은 결코 분리될 수 없는 하나다. 둘째, 불균등 발전 법칙에 따라 세계 노동계급의 선진 부위가 더 후진 부위를 지도하고 지지해야 한다. 그래서 러시아 공산당이 한동안 코민테른의 전위 구실을 맡게 됐다.

그러나 세계 노동계급의 군대에서 영향력은 한 방향으로만 작용하지 않는다. 즉, 전위 부대가 미숙하고 경험 없는 공산당들에 영향을 미칠 뿐 아니라 후자가 전자에 영향을 미치기도 한다. 러시아의 볼셰비키당은 중서부 유럽의 각국 공산당에 엄청난 영향을 미쳤지만, 그 반대도 마찬가지였다. 각국 공산당의 상호작용은 당내의 불균등성 때문에 각 당의 내부 구조에도 영향을 미쳤다.

볼셰비즘의 역사 전체는 당내 논쟁과 투쟁의 역사였다. 볼셰비키당에는 레닌과 스베르들로프만 있지 않았다. 보그다노프와 루나차르스키 같은 초좌파도 있었고(1907~10년), 리코프와 두브로빈스키 같은 '화해파'도 있었고(1911~12년), 당내 극우파, 즉 지노비예프와 카메네프 같은 인물들도 있었다(1917년 10월 혁명 때).

    러시아 공산당과 중서부 유럽 각국 공산당의 상호작용 때문에, 유럽 공산당의 미숙한 지도자들은 코민테른 의장인 지노비예프가 마음대로 써먹을 수 있는 도구가 됐고 지노비예프는 각국에서 독립적이고 자주적인 지도자들의 훈련·육성 과정을 방해했다. 지노비예프는 부적합한 인물들의 자연선택 과정을 부추겼다. 파울 레비가 레닌이 아니었던 것은 사실이지만 지노비예프나 벨러 쿤과는 다른 정치 지도자였던 것도 사실이다. 지노비예프는 자신이 두른 10월 혁명의 망토에 위압당하는 부관들을 선호했다. 지노비예프가 코민테른을 지도한 가장 분명한 결과가 바로 1923년 독일의 재앙이었다.

11 레닌이 필생의 과업을 위해 투쟁하다

레닌이 병으로 쓰러지다

볼셰비즘의 역사와 레닌의 전기는 항상 맞물려 있다. 신경제정책 시기에, 즉 이상과 현실의 간극이 가장 크게 벌어졌을 때, 엄청난 사회적 힘 앞에 무기력한 개인에게 질병까지 닥치는 비극이 일어났다. 프롤레타리아와 당이 병에 걸렸을 뿐 아니라 레닌 자신도 병으로 쓰러진 것이다.

혁명과 내전 기간에 레닌은 건강을 잃었다. 그러나 불굴의 의지력은 변함없었고, 일하려는 의욕도 꺾이지 않았다. 그는 계속 열심히 일했고, 매우 다양한 활동을 했다. 1920년 9월 1일에는 루만체프 도서관에 그리스어 사전들(그리스어-독일어, 그리스어-프랑스어, 그리스어-러시아어, 그리스어-영어 사전)과 그리스 철학사 책, 독일어·프랑스어·러시아어·영어로 된 가장 좋은 철학 사전 등의 대출을 신청했다.(레닌은 사전을 비롯한 참고서는 대출이 안 된다는 사실을 알고 있었다. 그래서 이 책들을 "하룻밤만, 도서관이 문을 닫은 야간에만 대출하면 안 되겠습니까? 내일 아침까지 반납하겠습니다" 하고 겸손하게 요청했다.[1])

당시 러시아는 가장 끔찍한 고통과 영웅적 투쟁이 한창일 때였다. 그는 긴장을 풀지 못했고 밤에도 쉬지 않고 일했으므로 건강이 나빠진 것은 당연했다. 12월 28일에는 "불면증 때문에 잠을 못 잤더니 몸이 영 안 좋다"고 썼다.[2] 1921년에도 레닌의 건강은 계속 나빠졌다. 8월 9일에는 고리키에게 보낸 편지에서 "너무 피곤해서 뭘 할 수가 없습니다" 하고 썼다.[3]

레닌이 처음 쓰러진 것은 1921년 12월 6일 만성 불면증으로 고생하고 있을 때였다. 그는 병가를 얻어 모스크바 근교의 고리키 마을로 요양을 떠났다. 2주 뒤 업무에 복귀했지만, 1922년 1월 1일 다시 6주간의 병가를 냈다. 그 후 업무에 복귀해서 몇 주 동안 일했지만, 다시 3월 6일부터 25일까지 휴가를 내야 했다. 4월 23일 레닌은 4년 전에 사회혁명당원 도라 카플란에게 저격당할 때 몸에 박힌 총알 둘 중 하나를 제거하는 수술을 받았다. 5월 25일 레닌은 뇌중풍을 일으켜 몸의 일부가 마비됐고 말을 할 수 없게 됐다. 나중에 레닌은 트로츠키에게 다음과 같이 말했다. "아시겠지만, 나는 말도 못하고 글도 쓸 수 없어서 모든 것을 처음부터 다시 배워야 했습니다."[4] 튼튼한 체질 덕분에 살아날 수 있었지만, 10월 2일까지는 업무에 복귀할 수 없었고 건강을 완전히 되찾지도 못했다. 11월 20일 레닌은 마지막 공개 연설을 했다(모스크바 소비에트 대회에서). 11월* 7일에는 고리키 마을로 떠났다. 12월 13일에는 뇌중풍으로 두 차례나 쓰러졌다. 22~23일 밤 다시 반신불수가 됐고, 그래서 크렘린의 작은 방에서 침대에 누워 지내야만 했다.

이 기간 내내 레닌은 놀라울 만큼 부지런했다. 뇌중풍으로 여러 차례 쓰러지고 난 뒤인 1923년 2월 10일 레닌의 비서인 포티예바는 《비서 일

---

* 12월을 잘못 쓴 듯하다.

지》에서 레닌의 상태를 다음과 같이 묘사했다. "피곤해 보이고, 말할 때는 엄청 힘들어한다. 생각이 자꾸 끊기고, 횡설수설한다. 머리에는 압박 붕대를 감고 있다."[5] 그런데도 레닌은 길다란 도서 목록을 건네주며 대출을 부탁했다.[*]

1923년 3월 6일 레닌의 건강은 눈에 띄게 나빠졌다. 3월 10일 다시 뇌중풍으로 쓰러져 반신불수가 됐고 언어 능력을 완전히 상실했다. 그의 정치 활동은 끝났다. 5월 15일 크렘린의 방에서 고리키 마을로 이사했다. 두 달 뒤 갑자기 마치 기적처럼 건강이 다시 좋아지기 시작했다. 일어나서 걷기 시작했고 왼손으로 글씨 쓰는 연습도 했다. 머지않아 책도 읽을 수 있었다. 보통은 크룹스카야가 레닌에게 신문을 읽어 줬다. 그러나 언어 능력은 회복되지 않았다. 1924년 1월 21일 갑자기 건강이 나빠진 레닌은 결국 죽었다.

적극적으로 정치 활동을 할 수 있었던 생애 마지막 몇 달 동안 레닌은 가장 중대한 도전에 직면했다. 즉, 자신이 창설한 소비에트 정권 내에서 성장하는 반동에 맞서 필생의 과업을 지켜야 했다. 당시 그가 구술한 글들은 여태껏 쓴 글 중에서 최고였고, 예리할 뿐 아니라 명쾌했다. 글의

---

[*] V S 로지친, 《현대 과학과 마르크스주의》, 하리코프, 1922. S Y 셈코프스키, 《교육 주제로서 마르크스주의: 전 우크라이나 교육학 대회(1922년 7월) 보고》, 하리코프, 1922. M 알스키, 《내전과 신경제정책 시기의 우리 금융》, 모스크바, 1923. S N 포크너, 《세계 산업의 위기와 전환점》, 모스크바, 1922. G 치페로비치, 《우리 힘으로!(경제 발전 5년의 결과)》, 페트로그라드, 1922. L 악셀로드(정통파), 《관념론 비판: 관념론적 철학 사조 비판 논총》, 모스크바-페트로그라드, 1922. 아르투르 드레브스, 《그리스도 신화》, 모스크바, 1923. P G 쿠를로프, 《러시아 제정의 종말: 전직 헌병대 사령관의 회고》, 모스크바-페트로그라드, 1920. S I 카나치코프, 《오늘의 화제: 프롤레타리아 이데올로기의 사건들》, 페트로그라드, 1923. I A 모잘레프스키, 《프롤레타리아 신화 만들기(현대 프롤레타리아 시의 이데올로기적 편향?)》, 세미팔라틴스크, 1922.[6] — 지은이.

양은 매우 적었지만 질은 가장 뛰어났다.

비극이게도, 지혜의 올빼미는 해가 진 뒤에야 운다. 행동의 시간이 지나간 뒤에야, 인생의 황혼기에 들어서야 레닌은 러시아에서 사회적 반동의 진정한 깊이를 파악할 수 있었다. 늘 그랬듯이, 그는 분명히 문제의 뿌리를 들여다보고 있었다.

침투하는 자본주의를 격퇴하기

앞서 봤듯이, 레닌은 신경제정책을 자본주의 세력이 소비에트 정권에 강요한 후퇴, 즉 '농민의 브레스트리토프스크'로 규정했다. 따라서 신경제정책 시기에는 쿨락·네프맨과 프롤레타리아·국가 사이의 투쟁이 격화할 수밖에 없을 것으로 예상했다(8장 참조). 그리고 앞서 봤듯이, 농민은 레닌이 신경제정책을 도입하며 설정하려 했던 한계를 뛰어넘어 훨씬 더 멀리 나아갔다.

한편, 노동자들은 크게 후퇴할 수밖에 없었다. 대량 실업이 닥쳤다. 당의 고위층으로 통합된 적색 경영자들은 노동자들의 생활수준을 공격하고 엄격한 노동규율을 강요하고 부당 해고를 자행했다.

노동조합은 레닌이 기대했던 구실을 하지 못했다. 노동조합은 경영에 참여하지 못했을 뿐 아니라 산업체의 임금을 결정하는 데도 영향을 미치지 못하게 돼 그 힘과 명성을 대부분 잃어버렸다. 사용자(사기업이든 국영기업이든)에 맞서 노동자들을 방어하기는커녕 점점 더 노동규율 강요를 거들었고 노동자들에 맞서 경영진과 협력했다.

빈곤이 널리 퍼진 상황에서 특권을 노골적으로 과시하는 행태가 갈수록 늘어났다. 네프맨들은 돈다발을 뿌리고 성매매 업소와 도박장을 뻔질

나게 드나들었으며, 네프맨의 부인들은 화려한 보석을 자랑했다. 노동자 반대파 사람들은 신경제정책NEP을 '프롤레타리아에 대한 새로운 착취New Exploitation of the Proletariat'라고 비꼬았는데, 이 말이 널리 유행했다.

1921년과 1922년에 레닌은 거듭거듭 다음과 같이 물었다. 얼마나 오래 후퇴할까? 신경제정책은 얼마나 오래갈까? 점차 그는 후퇴를 억제해야 한다고 강조했다. 그는 어쩌면 옛 백군 정부의 장관을 지낸 교수 우스트랄로프의 말, 즉 신경제정책은 전술에서 진화로 바뀔 것이라는 말이 사실이 될 수도 있다는 두려움에 휩싸였다. 레닌은 마르크스주의의 핵심인 변증법의 원리, 즉 자연에서든 사회에서든 양적 변화가 누적되면 어느 순간 질적 변화가 일어난다는 사실을 잘 알고 있었다. 그는 이런 일이 신경제정책 하에서 정권에 일어날까 봐 두려웠다.

레닌은 신경제정책 시기에 국가와 당의 관료화가 더 심해지는 것을 봤고, 국가가 혁명가들의 통제에서 벗어나는 것도 봤다. "[국가]기구는 자신을 지도하는 손을 따르지 않"고 "뭔가 신비하고 제멋대로 움직이는 손, 아무도 모르는 누군가의 손 … 아마도 부당이득자의 손이거나 사적 자본가의 손이거나 둘 다의 손이 움직이는 대로" 나아가고 있었다. 레닌은 프롤레타리아가 국가기구를 통제하지 못하게 될까 봐 걱정했다.

대외무역 독점을 옹호하기

소비에트 국가가 자본주의의 압력에 밀려 얼마나 멀리 후퇴할까 하는 문제는 구체적으로 대외무역의 국가 독점이라는 문제로 제기됐다.

대외무역의 국가 독점은 1918년 4월 22일 수립됐다. 내전 기간에는 대외무역 독점을 폐지하는 문제가 결코 제기되지 않았다(그도 그럴 것이, 이렇다 할 대외무역이 없었기 때문이다). 그러나 1921년 말에는 밀류틴이 리가에서 열린 발트해 경제 협의회에 소비에트 대표로 참석해서 대외무역 독점을 폐지하겠다고 약속했다. 다른 많은 볼셰비키 지도자도 이 문제에서 밀류틴을 지지했다. 소콜니코프·부하린·퍄타코프는 대외무역 독점을 유지하는 데 반대했고, 지노비예프·카메네프·스탈린은 독점 완화를 원했다. 1922년 3월 3일 레닌은 카메네프에게 다음과 같이 써 보냈다.

> 외국인들은 이미 우리 관리를 뇌물로 매수해서 "러시아에 그나마 남아 있는 것들을 모두 밖으로 빼돌리고" 있습니다. 그들이 성공하는 것은 당연합니다.
> [우리는 — 지은이] 당장 … 확고하고 냉정하고 강렬한 성명서를 발표해서, 우리가 더는 경제에서 후퇴하지 않겠다는 것, 그리고 우리를 속이려 드는(또는 독점을 교묘히 피해 가려는) 자들은 철퇴를 맞을 것이라는 점을 분명히 밝혀야 합니다.[7]

1922년 5월 15일 레닌은 이 문제를 논의하려고 정치국에 제출한 결의안 초안에서 "중앙위원회는 대외무역의 독점을 재확인한다"고 썼다.[8] 또, 스탈린에게 보낸 편지에서는 "독점 완화에 관한 논의·협상·위임 등을 모두 공식적으로 금지해야 합니다" 하고 썼다. 스탈린은 답장에서 다음과 같이 썼다. "저는 현재 단계에서 대외무역 독점을 완화하는 조처들을 '공식적으로 금지'하는 데 반대하지 않습니다. 그렇지만 완화를 피할 수 없게 돼 간다고 생각합니다."[9]

논쟁은 계속됐다. 5월 22일 정치국 회의에서는 레닌의 테제가 채택됐다. 그러나 나중에, 즉 5월 25일 레닌이 뇌중풍으로 쓰러져 몸이 마비되는 바람에 회의에 참석하지 못하게 되자 대외무역 독점 반대파가 득세했다. 10월 6일 중앙위원회 전원회의는 독점을 상당히 완화해야 한다는 소콜니코프의 제안을 승인했다. 이 사실을 알게 된 레닌은 강력하게 반발했고, 결국 10월 16일 중앙위원회는 12월 25일 열릴 다음 전원회의에서 이 문제를 다시 논의하기로 합의했다. 10월 11일 레닌은 트로츠키에게 특히 이 문제를 자신과 상의해 달라고 부탁했다. 그 이틀 전에 레닌은 모든 정치국원에게 보낸 긴급 편지에서 중앙위원회의 결정을 번복해 달라고 요청했다. 다시 한 번 스탈린은 다음과 같은 메모를 첨부한 답장을 보냈다. "레닌 동지의 편지에도 불구하고, 대외무역에 관한 10월 6일 중앙위원회 전원회의의 결정이 옳다는 제 생각은 바뀌지 않았습니다."[10] 사자가 치명상을 입자 하이에나가 고개를 쳐든 것이다. 12월 12일 레닌은 트로츠키에게 둘이 힘을 합쳐 대외무역 독점을 옹호하자고 제안했다. "트로츠키 동지, 크레스틴스키의 편지를 동봉합니다. 최대한 빨리 동지의 의견을 알려 주십시오. 중앙위원회 전원회의에서 저는 [대외무역] 독점을 위해 싸울 생각입니다. 동지는 어떻게 하시겠습니까? 레닌."[11]

사흘 뒤 레닌은 스탈린에게 보낸 편지에서 "저는 … 대외무역 독점을 옹호하기로 트로츠키와 합의했습니다" 하고 썼다. 그리고 다음과 같이 덧붙였다. "이 극히 중요한 문제를 두고 더 동요해서는 결코 안 됩니다. 그랬다가는 우리의 모든 과업이 완전히 파탄 날 것입니다."[12]

레닌이 신경제정책이라는 후퇴를 제어하는 데서 대외무역 독점이 얼마나 중요하다고 생각했는지는 독점 완화를 제안한 부하린의 편지를 비판하는 글에서 분명히 드러난다.

실제로, 부하린은 산업 프롤레타리아에 맞서 부당이득자, 프티부르주아, 상층 농민의 옹호자 노릇을 하고 있습니다. 산업 프롤레타리아는 관세가 아니라 대외무역 독점이라는 안전장치가 없으면 독자적으로 산업을 건설할 수도 없고 러시아를 산업국으로 발전시킬 수도 없을 것입니다. 현재 러시아의 상황을 볼 때, 다른 형태의 안전장치는 모두 완전히 허구적입니다. 그런 허구적 안전장치만으로는 프롤레타리아가 혜택을 얻지 못할 것입니다. 따라서 프롤레타리아의 관점, 프롤레타리아의 산업이라는 관점에서 보면, 현재의 투쟁은 근본적 원칙을 둘러싼 투쟁입니다.[13]

대외무역 독점 문제에서 레닌과 트로츠키가 협력하자 중앙위원회는 10월 6일의 결정을 번복했다. 그래서 12월 21일 레닌은 트로츠키에게 다음과 같이 써 보냈다. "총 한 방 쏘지 않고 그저 시늉만으로도 우리 주장을 관철시킬 수 있었던 듯합니다. 그러나 저는 우리가 멈추지 말고 공격을 계속해야 한다고 생각합니다."[14]

레닌은 신경제정책이 소자본가인 농민에 대한 양보라고 자주 강조했다. 그런 양보는 확실한 안전장치가 없으면 재앙으로 이어질 것이다. 따라서 대외무역의 자유는 허용돼서는 안 된다. 그런 자유를 허용하면, 국가는 가격이나 농민을 통제할 수단을 완전히 상실할 것이다.

계획의 필요성

레닌이 볼 때 프롤레타리아가 허약한 이유는 공업이 취약하기 때문이었다. 프롤레타리아와 농민의 세력균형이나 네프맨의 영향력은 무엇보다 공업과 농업의 상대적 힘의 세기에 달려 있었다.

1922년 11월 13일 코민테른 4차 대회에서 레닌은 죽기 전 마지막에서 두 번째 연설을 하면서, 경제의 "관제 고지는 모두" 국가의 수중에 있다고 주장했다. 그러나 공업은 얼마나 '관제'되고 있었는가? 1922년에 농업 생산량은 전쟁 전 수준의 4분의 3에 이르렀지만, 공업 생산량은 전쟁 전 수준의 4분의 1을 약간 웃돌았을 뿐이다. (농촌과 장인의) 소규모 공업은 전쟁 전 수준의 54퍼센트에 이르렀지만 대규모 공업은 겨우 20퍼센트에 그쳤다. 1922년에 야금공업(전쟁 전 러시아의 최대 공업이었고 모든 대규모 공업의 기초인)의 생산량은 1912년 수준의 7퍼센트에 불과했다.[15]

그래서 레닌은 1922년 11월 코민테른 4차 대회에서 연설할 때 다음과 같이 경계했다.

> 러시아를 구하는 길은 농민이 풍성한 수확을 거두는 데만 있지 않습니다. 그걸로는 부족합니다. 또, 농민에게 소비재를 공급하는 경공업의 상황이 좋아지는 것만으로도 부족합니다. 우리에게는 **중**공업도 필요합니다. 그리고 중공업의 상황이 좋아지려면 몇 년 더 힘써 노력해야 할 것입니다.
>
> 중공업에는 국가보조금이 필요합니다. 국가보조금을 지급하지 못하면, 우리는 사회주의 국가는 말할 것도 없고 문명 국가도 건설하지 못할 것입니다.[16]

레닌은 생애 마지막으로 출판한 글의 말미에서 "[비유적으로 말하면] 우리는 가난에 찌든 무지랭이 농사꾼의 말馬에서, 피폐해진 농민 국가에 적합한 경제라는 말에서, 프롤레타리아가 찾고 있으며 반드시 찾아야만 하는 말로, 즉 대규모 기계 공업, 전력화電力化, 폴호프 발전소 등의 새로운 말로 갈아타야 합니다" 하고 썼다. 그는 이것을 두고 "우리의 과업, 우리의 정책, 우리의 전략과 전술의 전반적 계획"이라고 불렀다.[17] 중공업 건설은 경제계획과 직결된 것이었다.

심지어 내전이 한창일 때도 레닌은 경제계획이 필요하다고 썼다. 예컨대, 1919년 3월 8차 당대회에서 채택된 새 강령은 "단일한 종합적 국가계획에 맞게 온 나라의 모든 경제활동을 최대한 결합시킬 것"을 요구했다. 그러나 이것은 말뿐이었고, 당장의 실천적 결과는 없었다. 내전 상황에서는 모든 경제활동이 군사 전선의 직접적 필요에 종속됐고, 따라서 그때그때의 편의에 좌우될 수밖에 없었던 것이다.

1920년 2월 레닌은 전 러시아 중앙집행위원회 연설에서, 전국의 전력화를 계획해야 하고 전력화가 종합적 경제 발전 계획의 토대가 돼야 한다고 주장했다. 중앙집행위원회는 대회를 마치며, 이제 "경제 건설을 더 정기적으로 계획하고, 국민경제 전체를 아우르는 국가계획을 과학적으로 수립하고 일관되게 실행해야 할 때가 왔다"고 결의했다. 그 결의문은 전력화가 공업·농업·교통에 "일차적으로 중요한" 점을 감안해서, 국가계획위원회는 "발전소 네트워크" 건설 계획을 수립하고 러시아전력화위원회(고엘로)를 설립하라고 지시했다.[18]

1920년 12월 소비에트 8차 대회에서 레닌은 "공산주의는 소비에트 권력 더하기 온 나라의 전력화"라고 단언하고, 전력화 계획은 "우리 당의 둘째 강령"이라고 덧붙였다.[19]

신경제정책 초기부터 트로츠키는 전력화 계획뿐 아니라 **종합적** 경제계획이 필요하다고 주장했다. 그는 고스플란, 즉 국가계획위원회의 권한을 강화해야 한다고 주장했다. 레닌은 이런 구상에 심드렁했다. 그는 경제계획이 그저 서류상의 계획으로 그치고 '공산주의자의 자만심'이 부추긴 환상으로 끝날까 봐 걱정했다. 레닌은 1921년 2월 19일 G M 크르지자노프스키에게 다음과 같이 썼다. "우리는 거지입니다. 굶주리고 피폐해진 거지. 완전하고 통합적이고 진정한 계획은 지금 우리에게 '관료적 유토피아'일 뿐입니다."[20] 그래서 레닌은 트로츠키의 주장을 지지하지 않았다. 1922년 5월 처음으로 뇌중풍으로 쓰러지기 전에도 그랬고 그해 가을 업무에 복귀한 뒤에도 그랬다.

1922년 8월 23일 트로츠키는 경제계획이 없으므로 정부는 긴급한 경제문제들을 제때 제대로 처리하지 못하고 있다는 사실을 들어 레닌을 비판했다.

> 우리가 채택한 가장 중요하고 긴급한 행정적·조직적 경제 대책들은 내가 어림잡아 계산한 바로는 1년 반에서 2년 정도 때늦은 것이었다. … 신경제정책으로 전환한 지금 국가 기금은 경제정책에서 매우 중요한 지렛대다. 국가 기금의 배분은 경제계획에 따라 미리 결정된다. 화폐 발행량을 정하고 금융자원을 부처 간에 배분하는 것 말고 지금 경제계획은 존재하지도 않고 존재할 수도 없다. 그러나 내가 보기에 고스플란은 이런 근본적 문제들에 관심이 없다. … 개별 부처와 기관이 내일 무슨 일이 일어날지를 전혀 확신할 수 없다면 어떻게 그들에게 효율성과 적절한 책임을 요구할 수 있겠는가? 비록 단기적 계획이라도 약간의 대략적 계획조차 없다면 어떻게 최소한의 안정적 업무를 보장할 수 있겠는가? 계획 기관, 즉 뜬구름 잡는 학술적 논의에만 파묻히지 않고 우리 산업을 통제하고 결합하고 규제하고 지도하는 일에 직접 관여하는 그런 기관이 없다면 어떻게 대략적인 단기 계획조차 수립할 수 있겠는가?[21]

트로츠키는 프롤레타리아 독재의 확고한 기반을 창출할 급속한 공업화의 수단으로서 계획이 필요하다고 강조했다.

마침내 트로츠키의 설득과 신경제정책의 하늘에 낀 먹구름 때문에 레닌은 생각을 바꿨다. 12월 27일 그는 병상에 누워서 정치국에 보내는 제안서를 구술했는데, 이 제안서에서 트로츠키의 견해를 지지한다고 말했다. 레닌은 다음과 같이 썼다.

> 국가계획위원회에 입법 기능을 부여하는 것에 관해
> 이 구상은 트로츠키 동지가 제안한 것입니다. 아주 오래전의 일인 듯합니다. 당시 저는 그 제안에 반대했는데, 그리 되면 우리 입법 기구들의 체계를 조정하기가 근본적으로 어려워질 것이라고 생각했기 때문입니다. 그러나 문제를 좀 더 면밀히 숙고하고 나서, 저는 실제로는 그 구상에 견실한 생각이 담겨 있음을 알게 됐습니다. 즉, 국가계획위원회가 비록 우리 입법 기구들과 약간 분리돼 있지만, 경험 있는 사람들과 전문가들과 과학기술계 대표들로 이뤄진 기구라는 점에서, 실제로는 사태를 더 정확히 판단할 수 있는 유리한 위치에 있다는 사실을 알게 됐습니다. … 저는 우리가 국가계획위원회의 권한을 확대하는 방향으로 나아가야 한다고 생각합니다.[22]

그보다 몇 주 전인 11월 25일 레닌은 트로츠키가 코민테른 4차 대회에 제출한 신경제정책 테제를 소책자로 발행해서 널리 배포하자고 제안했다.[23] 이 테제는 신경제정책의 토대 위에서 경제계획을 실행해야 한다고 주장했다.

> [트로츠키는 다음과 같이 썼다. — 지은이] 그러나 노동자 국가는 시장을 토대로 하는 경제로 옮겨 가면서도 결코 계획경제의 시작을 포기하지 않는다. 앞으로도 포기하지 않을 것이다. … 국가는 경제생활의 토대로서 중공업과 교통에 점

점 더 주의를 집중하고 있고, 재정·세입·인허가·세금 정책을 중공업과 교통의 필요에 맞게 대폭 조정하고 있다. 현재 상황에서 국가의 경제계획은 수요·공급의 기본적 상호작용을 전지전능한 예측으로 대체하려는 공상적 과제를 자기 임무로 삼지 않는다. 오히려 우리의 현재 경제계획은 재화를 분배하고 생산을 규제하는 기본 형식으로서 시장을 출발점으로 삼고, 신용·세금·공업·상업의 모든 요인을 결합해서 국영기업이 시장에서 최대한 우위를 확보할 수 있게 하는 것을 목표로 삼는다. 그리고 국영기업 간 상호 관계에 예측과 일관성을 최대한 도입해서, 국가가 시장을 토대로 하면서도 국영기업 간 상호 관계에서 최대한 빨리 시장을 제거하는 데 기여하게 해야 한다.[24]

신경제정책이 경제에서 자본주의 경향과 사회주의 경향의 투쟁인 한, 그 결과는 아직 불확실했다. 결정적 요인은 국제 혁명의 발전이었다. 당시 언론은 흔히 국가 부문을 농민 자본주의라는 바다에 떠 있는 사회주의의 섬으로 비유했다. 이것은 신경제정책이 계속되면 이 섬이 완전히 가라앉을지 모른다는 두려움을 보여 준다. 자본주의 요소와 사회주의 요소가 서로 투쟁할 뿐 아니라 협력도 하는 과도기였으므로 신경제정책은 사회주의로 나아갈 수도 자본주의로 후퇴할 수도 있었다. 여전히 우스트랼로프의 말이 옳을 수 있었다. 즉, 전술은 진화로, 후퇴는 완전한 참패로 바뀔 수 있었다. 레닌은 계속해서 물었다. 크토 코고?(누가 이길 것인가?)

대러시아 국수주의가 대두하다

신경제정책 시기에는 경제적·사회적 반동의 요소가 많았다. 그런데 갑자기 새로운 위협이 추가됐다. 그것은 바로 대★러시아 국수주의였다.

그것도 당 지도부에서 대러시아 국수주의가 나타났다. 그것은 레닌에게 충격적 경험이었다. 항상 피억압 민족들에게 깊이 공감했던 그는 국수주의를 혐오했고, 특히 대러시아 국수주의를 증오했기 때문이다.

대러시아 국수주의의 징후들은 여러 해 동안 국가와 당에 잠복해 있었다. 행정이 점차 중앙집권화하고 모스크바에서 임명한 국가·당 관리가 갈수록 늘어나자 소수민족의 노동자들은 열등 시민 취급을 받을 수밖에 없었다. 따라서 행정적 편의가 모스크바의 중앙집권 체제와 대러시아 국수주의에 기여한 셈이다. 신경제정책은 옛 제정 시절 민족 억압의 장본인처럼 여겨졌던 러시아 상인과 관리에게 경제적·사회적 권력을 되돌려 줘서 대러시아 국수주의를 더 강화했다.

레닌은 놀라고 두려웠다. 1920년 3월 9차 당대회 때 이미 레닌은 다음과 같이 말했다. "일부 공산주의자는 한 꺼풀 벗겨 보면 대러시아 국수주의자입니다."[25] 1921년 3월 10차 당대회 때는 투르키스탄에서 온 사하로프라는 대의원이 지방의 당 조직 구성을 분석한 결과를 근거로, 대러시아 국수주의와 무슬림 민족주의에 맞선 더 적극적 투쟁이 필요하다고 주장했다.[26] 10차 당대회에서는 결의문에 대러시아 국수주의를 강력히 비난하는 표현을 포함시켜서, 공산당 안에 대러시아 국수주의가 존재한다는 사실을 처음으로 인정했다.[27]

1920년 11월 2일 트로츠키는 레닌과 정치국에 보낸 메시지에서, 우크라이나의 소비에트 정부는 처음부터 자체 선거로 구성된 것이 아니라 모스크바에서 보낸 사람들로 구성됐다고 솔직하게 말했다.

우크라이나의 소비에트 정권은 주로 모스크바의 권위 덕분에, 즉 대러시아 국수주의자들과 러시아의 적군 덕분에 지금까지(그러나 힘없이) 유지됐습니다. … 경제적으로 우크라이나는 여전히 무계획성의 전형이고, 모스크바의 관료적 중앙집권 체제의 비호를 받고 있습니다.[28]

그는 이런 정부 구성 방식과 근본적으로 단절해야 한다고 주장했다.

11차 당대회(1922년 3~4월)에서 우크라이나의 노련한 볼셰비크 M 스크리프니크는 《스메나 베흐》 지지자들이 공산당 기구로 침투해 있으며 그들은 우크라이나의 독립을 지지한다는 공산당의 엄숙한 서약을 어기려 한다고 주장했다. 그는 "분리할 수 없는 단일한 러시아는 우리의 구호가 아닙니다" 하고 외쳤다. 그러자 청중석에서 "분리할 수 없는 단일한 공산당!"이라는 고함 소리가 불길하게 들려왔다.[29]

당원의 압도 다수가 러시아인이었다는 사실 때문에 대러시아 국수주의가 더 쉽게 확산될 수 있었다(1922년에 당원의 72퍼센트가 대러시아인이었다). 당이 오직 하나뿐인 상황에서는 민족자결권이 위협받을 수밖에 없었다. 특히, 그 당이 매우 중앙집중적이고, 지배 민족 출신 간부들이 당을 좌우하는 상황에서는 더욱 그랬다. 모스크바의 중앙위원회가 (점차 [중앙위원회 산하] 사무국이) 각 민족 공화국에 이래라 저래라 명령을 하게 되자 민족자결권은 사실상 껍데기에 불과하게 됐다.

1922년 8월 서로 연관된 두 쟁점 때문에 모스크바의 당 지도부 사이에서 대러시아 국수주의 문제가 크게 부각됐다. 하나는 소비에트사회주의공화국연방USSR의 수립이었고, 다른 하나는 그루지야의 민족문제였다.

1922년 8월 10일 정치국은 우크라이나·벨라루스·그루지야·아르메니아·아제르바이잔의 소비에트공화국들과 러시아소비에트연방사회주의공화국RSFSR[이하 러시아연방으로 줄임]의 관계를 어떻게 설정할지를 연구할 위원회를 설치하라고 조직국에 지시했다. 스탈린은 그 위원회의 결의안 초안

"러시아연방과 독립 공화국들의 관계에 대해"를 작성했다.

그는 러시아연방 정부를 사실상 여섯 공화국 전체의 정부로 취급하고, 심지어 형식적으로 [각 공화국의] 독립성을 인정하는 법률적 의제*조차 폐기했다. [스탈린의 결의안대로 하면] 러시아연방의 정부 기관들, 즉 중앙집행위원회, 인민위원회, 노동·방위 위원회가 여섯 공화국의 주요 기구들이 하는 기능을 맡게 됐다. 또, 각 공화국 인민위원회의 핵심 부서들(외무·대외무역·군사·교통통신)은 러시아 정부가 인수하고, 다른 부서들(재무·노동·국민경제)은 러시아연방의 관련 부서 통제 하에 일해야 하며, 오직 하찮은 몇몇 부서만이 자율성을 누릴 수 있었다. 결국 소수민족 공화국의 거의 모든 인민위원회는 모스크바 행정 부서의 확장에 불과했다.

결의안의 6조는 각 공화국의 중앙집행위원회가 동의하기 전까지는 결의안을 비밀에 부치자고 제안하는 내용이었다. 즉, 노동자·농민 대중은 말할 것도 없고, 소비에트 대회의 논의도 거치지 않겠다는 것이었다.[30]

1922년 9월 15일 그루지야 공산당 중앙위원회는 이 결의안을 거부했다. 그러자 [러시아 공산당] 사무국, 즉 스탈린은 관례를 벗어나 변칙적으로 행동했다. 즉, 정치국에서 그 문제를 검토하지도 않은 채 결의안을 당 중앙위원 전체와 후보 중앙위원들에게 배포한 것이다. 그는 사실, 중앙위원회 정치국에서 자신의 계획이 논의되기도 전인 8월 28일에 이미 그루지야의 반스탈린파 지도자인 므디바니에게 전보를 보내, 러시아연방의 최고 통치 기구들(중앙집행위원회, 인민위원회, 노동·방위 위원회)의 결정은 앞으로 모든 공화국에도 법적 구속력이 있을 것이라고 통보한

---

* 의제擬制는 법원에서 실종 선고를 받은 사람을 사망한 것으로 보는 것처럼, 본질은 같지 않지만 법률에서 다룰 때는 동일한 것으로 처리해 동일한 효과를 주는 일이다.

바 있었다.³¹

스탈린의 결의안을 받아 본 레닌은 격분했다. 그것은 민족 간 평등 개념을 완전히 무시한 것이었고, 다른 공화국들에 대한 러시아연방의 패권을 노골적으로 공식화한 것이었다. 9월 26일 레닌은 카메네프에게 다음과 같이 써 보냈다. "우리는 우리 자신과 우크라이나소비에트사회주의공화국이나 그 밖의 공화국들이 법적으로 평등하다고 여기며, 그들과 함께 서로 평등하게 새로운 연방, 새로운 연합, 즉 유럽·아시아 소비에트공화국연방을 건설하려고 해야 합니다." 또, 전 연방 중앙집행위원회, 인민위원회, 노동·방위 위원회를 창설해서 러시아연방의 기구들을 대체해야 한다고도 주장했다.³²

스탈린은 거칠게 반발하며, 늙고 병든 레닌에게 대항했다. 그는 십중팔구 정치국 회의 때 카메네프를 만나, 레닌의 메모에 관한 짧은 필담을 나눴다. 카메네프가 종이쪽지에 "일리치는 [소수민족 공화국들의] 독립을 옹호하는 전쟁을 준비하고 있습니다" 하고 써 보내자 스탈린은 "우리가 레닌에 맞서 확고한 태도를 취해야 한다는 것이 제 생각입니다"라는 답장을 보냈다.³³

9월 27일 스탈린은 레닌에게 답장을 보냈다. 레닌의 속을 긁어놓은 이 편지에서 스탈린은 특히 레닌이 '민족적 자유주의'를 주장한다고 비난했다.³⁴ 이 말에 레닌은 매우 분노했다.

10월 6일 레닌은 "지배 민족의 국수주의에 맞선 투쟁에 관한 메모"를 작성해서 정치국에 보냈다.˚

˚   영어판 레닌《전집》33권 372쪽의 이 번역은 몇 군데가 틀렸다. "대러시아 국수주의"가 "지배 민족의 국수주의"로, "L B 카메네프에게 보내는 메모"가 "정치국에 보내는 메모"로 잘못 번역돼 있다. 그렇지만 이 책에서는 영어판을 그대로 인용한 지은이의 원문대로 번역했다.

저는 지배 민족의 국수주의를 끝장내기 위한 전쟁을 선포합니다.

러시아인,

우크라이나인,

그루지야인 등이

교대로 연방 중앙집행위원회 의장직을 맡아야 한다고 강력히 주장합니다.

강력히![35]

스탈린은 자신이 중앙위원회에서 소수파가 될 듯하자 레닌이 제안한 수정안을 받아들였다. 그러나 레닌에게 이것은 피루스의 승리였을 뿐이다. 이 점은 민족문제의 또 다른 쟁점으로 떠오른 그루지야 문제에서 분명히 드러났다.

내전 당시 캅카스 전선의 정치·군사 지도자였던 스탈린과 오르조니키제는 그루지야·아제르바이잔·아르메니아 공화국을 묶어서 캅카스 연방으로 만들고 싶어 했다. 그것은 소수민족 공화국들의 자율성을 침해하는 조처였다. 캅카스에서 아주 일찍부터 볼셰비키 활동을 했던 부두 므디바니와 1891년부터 마르크스주의자였고 러시아 공산당 중앙위원이기도 했던 필리프 예세예비치 마하라제 같은 그루지야 공산당 지도자들은 캅카스 연방에 반대했다. 이 갈등은 두 그루지야 집단 간의 정치적·개인적 충돌로 비화했다. 한편에는 오르조니키제와 그의 멘토인 스탈린이 있었고, 다른 한편에는 그루지야 공산당 중앙위원회가 있었다.

10월 22일 그루지야 공산당 중앙위원회는 [항의의 표시로] 전례 없는 집단 사퇴서를 러시아 공산당 중앙위원회에 제출했다. 그러나 사퇴서는 수리됐고, 오르조니키제는 무능하지만 캅카스 연방을 군말 없이 받아들이는 고분고분한 젊은이들을 새 중앙위원으로 임명했다. 그루지야 공산당 중앙위원들의 사퇴와 새 중앙위원 임명은 모스크바의 사무국도 간절히 바라던 일이었다.

그러나 옛 중앙위원들은 투쟁을 포기하지 않았다. 사소하지만 중요한 사건을 계기로 레닌은 그루지야 문제를 둘러싼 충돌의 진정한 의미를 깨닫게 됐다. 논쟁과 갈등이 계속되던 도중에 오르조니키제가 자제력을 잃고 므디바니를 지지하는 당원에게 물리적 폭력을 휘두르는 사태가 벌어진 것이다. 그것은 오르조니키제의 집에서 사적인 모임이 열렸을 때 일어난 일이었고, 그 모임에는 러시아 공산당 정치국원이자 레닌의 부관*인 리코프도 참석하고 있었다. 진상 재조사를 요청하는 새로운 탄원서(마하라제 등이 서명한)가 모스크바에 도착하자, 더는 이 사건을 무시할 수 없게 됐다. 이때쯤 레닌은 상황을 걱정하기 시작했다. 그는 옛 그루지야 공산당 중앙위원 오쿠즈하바가 보낸 편지를 보고 깜짝 놀랐다. 오쿠즈하바는 오르조니키제가 그루지야 동지들을 개인적으로 모욕하고 위협했다고 비난했다.

그러나 레닌이 몸을 움직일 수 없는 틈을 타서 오르조니키제와 스탈린은 그루지야 반대파들을 공격했다. 12월 21일 러시아 공산당 중앙위원회는 반대파 지도자들인 므디바니·마하라제·친차제·카프타라제에게 그루지야를 떠나라고 명령했다.³⁶

12월 말 뇌중풍에서 회복된 레닌은 다시 그루지야 문제에 매달리기로 결심했다. 그러나 그의 업무 재개 결정은 장애물에 부딪혔는데, 첫째는 의사들의 지시였다. 의사들은 사람들이 레닌을 방문하지 못하게 막았다. 레닌은 아내인 크룹스카야와 누이인 마리아, 비서 서너 명만을 만날 수

---

* 당시 인민위원회 의장이 레닌이었고 리코프가 부의장이었다.

있었다. 물론 의료진은 예외였다. 또, 주위 사람들이 레닌에게 국가 현안을 얘기하는 것도 금지됐다. 12월 24일 정치국은 다음과 같이 지시했다.

1. 블라디미르 일리치는 하루에 5~10분만 구술할 수 있다. 그러나 서신 교환 성격의 구술은 안 되고, 일리치가 이런 구술에 대한 답변을 기대해서도 안 된다. 사람들이 일리치를 방문하는 것도 금지한다.
2. 레닌의 친구나 가사도우미는 그에게 고민거리나 걱정거리를 안겨 주지 않도록 정치 관련 얘기를 해서는 안 된다.[37]

이것이 어디까지가 레닌을 보호하려는 조처이고 어디까지가 레닌으로부터 사무국을 보호하려는 노력이었는지는 분명하지 않다. 레닌 스스로 포위당했다고 느꼈다는 사실은 L A 포티예바가 1923년 2월 1일자 《비서 일지》에 다음과 같이 기록한 데서 분명히 드러난다.

오늘 블라디미르 일리치가 나를 불렀다. … 블라디미르 일리치는 "내가 아직 잡히지 않았다면"이라고 말했다.(처음에 말실수를 한 그는 웃으면서 그 말을 되풀이했다. "내가 아직 잡히지 않았다면.")[38]

사무국은 레닌의 개인 비서들에게 엄청난 압력을 가했다. 그래서 2월 3일 포티예바는 다음과 같이 기록했다.

이 문제[그루지야 문제 — 지은이]가 정치국에 상정됐느냐는 질문을 받고 나는 그 문제에 대해 말할 권리가 없다고 대답했다. 그러자 레닌이 "특별히 바로 이 문제에 대해 말하지 말라고 하던가요?" 하고 물었다. "아뇨, 저는 현안에 대해 일반적으로 말할 권리가 없습니다." "그러니까 이 문제가 현안이라는 거죠?" 나는 말실수를 했다는 걸 깨달았다. 그래서 나에게는 말할 권리가 없다는 말만 그냥 되풀이했다.[39]

아무리 아픈 환자였어도 레닌은 결코 속여 넘길 수 없는 사람이었다. 그는 계속 그루지야 문제에 관한 정보를 수집했다. 그가 의지할 수 있는 사람이라곤 개인 비서로 일하는 헌신적인 여성 몇 명뿐이었다. 그는 일할 능력은 잃어버렸을지 모르지만 의지력은 결코 잃지 않았다. 레닌은 자신에게 시간이 얼마 없다는 것을 알고 있었고, 그에게는 이행해야 할 의무가 있었다. 그것은 당과 국가에 진실을 말하는 것이었다. 레닌은 구술이 허용되는 것을 이용해서 몇몇 중요한 메모를 남겼는데, 그중에 민족문제에 관한 메모는 여기서 길게 인용할 만한 가치가 있다. 1922년 12월 30일 그는 다음과 같이 구술했다.

저는 러시아 노동자들에게 제가 몹시 태만했다고 생각합니다. 왜냐하면 공식적으로는 소비에트사회주의공화국연방 수립 문제라고 부르는 이 악명 높은 자치공화국화 문제에 제가 있는 힘껏 단호하게 개입하지 못했기 때문입니다. …
흔히들 통합된 기관이 필요했다고 얘기합니다. 그런 확신은 어디서 나왔습니까? 우리가 … 제정에게 물려받아 소비에트 기름을 약간 바른 바로 그 러시아 기구에서 나온 것 아닙니까? …
그런 상황에서는 우리 스스로 정당화한 "연방에서 탈퇴할 자유"는 단지 휴지 조각에 불과할 것이고, 전형적 러시아 관료만큼이나 실제로는 악당이며 폭군인 진짜 러시아인다운 남자, 즉 그 대러시아 국수주의자[스탈린]

의 맹공격에 맞서 비러시아인들을 방어할 수 없으리라는 점은 아주 당연합니다. 소비에트와 소비에트화한 노동자들 중의 극소수만이 우유에 빠진 파리처럼 대러시아 국수주의 쓰레기의 물살에 휩쓸릴 것이라는 점은 분명합니다. …
우리가 진짜 러시아인다운 그 골목대장에 맞서 비러시아인들을 실제로 보호할 수 있는 조처를 취하는 데 충분히 주의를 기울였습니까? 우리가 그럴 수 있었고 또 그랬어야 하지만 그런 조처를 취했다고는 생각하지 않습니다.

레닌은 또, 스탈린을 두고 다음과 같이 말했다.

스탈린의 성급하고 순수 행정에 심취하는 성향, 악명 높은 "민족주의적 사회주의"에 대한 적개심이 여기서 치명적 구실을 했다고 생각합니다.[40]

이튿날인 12월 31일에도 레닌은 대러시아 국수주의를 강력히 비판하며 다음과 같이 구술했다.

큰 민족의 국민인 우리는 역사적으로 거의 항상 무수한 폭력을 휘두른 죄를 저질렀습니다. 또, 우리는 자신도 모르게 수도 없이 폭력을 사용하고 모욕을 줬습니다. … 억압 민족, 즉 이른바 '위대한' 민족(오직 폭력에서만 위대하고 폭력배로서만 위대하지만)에게 국제주의는 민족 간의 형식적 평등을 준수하는 것만이 아니라 실제로 존재하는 불평등을 보상하기 위해 억압 민족, 위대한 민족 자신의 불평등을 감수하는 것이기도 합니다. … 무엇이 필요합니까? 단지 형식적 평등만으로는 안 됩니다. … 과거에 '지배 민족'의 정

부가 비러시아인에게 가했던 모욕과 불신과 의심을 보상해 줘야 합니다.⁴¹

그는 같은 날 구술한 다른 메모에서 오르조니키제의 악행을 처리하는 문제와 관련해 "오르조니키제 동지를 일벌백계로 처벌"해야 한다고 주장하고 나서 다음과 같이 말했다.

이 모든 진짜 대러시아 민족주의 운동의 정치적 책임은 스탈린과 제르진스키[체카의 수장 — 지은이]에게 있습니다.

대러시아 국수주의를 끝장낼 때까지 투쟁하지 않으면, 반제국주의 민족해방운동을 지지한다는 당의 주장은 한낱 위선에 불과할 것이다.

우리 스스로 … 피억압 민족에 대해 제국주의적 태도를 취하게 될 것이고, 그러면 우리가 원칙에 충실하다는 것과 반제국주의 투쟁을 원칙 있게 옹호한다는 사실은 손상되고 말 것입니다!⁴²

그루지야 문제는 레닌의 생애 마지막 정치 활동 기간 내내 그의 마음을 사로잡은 가장 중요한 문제였다. 레닌의 비서 포티예바는 1923년 2월 14일자 《일지》에 다음과 같이 썼다. "[레닌이] 다시 나를 불렀다. 말을 하기 힘들어했고, 피곤한 기색이 역력했다. 자신이 지시한 세 가지 요점을 다시 강조했다. 특히, 그의 마음을 가장 불안하게 만드는 문제, 즉 그루지야 문제를 자세히 얘기했다. 그리고 시간이 없으니 서두르라고 했다."⁴³

3월 5일 레닌은 다음과 같은 편지를 구술하고, 전화로 트로츠키에게 전달하라고 했다.

극비

사신私信

친애하는 트로츠키 동지

동지가 당 중앙위원회에서 그루지야인들을 옹호해 주셔야 한다는 것이 제 간절한 요청입니다. 지금 스탈린과 제르진스키가 이 사건을 '심리'하고 있지만, 저는 그들의 공명정대함을 믿을 수 없습니다. 오히려 정반대라고 생각합니다. 동지가 이 일을 맡아 주신다면 저는 안심입니다. 어떤 이유로든 거절하시겠다면, 그동안 제가 드린 자료를 모두 돌려보내 주십시오. 그러면 동지가 받아들이지 않는 표시로 알겠습니다.

가장 동지적인 인사를 전하며,

레닌[44]*

레닌은 트로츠키에게 이 편지를 보내며, 민족문제에 관한 자신의 메모도 동봉했다. 이튿날 레닌은 그루지야이 반대파 지도자들에게 짧지만 매우 중요한 메시지를 전달했다.

P G 므디바니, F Y 마하라제, 그 밖의 동지들에게

극비

트로츠키와 카메네프 동지에게 사본 보냄

동지들,

저는 진심으로 동지들의 처지를 이해합니다. 저는 오르조니키제의 무례함

---

* 이 편지의 마지막 인사말이 아주 따뜻했기 때문에, 스탈린은 1926년 7월 중앙위원회에서 이 편지를 낭독해야 했을 때 "공산주의적 인사를 전하며"로 바꿔서 낭독했다(당시는 스탈린의 입지가 아직 확고하지 않을 때였다). ─ 지은이

과, 스탈린과 제르진스키의 묵인에 분개하고 있습니다. 동지들에게 보낼 편지와 연설을 준비하고 있습니다.

삼가 레닌 드림.
1923. 3. 6.[45]

이것은 레닌이 구술한 마지막 문서였다.

3월 7일 그는 세 번째 뇌중풍으로 쓰러졌다. 3월 10일에는 반신불수가 됐고, 다시는 언어 능력을 회복하지 못했다. 그의 정치생명은 끝났다. 레닌이 뇌중풍으로 쓰러진 덕분에 스탈린과 오르조니키제는 살아남을 수 있었다.

12 필사적 투쟁

라브크린

레닌은 그루지야 문제를 다루면서 그것이 훨씬 더 심각하고 널리 퍼진 질병의 증상일 뿐이라는 사실을 점차 깨달았다. 그 질병은 바로 관료의 지배였다.

이 유감스런 사건[그루지야 문제]을 계기로 레닌이 스탈린과 충돌하게 됐다면, 라브크린(노동자·농민 감사부)을 조사하면서 레닌은 스탈린과 더 한층 충돌했다. 라브크린은 관료에 맞서 싸우려고 만들어진 기구였다. 제9차 당 협의회(1920년 9월)에서 채택된 결의문은 라브크린의 임무를 다음과 같이 규정했다.

> 침투하는 관료주의·출세주의, 당원이 당과 소비에트의 직위를 이용해 권력을 남용하는 행위, 당내에서 동지적 관계를 훼손하는 행위, 당과 당원의 신뢰를 떨어뜨리는 뜬소문이나 뒷말, 당의 단결과 권위를 해치는 보고 따위가 확산되는 것에 맞서 투쟁한다.[1]

스탈린은 1919년부터 1922년 봄 서기장*에 임명될 때까지 라브크린의 우두머리였고, 서기장에 임명된 뒤에도 한동안 라브크린에 강력한 영향력을 행사했다. 라브크린의 기능은 매우 광범했다. 모든 인민위원회와 공무원의 업무를 감사하고, 행정 부서의 효율성과 도덕성을 감독할 권한이 있었다. 레닌의 의도는 라브크린을 각 인민위원회의 상위 기구로 만들어, 관료에 맞서 투쟁하고 민주적 통제를 실현하게 하려는 것이었다. 라브크린은 노동자와 농민으로 구성된 팀으로 활동했다. 그들은 아무 때나 어느 행정 부서든 마음대로 들어가서 감사를 벌일 수 있었다. 그러나 불행히도 사무실에서 책상물림으로 일하는 노동자들 자신이 관료가 돼 버렸다. 도이처가 지적했듯이, 스탈린은 라브크린을 "정부 내의 사조직 경찰" 쯤으로 만들어 버렸다.[2] 스탈린은 라브크린의 우두머리였으므로, 다른 어느 인민위원보다 더 강력하게 모든 국가기구를, 그 기능과 인원을 통제할 수 있었다.

트로츠키는 이미 1920년부터 라브크린이 비효율적이라고 비판했지만, 레닌은 트로츠키의 비판을 지지하지 않았다. 오히려 1922년 5월 5일까지도 라브크린을 계속 옹호했다.[3] 그러나 그루지야 문제를 놓고 스탈린과 충돌하면서 현실에 눈뜨게 됐다. 레닌은 마지막 글 "적더라도 더 나은 것이 더 낫다"에서 라브크린에 대한 전쟁을 선언했다.

지금 노동자·농민 감사 인민위원회가 아무 권위도 없다는 사실을 솔직히 인정합시다. 우리 노농감사부의 조직 상태가 다른 어떤 기구보다 나쁘다는

---

* 사무국(서기국)의 책임자를 뜻하는 general secretary는 사무국장(사무총장), 서기장, 총서기, 간사장 등으로 번역되는데, 여기서는 스탈린 이후 소련 공산당 사무국 책임자를 서기장으로 표기해 온 관행을 따랐다.

사실, 그리고 현재 상황에서 이 인민위원회에 기대할 수 있는 것은 아무것도 없다는 사실을 누구나 알고 있습니다.[4]

레닌은 계속해서 다음과 같이 말했다.

정말이지, 그저 적당히 임무를 수행하고 아무 신뢰도 받지 못하며 그래서 그 명령이 아무 강제력도 없는 그런 인민위원회를 설치해 봐야 무슨 소용이 있겠습니까? … 우리의 주된 목표는 … 그런 사태를 피하는 것입니다. … 우리는 정말로 모범적인 뭔가를 만들어 내는 일을 시작해야 합니다. 즉, 그 지위와 명칭 때문만이 아니라 그 실적 때문에도 모든 사람에게 존경받는 모종의 기구를 창설하는 일을 시작해야 합니다.[5]

레닌이 새로운 라브크린의 바람직한 특성으로 거론한 것은 스탈린이 이끌던 라브크린의 결함이 무엇이었는지를 보여 준다. "우리의 새로운 노농감사부가 프랑스어의 pruderie(고상한 척하기), 즉 우리말로는 우스꽝스럽게 점잔 빼거나 우스꽝스럽게 으스대는 태도를 벗어던지기를 바랍시다. 그런 태도는 우리 소비에트와 당의 관료에게나 이로울 뿐입니다."[6]

레닌의 라브크린 비판을 당 지도부가 만장일치로 지지한 것은 아니었다. 트로츠키는 다음과 같이 회상했다.

정치국은 레닌의 라브크린 재조직 계획에 어떻게 반응했는가? 부하린 동지는 레닌의 글을 〈프라우다〉에 싣기를 주저한 반면, 레닌은 그 글이 즉시 신문에 실려야 한다고 주장했다. N K 크룹스카야는 나에게 전화로 이 글의 내용을 설명해 주고, 내가 나서서 이 글이 최대한 빨리 신문에 실릴 수 있게 해 달라고 요청했다. 나는 즉시 정치국 회의 소집을 요구했다. 그러나 회의 참석자들은 모두(스탈린·몰로토프·쿠이비셰프·리코프·칼리닌·부하린 동지) 레닌 동지의 계획에 반대했을 뿐 아니라 그 글의 인쇄 자체도 반대했다. 특히 사무국 사람들이 격렬하게 무조건 반대했다. 그 글이 인쇄된 것을 봐야겠다는 레닌 동지의 끈질긴 요구를 감안해서 쿠이비셰프 동지(나중에 라브크린의 우두머리가 된다)는 앞서 말한 정치국 회의에서 다음과 같이 제안했다. 즉, 레닌을 달래기 위해 그 글이 실린 〈프라우다〉 특별호를 딱 한 부 인쇄해서 레닌에게 보여 주고 글 자체는 당에 공개하지 말자고 했다. … 나를 지지한 사람은 거의 한 시간 늦게 회의에 들어온 카메네프 동지뿐이었다. 그러나 레닌이 어떻게든 자신의 글을 당내에 유포시키고 말 것이라는 주장에 밀려 결국 그들은 레닌의 글을 인쇄할 수밖에 없었다.[7]

레닌의 글은 1923년 3월 4일자 〈프라우다〉에 실렸다.[*]

처방

1922년 가을에 레닌은 마치 무덤에서 살아난 것처럼 업무에 복귀했다. 그는 자기 주위에서 무슨 일이 벌어지고 있는지를, 그리고 관료가 무섭게 성장하고 있다는 사실을 똑똑히 볼 수 있었다. 그래서 "관료는 소비에트 사무실에만 있는 것이 아니라 우리 당의 사무실에도 있다"는 것이

---

[*] 지은이가 착각한 듯하다. 인용문의 출처인 《날조를 일삼는 스탈린 학파》에서 트로츠키가 회상한 레닌의 글은 1923년 1월 23일 구술해서 1월 25일자 〈프라우다〉에 실린 "우리는 노농감사부를 어떻게 재조직해야 하는가?"이고, 3월 4일자 〈프라우다〉에는 이 글의 속편이라 할 수 있는 "적더라도 더 나은 것이 더 낫다"가 실렸다.

주된 문제 중 하나라고 말했다. 레닌은 또, 해악의 가장 큰 원천은 최고 기구인 당 중앙위원회에 있다는 사실도 깨달았다. 자신의 생명이 꺼져 가고 있음을 의식한 그는 관료라는 암적 요소에 맞서 싸울 실천적 방안들을 서둘러 마련했다.

1922년 12월 23일 레닌이 권고한 중요한 대책 하나는 중앙위원 수를 100명까지 늘리자는 것이었다. 이 조처는 "중앙위원회의 위신을 세우기 위해서만이 아니라 우리의 행정 기구를 철저히 개선하고 중앙위원회 내의 작은 분파 간 갈등이 당의 미래에 지나치게 중요해지는 사태를 예방하기 위해서라도 반드시 실행돼야 합니다."[8]

12월 26일 작성한 다른 메모에서는 중앙위원회를 확대하는 방안의 주요 장점 하나로 중앙위원회의 사회적 구성을 개선할 수 있다는 점을 꼽았다.

많은 노동자가 중앙위원회에 들어오면, 지금 매우 열악한 상태에 있는 우리의 행정 기구를 노동자들이 개선하는 데 도움이 될 것입니다. … 저는 새롭게 중앙위원으로 충원될 노동자 수십 명이 우리 국가기구를 점검하고 개선하고 개조하는 일을 그 누구보다 잘 해낼 수 있다고 생각합니다.

노동계급 출신의 중앙위원들은 주로, 지난 5년 동안 승진해서 소비에트 기구에서 일하는 사람들보다 더 낮은 계층의 노동자들이어야 합니다. 그들은 평범한 노동자·농민에 더 가까운 사람들이어야 합니다. … 제 생각에 그 노동자들은 중앙위원회와 정치국의 모든 회의에 참석하고 중앙위원회의 모든 문서를 열람해서 첫째, 중앙위원회 자체를 안정시키고 둘째, 국가기구의 혁신과 개선을 효과적으로 추진할 수 있는, 소비에트 체제의 헌신적 지지자 집단을 형성할 수 있을 것입니다.[9]

레닌이 제안한 또 다른 개혁은 라브크린, 즉 국가기구를 당 기구인 중앙통제위원회와 융합시키는 것이었다.

당대회에서 중앙통제위원회의 새 위원들을 75~100명 선출할 것을 제안합니다. 그들은 노동자와 농민이어야 하고, 여느 중앙위원과 마찬가지로 당의 심사를 받아야 합니다. 그들도 중앙위원과 똑같은 권리를 누릴 수 있어야 하기 때문입니다.[10]

이 새 중앙통제위원회는 중앙위원회와 함께 두 달에 한 번씩 "당의 최고 회의"를 열어야 한다. 그리고 중앙통제위원회의 상임간부회는 정치국의 모든 활동을 면밀하게 점검하기 위해 정치국 회의에 참석해야 한다.

중앙통제위원들의 임무는 일정 수의 위원들이 정치국의 모든 회의에 참석해야 한다는 것입니다. 중앙통제위원들은 탄탄한 그룹을 형성해서, 그들이 문제를 제기하고 문서를 검증하고 일반적으로 모든 문제에 관해 항상 충분한 정보를 얻고 문제를 제대로 처리하기 위해 엄격한 통제를 실시하려 할 때 이를 방해하려는 시도가 있으면 결코 어떤 권위도 용납해서는 안 될 것입니다. 서기장의 권위든 그 밖의 중앙위원의 권위든 어떤 예외도 허용해서는 안 됩니다.

확대된 중앙위원회와 재구성된 중앙통제위원회의 관계가 긴밀해지면, 대중과의 접촉도 강화될 것이라고 레닌은 기대했다.[11]

그런데 이런 개혁들을 어떻게 실행할 것인가? 레닌은 건강이 좋지 않아서 자신이 직접 개혁을 위한 투쟁에 나설 수 없었으므로 트로츠키의 도움에 의지했다. 트로츠키는 레닌과 나눈 마지막 대화를 다음과 같이 기억한다.

[세 번째 뇌중풍으로 쓰러지기 얼마 전에 — 지은이] 레닌은 크렘린의 자기 방으로 나를 불러서, 우리 소비에트 기구 내에서 관료가 무섭게 성장했으므로 이 문제를 해결할 방법을 찾아내야 한다고 말했다. 그는 중앙위원회 산하에 특별위원회를 설치하는 방안을 거론하며 나더러 그 위원회에 적극 참여해 달라고 요청했다. 나는 다음과 같이 대답했다.

"블라디미르 일리치, 제가 확신컨대 지금 소비에트 기구 내의 관료에 맞선 투쟁에서 우리가 잊지 말아야 할 사실은 중앙과 지방에서, 심지어 지구와 지역 당 사무소에서도 당의 특정 유력 인사들과 중앙위원회 내의 지배 집단에 대한 충성을 바탕으로 관리와 전문가(당원과 비당원 모두)가 특별히 선발되고 있다는 것입니다. 따라서 우리가 하급 관리 한 명을 공격할 때마다 중요한 당 지도자와 맞닥뜨리게 될 것입니다. 전문가는 그런 지도자의 수행원일 뿐입니다. 지금 같은 상황에서 저는 그 일을 맡을 수 없습니다."

블라디미르 일리치는 잠시 생각하더니 다음과 같이 말했다(여기서는 그의 말을 그대로 인용하겠다). "다시 말해, 나는 소비에트 기구의 관료에 맞선 투쟁을 제안했는데 당신은 당 조직국의 관료도 포함시키자고 제안하는 거지요?"

이 뜻밖의 말에 나는 웃었다. 그렇게 완결된 공식으로 내 생각을 정리해 본 적은 없었기 때문이다.

나는 대답했다. "그런 것 같군요."

그러자 블라디미르 일리치가 말했다. "좋습니다. 그럼 내가 당신에게 연합을 제안하겠습니다."

내가 말했다. "좋은 사람과 연합을 하게 돼 기쁘군요."

우리의 대화를 끝내며, 블라디미르 일리치는 중앙위원회가 특별위원회를 설치해서 관료 '일반'에 맞서 싸우도록 제안하겠다고 말했다. 그러면 그 위원회를 통해 우리가 중앙위원회 조직국에도 맞서 싸울 수 있을 것이라고 했다. 조직적 측면은 '더' 깊이 생각해 보겠다고 약속했다! 거기까지 얘기하고 나서 우리는 헤어졌다. 그 뒤 2주 동안 나는 그가 다시 부르기를 기다렸지만, 일리치의 건강은 계속 나빠졌고 머지않아 침대에서 일어나지 못하게 됐다. 그 후 블라디미르 일리치는 비서를 통해 민족문제에 관한 편지들을 나에게 전해 줬다. 그래서 그 일[관료에 맞선 투쟁]은 결코 완수되지 못했다.[12]

죽어 가면서도 레닌은 트로츠키와의 연합에 의지해 혁명을 구하려고 필사적으로 노력했다. 1917년과 내전 기간에 그랬듯이 다시 한 번 레닌과 트로츠키의 긴밀한 연합이 구축되고 있었다.

그러나 관료에 맞서 싸울 방법으로 레닌이 제안한 개혁들은 극히 비효율적일 수밖에 없었다. 그 개혁들은 진공 속에서 존재했다. 기술적으로는 나무랄 데 없는 정책들이었다. 그러나 **노동자들을 동원해서** 행동에 나서게 하는 것과는 전혀 무관했다. 그런데 우리가 봤듯이 레닌의 정치 활동을 통틀어 그의 강점은 바로 노동자들을 동원하는 능력이었다.

레닌이 제안한 중앙통제위원회(라브크린)는 국가 구조에서는 독립적이고 당대회에 종속되는 그런 기구였다. 그러나 당대회 자체가 점점 더 서기장에 종속됐다. 서기장이 거의 모든 당직자를 임명할 권한을 쥐고 있었기 때문이다.

중앙위원회는 평범한 노동자들로 충원됐지만, 그들이 일단 고위직을 차지하게 되자 그들 자신이 관료로 바뀌는 것을 막을 방도가 없었다. 정치국의 선임 볼셰비크들은 아직 서기장이 직접 짓밟기 힘들 만큼 위신이 대단했다. 그런 상황에서 중앙위원회의 확대(주로 무명의 신참들로 이뤄진)는 오히려 서기장이 정치국을 더 쉽게 제압하도록 해 주지 않았을까? 당내 분파가 전혀 허용되지 않고 서기장이 이견은 곧 분파라고 몰아붙이는 마당에, 관료를 민주적으로 통제할 권한이라는 것은 그저 공허할 뿐이었다.

따라서 레닌이 제안한 관료 반대 투쟁 방안들은 뒤를 받쳐 줄 힘이 없었다. 결국 12차 당대회(1923년 4월)에서 중앙위원회가 확대됐는데도 사무국의 권력은 결코 약해지지 않았다. 오히려 그 반대였다. 사실, 라브크린과 관련해서 레닌이 제안한 정책들은 모두 스탈린에 의해 12차 당대회에서 실현됐다. 그와 동시에 그 기구에 대한 스탈린의 지배력도 더 강고해졌고, 나아가 관료 일반의 권력도 더 강해졌다. 설상가상으로, 중앙통제위원회 의장으로 임명된 사람은 다름 아닌 오르조니키제였다!

레닌의 유언장

레닌은 정치 생활의 마지막 나날에 후계자 문제로 고민했다. 당과 국가의 수반으로서 그의 지위를 누가 대신할 것인가? 그는 이 문제를 다룬 글에서 당의 최고 지도자들 면면을 분석했다. 소비에트 정권의 위험한 상황 때문에 레닌은 이것이 매우 중요한 일이라고 생각한 듯하다. 이 문제는 레닌의 '유언장'에서 매우 중요한 요소다.

이 '유언장'은 1922년 12월 23일부터 31일까지 구술한 메모와 1월 4일 구술한 추신으로 이뤄져 있다. 《레닌 전집》(흐루쇼프가 스탈린의 범죄를 폭로한 뒤에 출판된)에서 그 메모들은 "[12차] 당대회에 보내는 편지"로 기록돼 있다.

그 메모에서 레닌은 중앙위원회·중앙통제위원회·라브크린의 개편을 제안하고 나서 당의 최고 지도자들을 분석했다. 그는 소비에트 정권의 안정을 위협하는 요인은 무엇보다 그 토대에서 나타날 수 있다고 주장했다. 즉, 프롤레타리아와 농민의 분열 위험이 그 요인이라는 것이다.

우리 당은 두 계급에 의지하고 있으므로, 그 두 계급 사이에 합의가 이뤄지지 않으면 당이 동요할 수 있을 뿐 아니라 당의 붕괴도 피할 수 없을 것입니다. … 그런 사태가 벌어지면 어떤 조처로도 분열을 막을 수 없을 것입니다.

이것은 장기적 위협이었다. 단기적으로는 당 지도부 내의 개인적 관계에서 비롯한 분열 위험이 더 클 것이라고 레닌은 내다봤다.

이런 관점에서 보면, 안정성 문제에서 주된 요인은 스탈린과 트로츠키 같은 중앙위원들이라고 생각합니다. 제가 보기에는 그들 사이의 관계가 분열 위험의 더 많은 부분을 차지합니다.

이 예언 같은 평가를 하고 나서 레닌은 지도자 6명, 즉 스탈린과 트로츠키, 지노비예프와 카메네프, 부하린과 퍄타코프를 초상화를 그리듯 간략하게 묘사했다.

서기장이 돼 있는 스탈린 동지는 자신의 손에 무제한의 권력을 집중시켜 놨습니다. 저는 그가 항상 충분히 신중하게 그 권력을 사용할 수 있을지 잘 모르겠습니다. 다른 한편, 트로츠키 동지로 말하면, 교통운수인민위원회 문제를 두고 중앙위원회에 맞서 투쟁한 데서 이미 입증됐다시피 탁월한 능력만으로도 단연 돋보입니다. 아마 그는 개인적 능력으로 보면 현재의 중앙위원회에서 가장 유능한 인물일 것입니다. 그러나 지나치게 자신만만하고, 일을 할 때 순전히 행정적 측면에 지나치게 몰두하는 경향을 보였습니다.

현재 중앙위원회를 이끌고 있는 탁월한 두 지도자의 이 두 가지 자질은 자칫하면 당의 분열을 낳을 수 있는 요인입니다. 따라서 우리 당이 이를 막을 조처를 취하지 않으면 분열은 예기치 않게 찾아올 수 있습니다.

지노비예프와 카메네프에 대해서는 한마디만 했다. "물론 지노비예프와 카메네프의 10월 일화가 결코 우연은 아니었다는 점만을 상기시키고자 합니다."

젊은 중앙위원 두 명, 즉 부하린과 퍄타코프에 대해 레닌은 다음과 같이 썼다.

제 생각으로 그들은 (젊은 동지들 가운데) 가장 탁월한 인물들인데, 두 사람에 대해서는 다음과 같은 점을 유념해야 합니다. 부하린은 당의 가장 귀중하고 주요한 이론가일 뿐 아니라 당연히 당 전체가 매우 좋아하는 인물입니다. 그러나 그의 이론적 관점은 완전히 마르크스주의적이라고 보기에는 중대한 문제가 있습니다. 왜냐하면 그는 상당히 현학적인 경향이 있기 때문입니다(부하린은 결코 변증법을 공부한 적이 없고, 제가 보기에는 변증법을 제대로 이해한 것 같지도 않습니다).

퍄타코프로 말하면, 그는 분명히 의지와 능력이 탁월한 인물입니다. 그러나 일을 할 때 관리·운영 업무나 행정적 측면에 지나치게 열의를 보이므로, 중요한 정치 문제를 믿고 맡기기는 어렵습니다.[13]

이때까지도, 즉 12월 23일과 25일까지도 레닌은 대체로 트로츠키와 스탈린의 우위를 바탕으로 하고 중앙위원회의 확대 같은 안전장치를 갖춘 집단지도체제를 유지할 것을 제안했다.

그러나 이 글을 구술하고 나서 열흘 뒤에 레닌은 균형을 완전히 뒤바꾸는, 즉 스탈린을 날카롭고 신랄하게 비판하는 추신을 썼다. 이렇게 생각이 바뀐 이유는 그루지야 문제 때문이라고 할 수 있다(이제 레닌은 오르조니키제와 스탈린이 대러시아 골목대장처럼 군다고 비난했다). 또, 스탈린과 크룹스카야 사이에 일어난 사건도 영향을 미쳤다고 할 수 있다.

12월 22일 스탈린은 크룹스카야에게 전화로 욕설을 퍼붓고, 크룹스카야를 통제위원회에 회부하겠다고 위협했다. 레닌이 대외무역 독점 문제에 관해 트로츠키에게 보내는 구술 편지를 크룹스카야가 받아 적었는데, 이것은 의료진이 레닌에게 지시한 사항을 어긴 것이라는 이유에서였다. 12월 23일 크룹스카야는 카메네프에게 다음과 같이 써 보냈다.

레프 보리소비치! 스탈린이 어제 저에게 쌍욕을 퍼부었습니다. 레닌이 의사들의 허락을 받아 저에게 구술한 짧은 메모 때문이었어요. 저는 어제 당에 가입한 신참이 아닙니다. 지난 30년 동안 저는 다른 동지에게 단 한 마디도 욕설을 들어 본 적이 없습니다. 당과 일리치의 이익은 스탈린 못지않게 저에게도 소중합니다. 지금 저는 할 수 있는 한 최대의 자제력을 발휘하고 있습니다. 일리치와 논의할 수 있는 것과 없는 것을 어떤 의사보다

제가 더 잘 압니다. 왜냐하면 무엇이 일리치의 신경을 쓰이게 하고 무엇이 그렇지 않은지를 저는 잘 알기 때문이죠. 누가 뭐래도 스탈린보다는 제가 더 잘 압니다.

크룹스카야는 "사적 생활에 대한 불쾌한 간섭, 부당한 모욕과 위협"으로부터 자신을 보호해 달라고 요청하고 나서 다음과 같이 계속 말했다.

저는 통제위원회가 소집되면 오히려 스탈린 자신이 저를 위협했던 것에 대해 만장일치로 [징계] 결정을 받을 것이라고 확신합니다. 그러나 저는 그런 멍청한 코미디에 시간과 노력을 쏟을 여유가 없습니다. 저도 인간이고, 제 신경은 지금도 폭발하기 일보 직전입니다. N K 크룹스카야.[14]

레닌이 유언장에 스탈린의 무례함에 관한 추신을 덧붙인 것은 [옐]하루 뒤인 1923년 1월 4일이었다.

1922년 12월 24일자 편지에 대한 추신
스탈린은 너무도 무례합니다. 그리고 이 결점은 우리 사이에서, 우리 공산주의자들 사이에서는 용납될 수 있을지라도 서기장직을 맡는 데서는 용납될 수 없습니다. 바로 그런 이유로 저는 동지들이 스탈린을 그 직위에서 해임하고 다른 사람을 그 자리에 대신 임명하는 방안을 생각해 볼 것을 제안합니다. 어느 모로 보나 스탈린 동지와는 다른 사람, 즉 더 참을성 있고, 더 성의 있고, 더 공손하고, 동지들을 더 세심하게 배려하고, 덜 변덕스러운 등등의 장점이 단 하나라도 있는 사람으로 교체하는 방안을 말입니다. 이런 제안은 무시해도 좋은 자질구레한 문제처럼 보일지도 모르겠습니다.

그러나 분열을 막을 안전장치라는 관점에서 보면, 그리고 스탈린과 트로츠키의 관계에 대해 제가 앞서 말한 내용에 비춰 보면, 이것은 결코 자질구레한 문제가 아니거나 자질구레하더라도 결정적으로 중요할 수 있는 문제라고 생각합니다.[15]

크룹스카야를 개인적으로 모욕한 것 자체가 레닌이 스탈린을 비난한 이유는 아니었다. 개인적 원한은 레닌이 정치적 동지와 적을 나누는 데서 결정적 요인이었던 적이 한 번도 없었다. 1권에서 봤듯이, 레닌은 베라 자술리치(와 마르토프)를 개인적으로 배려하면서도 그들에게 가혹한 조처를 취할 수 있었다. "레닌은 지적으로 너무나 정직했고 너무나 대의에 헌신했으므로, 자신의 감정 때문에 조직에 필요한 바를 희생시킬 수 없었다."[16] 그리고 레닌의 이런 태도는 생애 말년에도 바뀌지 않았다.

분명히 정치가 그 밖의 모든 고려 사항보다 더 중요했을 것이다. 그러나 그루지야·라브크린 문제 등에 이어서 스탈린의 개인적 무례함이 십중팔구 스탈린은 공산주의의 대의를 크게 해칠 수 있다는 경고신호로 보였을 것이다.

크룹스카야 사건은 후폭풍을 불러일으킬 수밖에 없었다. 1923년 3월 5일, 레닌을 마침내 정치 무대에서 퇴장시킨 뇌중풍이 일어나기 이틀 전에 그는 다음과 같은 편지를 써서 스탈린에게 보내고 카메네프와 지노비예프에게도 사본을 전달했다.

친애하는 스탈린 동지,

동지가 제 아내에게 전화를 걸어 심한 욕설을 퍼부었다니 정말 무례하기

짝이 없군요. 비록 아내는 그 일을 잊어버리기로 마음먹었다고 동지에게 말했지만, 그 사실은 이미 아내를 통해 지노비예프와 카메네프에게도 알려졌습니다. 저는 저에게 퍼부어진 그런 모욕을 그리 쉽게 잊어버릴 생각이 없습니다. 말할 필요도 없이 아내가 당한 모욕은 제가 당한 것과 다름없습니다. 그러므로 저는 동지가 스스로 했던 말을 취소하고 사과하거나 아니면 우리 사이의 관계를 파기하거나 둘 중 하나를 심사숙고할 것을 요청하는 바입니다.

삼가 레닌 드림[17]

레닌은 스탈린을 고위직에 임명한 자신의 책임을 회피하지 않았다. 분명히 레닌은 1920년 12월 30일 스스로 다음과 같이 말했던 사실을 떠올렸을 것이다.

정치 지도자는 자신의 지도력뿐 아니라 자신이 지도하는 사람들의 행동에 대해서도 책임을 져야 한다. 그는 때때로 그들이 무엇을 하는지 알지 못할 수 있고, 흔히 그들이 뭔가를 하지 않았기를 바랄 수도 있지만, 그래도 여전히 책임은 그에게 있다.[18]

레닌의 유언장은 언뜻 보면 마르크스주의 문서가 아닌 것처럼 보인다. 즉, 정치적·사회적 문제에 관한 일반적 진술이 아니라 스탈린을 비난하는 개인적 투쟁처럼 보인다. 그러나 레닌은 정치가 사람들에 의해 그리고 사람들을 통해 발전한다는 사실을 잘 알고 있었다. 당과 국가의 지도부에서 나타난 개인적 특성들은 이질적인 사회적 힘의 표현이 되고 있었던 것이다.

유언장 전체에 레닌의 비극적 처지가 강하게 배어 있다. 즉, 그는 평생 혁명 활동을 하면서 보수적 당 기구에 압력을 가할 필요가 있을 때 기층 대중에게 의지했는데 이제는 정치의 주요 무기를 개인적 변화에 의지할 수밖에 없었던 것이다.

레닌은 당내의 프롤레타리아적 요소에 의지할 수 없었다. 그들은 너무 소수였기 때문이다. 당내 민주주의에 의지할 수도 없었다(기적처럼 당내 민주주의가 되살아났다 해도 그럴 수 없었다). 왜냐하면 당이 주로 공장 경영자, 정부 관리, 군 장교, 당 간부 등으로 이뤄진 상황에서 민주주의는 관료들의 염원을 반영했을 것이기 때문이다. 레닌은 '올드 가드'에게* 호소할 수도 없었다. 첫째, 그들이 당내에서 극소수였기 때문이고(겨우 2퍼센트) 둘째, 그들의 다수가 관료 카스트의 중요한 일부였기 때문이다.

레닌이 제안한 반反관료 투쟁 방안들은 모두 존재하지 않는 능동적 프롤레타리아를 대체하는 것들이었다. 그는 다른 상황에서 다음과 같이 말한 적 있다. "사람이 파멸을 향해 나아가고 있을 때는 … 정확한 계산을 할 수 없습니다." 불행히도 이제 레닌 자신이 그런 처지가 됐다.

바로 이런 객관적 상황 때문에 레닌이 마지막 정치 활동 기간에 그렇게 우유부단했던 것이다. 그는 어느 방향으로 나아가야 할지 더듬더듬 찾고 있었다. 병으로 쓰러졌다가 잠시 회복될 때마다 병상에 누워 당과 국가기구의 움직임을 지켜보며 그의 놀라움과 두려움은 커져 갔고, 안간힘을 다해 떨리는 손으로 배의 키를 움켜잡으려고 발버둥 쳤다.

---

* 올드 가드old guard는 원래 나폴레옹 1세의 친위대를 가리키는 말이었으나, 흔히 특정 조직의 보수적 선임 회원이라는 뜻으로 쓰인다.

무엇보다 레닌은 소비에트 국가의 정치적·행정적 공백을 메우는 과정에서 관료가 성장했다는 사실, 그 공백은 혁명적 프롤레타리아가 기진맥진하고 해체되는 바람에 생겨났다는 사실, 그리고 혁명적 프롤레타리아의 해체는 제1차세계대전·혁명·내전을 거치며 누적된 고통과 그에 따른 파괴, 기근, 전염병, 물리적 소멸 때문이었다는 사실을 알고 있었다.*

---

* 이 책에서 보여 주듯이, 당과 국가에서 관료가 성장한 과정은 내전 기간에 시작됐고 신경제정책 시기에 가속도가 붙었으며 레닌이 정치 무대에서 떠나자 절정에 달한 매우 오랜 과정이었다. 그렇지만 관료의 승리와 소련의 관료적 국가자본주의 체제 확립 사이에는 간극이 있다. 관료적 국가자본주의 체제는 관료가 대규모 공업화와 강제 농업집산화 정책을 채택했을 때 확립됐다. 그제서야 관료는 자본주의의 역사적 기능, 즉 자본축적의 대행자로 나설 수 있었던 것이다. 더 자세한 내용은 토니 클리프, 《소련은 과연 사회주의였는가?》, 책갈피, 2011 참조. — 지은이.

13 마지막 패배

트로츠키가 꾸물거리다

 앞서 봤듯이, 레닌과 트로츠키는 함께 힘을 합쳐 스탈린과 관료에 맞서 투쟁하고 특히 그루지야 문제와 라브크린이라는 두 쟁점에 공격을 집중하기로 합의했다. 트로츠키는 나중에 포티예바의 말을 인용해서 다음과 같이 썼다. "블라디미르 일리치는 당대회에서 스탈린에게 던질 폭탄을 준비하고 있습니다.' '폭탄'이라는 말은 레닌이 한 것이지 포티예바가 지어낸 말이 아니었다. '블라디미르 일리치는 동지[트로츠키]가 직접 그루지야 문제를 맡아 주기를 바랍니다. 그러면 안심할 것입니다.'"[1]

 트로츠키는 무엇을 했는가? 1923년 3월 6일 카메네프가 트로츠키를 만나러 왔다. 잔뜩 풀이 죽은 카메네프는 트로츠키를 달랠 수 있기를 간절히 바랐다. 트로츠키는 너그럽게 용서했다. 레닌은 "썩어 빠진 타협안"을 조심하라고 경고했지만, 트로츠키는 그 경고를 잊은 채 타협안을 선뜻 받아들였다. 그래서 자신은 레닌의 분명한 태도에도 불구하고 스탈린을 공격하는 어떤 행동도 하지 않을 것이라고 카메네프에게 말했다. 트로츠키는 자서전에서 자신의 태도를 다음과 같이 설명했다고 썼다.

"나는 스탈린을 [서기장 자리에서] 쫓아내는 것도, 오르조니키제를 당에서 제명하는 것도 … 반대합니다. 그러나 본질적으로는 레닌의 의견에 동의합니다. 나는 민족 정책이 근본적으로 바뀌고, 그루지야의 스탈린 반대파 탄압이 중단되고, 당에 대한 행정적 억압이 중단되고, 공업화 노선이 더 확고해지고, 수뇌부가 서로 성실하게 협력하기를 바랍니다. … 스탈린은 즉시 크룹스카야에게 편지를 써서 무례한 행동을 사죄하고, 또 실제로 행실을 고쳐야 합니다. 스탈린이 너무 욕심을 부리다가 제 꾀에 넘어가지 않게 해야 합니다. 이제 더는 음모를 꾸미지 말고, 성실하게 협력해야 합니다." …

카메네프는 안도의 한숨을 내쉬었다. 그리고 내 제안을 모두 받아들였다. 다만 그는 스탈린이 고집을 피울까 봐 걱정했다. "스탈린은 거칠고 변덕스러운 사람이라서요."

"나는 그렇게 생각하지 않습니다. 이제 스탈린에게는 다른 대안이 없을 테니까요" 하고 나는 대답했다. 그날 밤늦게 카메네프는 모스크바 교외의 시골 마을로 스탈린을 만나러 갔는데 그가 모든 조건을 다 받아들였다고 나에게 알려 줬다.[2]

카메네프가 트로츠키와 스탈린 사이에서 중재자 노릇을 하는 동안 레닌이 다시 뇌중풍으로 쓰러졌다. 레닌은 그 후 열 달을 더 살기는 했지만, 거의 말도 못하고 움직이지도 못했으며 자주 혼수상태에 빠졌다. 레닌이 마침내 정치 무대를 떠나게 됐다는 사실이 분명해지자 스탈린은 거침없이 제 갈 길을 갔다.

트로츠키가 스탈린에게 폭탄을 던질 수 있었던 가장 중요한 기회는 12차 당대회(1923년 4월 17~25일)였다. 그러나 트로츠키는 그런 시도를 전혀 하지 않았다.

오히려 12차 당대회에서 민족문제를 보고한 사람이 바로 스탈린이었다. 레닌이 민족문제에 관해 스탈린과 오르조니키제를 비판했다는 사실은 대의원들에게 알려지지 않았다. 스탈린은 그루지야 공산당원들을 "그루지야 국수주의자들"이라고 비난하며 맹공을 퍼부었다.

> 우리 동지들, 즉 그루지야의 '이탈자들'은 당의 규칙을 죄다 어긴 채 [트란스캅카스] 연방에 반대하고, 자신들이 유리한 지위를 얻고자 연방에서 탈퇴하려 함으로써, 우리를 이 위험한 길로 몰아가고 있습니다. 그들은 아르메니아와 아제르바이잔 공화국을 희생시켜서 자신들이 특권을 누리는 길로 우리를 몰아가고 있습니다. 그러나 우리는 결코 이 길을 갈 수 없습니다. 그랬다가는 캅카스에서 우리의 모든 정책과 소비에트 권력이 망할 것이 뻔하기 때문입니다. …
>
> 지금 상황에서는 트란스캅카스 연방 말고는 캅카스에서 평화를 유지할 수도 없고 평등을 확립할 수도 없습니다. 한 민족이 다른 민족보다 더 많은 특권을 누려서는 안 됩니다. 이 사실을 우리 동지들은 깨닫고 있습니다. 그래서 2년간의 논쟁 뒤에도 므디바니파는 한 줌도 안 되는 소수에 불과하고 그루지야 당에서도 거듭거듭 쫓겨난 것입니다.

설상가상으로 스탈린은 레닌의 말을 인용해서 자신의 정책을 뒷받침했다.

연방이 즉시 창설돼야 한다고 레닌 동지가 독촉하고 끈질기게 주장한 것은 결코 우연이 아닙니다. 우리 중앙위원회가 트란스캅카스 연방의 필요성을 세 번이나 확인한 것도 결코 우연이 아닙니다.[3]

그루지야 대의원들은 레닌의 편지를 공개하라고 요구했지만 허사였다. 그들의 주장을 지지한 정치국원은 부하린뿐이었다. 그는 스탈린과 지노비예프를 꼭 집어 비판하고 이른바 레닌의 편지를 넌지시 거론하며, "지역주의적 이탈" 운운하는 스탈린의 비난 공세는 속임수라고 폭로했다. 부하린은 레닌이 왜 대러시아 국수주의에 대해서만 "경종을 울렸겠느냐"고 물었다.

레닌 동지는 왜 그루지야 문제에 대해 그렇게 격분하며 경종을 울리기 시작했습니까? 그리고 왜 레닌 동지는 편지에서 '이탈자들'의 실수는 한마디도 거론하지 않고 오히려 '이탈자들'의 뜻을 거슬러서 실시되는 정책을 강력하게 비판하는 말을 했습니까?[4]

부하린이 대러시아 국수주의를 비판하자 라코프스키도 한 우크라이나 고위 관리의 행동을 예로 들며 부하린의 주장을 지지했다. 그 고위 관리는 집회에서 우크라이나어의 평등권을 주장하는 결의안에 찬성표를 던지고 나서 그곳을 떠나려 할 때 우크라이나어로 질문을 받자 "알아들을 수 있는 말로 얘기하시오"라고 퉁명스럽게 대꾸했다고 한다.[5]

그러나 부하린과 라코프스키의 발언은 거의 영향을 미치지 못했다. 스탈린은 뻔뻔하게도 다음과 같이 반박했다.

많은 발언자가 블라디미르 일리치의 편지와 글을 거론했습니다. 저는 제 스승, 즉 레닌 동지의 말을 인용하고 싶지 않습니다. 왜냐하면 그는 여기에 있지 않고, 제가 행여나 그의 말을 부적절하게 잘못 인용할까 봐 두렵기 때문입니다.[6]

그러면 트로츠키는 무엇을 하고 있었는가? 그는 민족문제 논쟁에 전혀 관여하지 않았다. 나중에 그는 공업 문제에 관한 자신의 결의안을 수정하느라 바빠서 그랬다고 해명했다.[7] 결국 민족문제에 관한 스탈린의 결의안은 만장일치로 채택됐다.

또, 중앙위원회의 조직국 책임자로서 라브크린 문제를 보고한 사람도 스탈린이었다!

라브크린을 비판하는 레닌의 글이 우여곡절 끝에 〈프라우다〉에 실려서 대의원들도 보게 됐고, 한 대의원은 "폭탄을 맞은 듯한 느낌"이라고 말했지만,[8] 스탈린은 그 폭탄을 쉽게 해체할 수 있었다. 그는 당의 조직 문제를 보고할 때, 관료를 비판한 레닌의 말을 지지하며 그대로 되풀이했다.

[레닌은 — 지은이] 우리의 정책은 옳지만 당 기구가 제대로 작동하지 않고 있고, 그래서 차가 올바른 방향으로 가지 않고 빗나갔다고 말했습니다. 제 기억으로는 이 말에 대해 실랴프니코프가 형편없는 운전사들 탓이라고 논평했습니다. 물론 실랴프니코프의 말은 틀렸습니다. 완전히 틀렸습니다. 정책도 옳고, 운전사도 훌륭하고, 차종도 좋습니다. 그것은 소비에트라는 차입니다. 그러나 국가라는 차의 부품 일부가, 즉 국가기구의 관리 일부가 나쁩니다. 그들은 우리 사람들이 아닙니다. 그래서 차가 제대로 굴러가지 않고, 우리의 올바른 정치 노선이 왜곡되기 일쑤인 것입니다. … 그래서 기구 전체가

제대로 작동하지 않는 것입니다. 그 기구를 수리하지 못하면, 우리는 올바른 정치 노선을 가지고도 그리 멀리 가지 못할 것입니다. … 바로 이런 생각을 레닌 동지는 이미 1년 전에 정교하게 발전시켰지만, 올해 들어서야 체계적으로 공식화해서 중앙통제위원회와 노농감사부를 재조직하자는 제안을 내놓게 된 것입니다.[9]

스탈린은 "젊은 지도자" 세대를 훈련해서 "나이 든 세대를 교체하고, … 중앙위원회 활동에 새롭고 신선한 활력을 불어넣고, … 그들 중에서 가장 유능하고 자주적인 사람들을 승진시킬" 때가 왔다고 말했다.[10] 그는 레닌이 제안한 방침을 따라서 대폭 확대된 중앙통제위원회와 라브크린을 융합시키는 결의안을 당대회에 제출했다.[11] 그 결의안도 만장일치로 채택됐다.

스탈린은 레닌이 원했던 대로 중앙통제위원회를 확대하고 노농감사부와 융합시키는 정책을 실행하면서, 이 기구를 사무국과는 별개로 자신이 마음대로 주무를 수 있는 또 다른 도구로 만들어 버렸다.

중앙위원회 조직국 보고와 토론을 정리하며 스탈린은 다시 한 번 그루지야 공산당원들을 맹렬하게 공격하고 나서 다음과 같은 말로 발언을 마무리했다.

끝으로, 이 당대회에 대해 몇 마디만 하겠습니다. 동지들, 이번 당대회처럼 하나의 사상으로 단결하고 고무된 당대회는 정말 오랜만입니다. 레닌 동지가 이 자리에 없어서 안타깝습니다. 그가 여기 있었다면, 아마 다음과 같이 말했을 것입니다. "저는 25년 동안 당을 보살폈고, 그래서 당을 위대하고 강력하게 만들었습니다."(오랫동안 박수)[12]

트로츠키는 이 조직 문제 토론에도 관여하지 않았다. 그는 당대회에서 딱 한 번, 즉 공업 문제를 보고할 때만 발언했다. 트로츠키는 스탈린과 견해가 다르다는 낌새조차 내비치지 않았다.

레닌의 '유언장'을 공개하는 문제는 어떻게 됐는가? 1923년 6월 초에 정치국원들과 중앙통제위원회 상임간부회는 이 문제에 관한 견해를 밝히라는 요청을 받았다.

지노비예프는 유언장 공개에 반대했다. 스탈린은 "유언장을 공개할 필요가 없다고 생각합니다. 일리치가 공개를 승인한 것도 아니므로 더더욱 공개할 필요가 없습니다" 하고 말했다. 카메네프는 "그것은 정치국을 상대로 한 미발표 연설문입니다. 그 이상도 이하도 아닙니다. 개인적 묘사가 그 글의 기본 내용입니다" 하고 말했다. 톰스키는 다음과 같이 주장했다. "지노비예프 동지의 제안에 찬성합니다. 즉, 중앙위원들에게만 알려 주면 됩니다. 일반 대중은 그 글을 아무도 이해하지 못할 것입니다. 따라서 공개하면 안 됩니다." 중앙통제위원회 상임간부회의 일원이었던 A 솔츠는 다음과 같이 말했다. "블라디미르 일리치가 쓴 이 글은 일반 대중이 아니라 중앙위원회를 염두에 둔 것입니다. 그래서 개인 묘사에 그토록 많은 지면을 할애한 것입니다. … 공개해서는 안 됩니다." 부하린·루주타크·몰로토프·쿠이비셰프도 같은 견해였다. 공개해야 한다고 주장한 사람은 트로츠키뿐이었다.[13]

그러나 트로츠키는 너무 늦었다. 그는 12차 당대회에서 침묵을 지켰기 때문에 두 달 뒤에 레닌의 '유언장'을 공개하라고 요구할 처지가 아니었던 것이다.*

---

* 나중에 트로츠키는 12차 당대회 때의 행동을 매우 곤혹스러워했다. 이 점은 트로츠키

트로츠키는 왜 침묵했는가?

나중에 트로츠키는 레닌이 건네준 문서들을 이용해 12차 당대회에서 자신이 강력하게 주장했다면 십중팔구 스탈린을 쉽게 물리칠 수 있었을 것이라고(비록 장기적으로는 관료의 승리를 막을 수 없었겠지만) 확신했다.

1923년 초에 만약 우리[레닌과 트로츠키 — 지은이]가 중앙위원회에 맞서 공동 행동을 했다면 분명히 승리했을 것이다. 더욱이, 만약 내가 12차 당대회 직전에 스탈린 관료에 반대하며 '레닌·트로츠키 연합'의 정신으로 전면에 나섰다면, 레닌이 투쟁에 직접 참가하지 않았어도 승리했을 것이라고 확신한다. 물론 그 승리가 얼마나 확고했을지는 다른 문제다. 이 문제를 풀려면, 국내에서, 노동계급 사이에서, 당 자체에서 진행 중이던 다양한 객관적 과정을 고려해야 한다. … 1922~23년에는 … 당시 급속히 형성되고 있던 분파, 즉

가 자서전에서 당대회를 거론하지 않는다는 사실에서도 분명히 드러난다(당대회 이야기가 나와야 할 대목에서 오리 사냥 이야기만 네 페이지에 걸쳐 나온다). 트로츠키는 또, 당대회 얼마 뒤에는 레닌의 '유언장'이 존재한다는 사실을 부인하기도 했다. 1925년 5월 맥스 이스트먼이 《레닌 사후》라는 책을 펴냈는데, 이를 통해 레닌의 '유언장' 내용 일부가 처음 공개됐다. 두 달 뒤 그 책이 모스크바에 도착하자 당연히 소동이 일어났다. 정치국 동료들한테 압력을 받은 트로츠키는 맥스 이스트먼과 자신은 무관하다고 선언했다.

"이스트먼은 여러 군데에서 레닌이 생애 말년에 쓴 엄청나게 중요한 많은 문서를 중앙위원회가 '은폐했다'고 주장합니다(그 문서들이란 민족문제에 관한 편지들, 유명한 '유언장' 등입니다). 이것은 우리 당의 중앙위원회를 완전히 비방하는 말입니다. 이스트먼의 책은 레닌이 당내 기구에 관해 조언하는 성격의 이 편지들을 공개할 의도로 썼다는 인상을 줍니다. 결코 그렇지 않습니다. … 이 편지들이 모두 공개되지 않았다면, 그것은 저자가 공개할 의도로 쓰지 않았기 때문입니다. 레닌 동지는 '유언장' 같은 것을 결코 남기지 않았습니다. 레닌과 당의 관계, 그리고 당 자체의 성격 등을 감안하면, 그런 '유언장'이 존재할 가능성은 없습니다."[14] — 지은이

일국사회주의 관리들, [국가·당] 기구를 강탈한 자들, 10월 혁명의 불법 상속인들, 볼셰비즘의 아류들로 이뤄진 분파를 공개적으로 공격해서 유리한 고지를 충분히 점령할 수 있었다.[15]

"만약에 … 만약에 … ." 특정한 행동을 했다면 무슨 일이 일어났을지, 즉 역사적 사건들의 사슬에서 고리 하나가 바뀌면 나머지 사슬 전체가 어떻게 바뀔지를 가늠하기는 매우 어렵다. 이런 단서를 염두에 두고, 트로츠키의 평가를 받아들여 다음과 같이 말할 수 있을 것이다. 즉, 스탈린에 맞서 트로츠키가 레닌과의 연합 정신으로 개입했다면 성공을 거뒀을 것이고(비록 일시적으로라도), 그랬다면 1923년 가을에(독일 공산당이 권력 장악 직전까지 갔지만 형편없는 지도부, 특히 모스크바의 지도부 때문에 실패하고 만 결정적 순간에) 코민테른의 독일 정책도 상당히 달라졌을 수 있다고 말이다. 트로츠키가 《10월의 교훈》에서 주장했듯이, 그랬다면 당연히 러시아 프롤레타리아 혁명의 상황도 근본적으로 바뀌었을 테고, 그 결과는 엄청났을 것이다.

12차 당대회에서 트로츠키가 침묵한 이유는 무엇인가? 많은 설명이 있는데, 트로츠키 자신은 다음과 같이 설명했다. 즉, 레닌이 아직 살아 있는데 자신이 개인적 야심 때문에 권력투쟁에 골몰하는 것처럼 비칠까 봐 그랬다는 것이다. 트로츠키는 자서전에서 다음과 같이 썼다.

주된 장애물은 레닌의 건강 상태였다. 사람들은 레닌이 처음 뇌중풍으로 쓰러졌을 때와 마찬가지로 이번에도 다시 일어나고, 11차 당대회 때처럼 12차 당대회에도 참석할 것이라고 예상했다. 레닌 자신도 그러기를 바랐다. 의사들의 이야기도 희망적이었다. 비록 확신은 점점 약해졌지만. … 내가 독자적으로 행동에 나섰다면, 당과 국가에서 레닌이 누리던 지위를 차지하려는 개인적 투쟁으로 해석되거나, 더 정확히 말하면 그렇게 낙인찍혔을 것이다. 이런 생각만 해도 나는 몸서리가 났다. 그러면 우리 대열의 사기가 크게 떨어질 것이고, 그래서 우리가 비록 승리하더라도 고통스런 대가를 치르게 될 것이라고 생각했다. 모든 계획과 추측에는 불확실성이라는 결정적 요인이 여전히 남아 있었다. 그것은 바로 레닌과 그의 건강 상태였다. 레닌이 자신의 견해를 직접 말할 수 있을까? 그에게 아직도 시간이 남아 있을까? 이것은 레닌과 트로츠키가 혁명의 미래를 위해 벌이는 투쟁의 문제이지, 아파서 누워 있는 레닌의 지위를 차지하려는 트로츠키의 [개인적 권력]투쟁이 아니라는 사실을 당이 이해할까?[16]

이와 달리, 트로츠키를 훨씬 덜 치켜세우는 설명을 내놓은 사람은 그와 가까운 친구였고 그를 존경했던 아돌프 이오페였다. 이오페는 1927년 자살하기 한 시간 전에 트로츠키에게 보낸 편지에서 다음과 같이 썼다.

나는 당신이 가리킨 길이 옳다는 것을 의심한 적이 한 번도 없고, 아시다시피 '연속혁명'의 시기 이후 20여 년 동안 당신과 함께했습니다. 그러나 레닌과 달리 당신에게는 **불굴의 의지, 비타협적 태도**가 부족하다고, 즉 자신이 옳다고 생각하는 길이 언젠가는 다수파의 길이 되고 장차 모든 사람이 그 길의 올바름을 인정하리라고 예견하고 혼자서라도 그 길을 가려는 각오가 당신에게는 부족하다고 항상 생각했습니다. … 당신은 흔히 과대평가된 합의나 타협을 위해 자신의 옳은 견해를 포기했습니다. 그것은 잘못입니다. … 당신의 올바른 견해의 승리를 보장해 주는 것은 바로 최대한의 비타협적 자세, 가장 철저한 일관성, 모든 타협을 일절 거부하는 태도뿐입니다. 바로 그것이 레닌이 승리한 비결이었습니다.[17]

분명히 레닌이었다면 사안의 절박성을 의식하고, 당시 사건들의 사슬에서 결정적 고리에 집중하기 위해 부차적 요소들을 무시한 채 행동했을 것이다. 즉, 스탈린에 반대하는 투쟁이 사람들에게 어떻게 비칠까라는 부차적 고려 사항에 영향을 받지 않았을 것이다.

그러나 트로츠키가 침묵을 지킨 또 다른 이유는 당내의 어떤 분파 투쟁도 정당하지 않다는 그의 신념 때문이었다. 1923년 12월 22일 트로츠키는 [《신노선》이라는 소책자의] "의견그룹과 분파의 결성"이라는 장章에서 다음과 같이 썼다.

우리는 이 나라에서 유일한 당이고, [프롤레타리아] 독재의 시기에는 그럴 수밖에 없다. … 당은 분파를 원하지도 않고 용납하지도 않을 것이다. 당이 산산조각 날 것이라거나 당 기구를 파괴하려는 자들을 허용할 것이라는 생각은 완전히 터무니없다.[18]

또, 1924년 5월 26일 13차 당대회에서 연설할 때는 다음과 같이 말했다.

저는 당내에서 의견그룹의 자유를 인정한 적이 없었고 지금도 인정하지 않습니다. 왜냐하면 현재의 역사적 상황에서 의견그룹은 분파의 다른 이름에 불과하기 때문입니다.

당 지도부와 의견이 다를 수는 있겠지만, 당 밖에서는 결코 해답을 찾을 수 없다는 것이다.

동지들, 우리 가운데 어느 누구도 당에 맞서서 옳기를 바라거나 옳을 수 없습니다. 따지고 보면, 당은 항상 옳습니다. 왜냐하면 당은 노동계급이 자신의 근본적 과제를 해결할 때 사용할 수 있는 유일한 역사적 도구이기 때문입니다. …
영국 속담에 이런 말이 있습니다. "옳든 그르든 나의 조국이다." 우리는 역사적으로 훨씬 더 정당하게 다음과 같이 말할 수 있습니다. 특정 순간에 특정한 구체적 문제에서 옳든 그르든 나의 당이라고 말입니다.[19]

(스탈린은 트로츠키의 주장을 비꼬듯이 일축하면서, 당은 무오류의 조직일 수 없다고 말했다.)
트로츠키가 맹목적으로 당을 숭배하게 된 이유 하나는 십중팔구 그가 뒤늦게 볼셰비키당에 합류했기 때문일 것이다.
그러나 트로츠키의 행동에 대한 또 다른 설명도 가능하다. 아이작 도이처는 다음과 같이 썼다.

사실, 트로츠키가 스탈린을 공격하기를 삼간 이유는 자신의 지위가 안전하다고 생각했기 때문이다. 트로츠키와 동시대인 가운데 어느 누구도, 특히 트로츠키 자신은 1923년의 스탈린에게서 그가 장차 드러낼 위협적이고 압도적인 모습을 보지 못했다. 트로츠키는 스탈린처럼 고집스럽고 교활하고 꾀죄죄하고 말도 잘 못하는 사람이 자신의 맞수가 되리라고 상상도 할 수 없었다. 그는 스탈린 때문에 신경을 쓰고 싶지 않았다. 그리고 무엇보다 아직 비어 있는 레닌의 관 위에서 레닌의 제자들이 벌이는 부끄러운 놀이에 자신도 끼어들었다는 인상을 당원들에게 주고 싶지 않았다.[20]

스탈린을 무시하는 트로츠키의 태도는 오래된 것이었다. 나중에 그는 10월 혁명 직후까지도 스탈린의 존재를 거의 알지 못했다고 썼다.[21] 그러나 스탈린은 당 기관지의 편집자였고, 중앙위원회에서 가장 중요한 인물 가운데 한 명이었다. 트로츠키의 태도는 그가 뒤늦게 합류한 볼셰비키당의 개인적·행정적 요인들을 파악하는 데서 레닌과 얼마나 달랐는지를 보여 준다.

무엇보다 트로츠키가 스탈린에 반대하는 레닌의 투쟁을 공공연하게 벌이기를 머뭇거린 이유는 당을 분열시키고 반혁명을 부추길까 봐 두려워했기 때문이다. 프랑스 혁명에 관한 지식이 풍부했던 트로츠키는 그런 위험을 아주 잘 알고 있었다. 그는 틀림없이 프랑스 혁명 당시 로베스피에르가 몰락한 테르미도르 9일* 이후 극좌파가 순전히 로베스피에르에 대한 증오심 때문에 우파를 지지한 사실을 떠올렸을 것이다. 최초의 근대 공산주의자인 그라쿠스 바뵈프조차 1794년 9월 5일 다음과 같이 단언했다. "테르미도르 10일에 우리의 속박은 끝났다. 그날 이후 우리는 자유를 부활시키려고 노력해 왔다."[22] 얼마 후 바뵈프는 '로베스피에르 체제'를 매도한 최초의 사람들 중 한 명이었던 것을 후회하게 된다.[23] 그러나 너무 늦었다. 바뵈프와 신新에베르파가 반동적 왕당파나 테르미도르파와 공모한 것까지는 아니었지만 어쨌든 전자의 행동은 후자의 성공에

---

* 테르미도르는 프랑스 혁명력의 달月 이름으로 열월熱月이라는 뜻이고, 테르미도르 9일은 1794년 7월 27일이다.

도움이 됐다.

그러나 또 다른 요인이 트로츠키에게 영향을 미쳐서, 관료를 공공연히 비판하는 행동에 나서기 힘들게 했다. 1923년 여름에

> 많은 공장에서 '비공인' 파업이 일어나 확산되면서 격렬한 불만이 터져 나왔다. 기습당한 노조들은 경악했고, 당 지도부도 마찬가지였다. 총파업을 벌이겠다는 위협이 있었고, 노동자들의 움직임은 금방이라도 정치적 반란으로 이어질 것처럼 보였다. 크론시타트 봉기 이래로 그때처럼 노동계급 사이에 긴장이 고조되고 집권층이 불안을 느낀 적도 없었다.[24]

트로츠키는 새로운 크론시타트 봉기를 촉발할지도 모르는 행동의 책임을 질 수 있는지 어떤지 자문해 봐야 했다. 그는 대안이 존재하지 않는 상황에서는 할 수 있는 한 최후의 순간까지 혁명의 당에 충성하는 것이 혁명가의 의무라고 생각했을 것이다. 이것은 중대한 고려 사항이었고, 특히 투쟁이 한창일 때보다는 당의 변질이 서서히 진행되고 있을 때 무시하기가 훨씬 더 쉬운 점이었다.

트로츠키의 행동에 영향을 미친 주된 요인은 레닌이 사태를 파악하기 힘들게 하고 오락가락하게 만든 바로 그 상황이었다(그런 의심과 동요는 레닌의 성격과도 모순되고 그의 과거 정치 활동 전체와도 모순된다). 레닌뿐 아니라 트로츠키도 해결책을 찾을 수 없었다. 러시아의 포위는 결국 국제 혁명으로만 풀릴 수 있었다. 그러나 그때까지는 무엇을 해야 하는가? 프롤레타리아는 허약해지고 원자화했다. 그리고 당은 내전 때 노동계급이 보내 준 것 같은 지지를 더는 누리지 못했다. 혁명적 정당과 정부가 잔인하고 파괴적인 내전에서 살아남았는데, 아무리 자신들의 원칙

에 따라 통치할 수 없게 됐다 해도 내전에서 승리한 바로 다음 날 권력을 포기할 수는 없는 노릇이다. 또, 자신이 물리친 적에게 다시 권력을 넘겨주고 그들의 보복에 자신을 내맡길 수도 없다.

레닌과 트로츠키는 노동자들이 기진맥진했다는 사실을 잘 알고 있었다. 트로츠키가 썼듯이, 그를 지지한 사람들은 위대한 사회 변화의 희망을 품고 행동에 나선 것이 아니었다. 오히려 관료들이 무지막지하게 투쟁에 나섰다.[25] 사실, 희망이 거의 없는 상태에서 싸우기란 매우 어려운 법이다. 여러 해 뒤에 트로츠키는 다음과 같이 썼다.

좌익반대파는 권력을 쟁취할 수도 없었고 그러기를 바라지도 않았다. 가장 사려 깊은 지도자들은 확실히 그러지 않았다. 좌익반대파, 즉 혁명적 마르크스주의 조직의 권력투쟁은 오직 혁명이 분출하는 상황에서만 생각할 수 있는 것이었다. 그런 혁명적 분출 상황에서는 전략이 공격에, 대중에게 직접 호소하는 활동에, 정부를 겨냥한 전면적 공격에 바탕을 둔다. 좌익반대파의 상당수 사람들은 그런 투쟁에서 사소한 구실조차 해 본 적 없었고 그런 투쟁 방법에 관한 직접 지식도 없었다. 그러나 1920년대 초와 그 후에 러시아에서는 혁명적 분출 상황이 결코 없었다. 오히려 정반대였다. 그런 상황에서 권력투쟁을 시작하는 것은 불가능했다.

승리를 예상할 수 없다면 의지력이 마비되기 십상이다. "위험은 다음과 같은 것이었다. 대중과, 심지어 대중의 전위와도 공개적으로 접촉할 수 없다는 사실을 깨달았으므로 [좌익]반대파는 투쟁을 포기하고 더 나은 시기가 올 때까지 엎드려 있게 됐다."[26]

그람시는 "의지의 낙관주의와 지성의 비관주의"를 이야기한 적 있다.

그러나 레닌이 적극적으로 정치 활동을 하던 마지막 몇 달 동안에는 레닌이든 트로츠키든 그런 의지를 결부시킬 대중의 지지를 찾을 수 없었다. 러시아 프롤레타리아는 기진맥진한 채 고립됐기 때문이다.

후일담

1923년 말에, 즉 레닌의 정치생명이 끝난 지 일곱 달 뒤에 트로츠키는 반대파를 조직하기 시작했다. 이 이야기는 이 책의 범위를 벗어난다. 그러나 트로츠키가 그 뒤 17년 동안 체제의 변질에 맞서, 그리고 노동자들의 이익을 옹호하려고 힘겨운 투쟁을 이끌었다는 사실을 언급 정도는 해 줘야 트로츠키에게 공정한 평가일 것이다. 수많은 혁명적 투사가 트로츠키의 뒤를 따르다 시베리아나 감옥으로 끌려갔고, 강제 노동 수용소에서 죽었고, 총살당하거나 자살했다(트로츠키의 네 자녀, 즉 두 아들과 두 딸뿐 아니라 그의 첫 아내, 두 사위, 한 며느리, 그리고 — 손자 한 명을 제외한 — 손자·손녀도 모두 살해당하거나 자살했다).

레닌의 죽음

1924년 1월 19일 레닌은 기력을 완전히 잃은 듯했고 시력도 나빠지는 조짐을 보였다. 1월 21일 월요일 저녁 6시에 또다시 뇌중풍을 일으킨 그는 50분 뒤 죽었다.

1월 26일 소비에트 대회는 죽은 지도자를 기념하는 엄숙한 회의를 열었다. 스탈린은 네 번째 연사로 나서서(칼리닌·크룹스카야·지노비예프

다음으로)* 마치 종교 기도문 같은 발언을 했다. 레닌의 모든 '계명'을 숭배자들은 반드시 지키겠다고 선언한 것이다.

> 동지들, 우리 공산주의자들은 독특한 유형의 사람들입니다. 우리는 특수한 재질로 만들어졌습니다. 우리는 위대한 프롤레타리아 전략가의 군대, 즉 레닌 동지의 군대입니다. 이 군대에 속한 것보다 더 명예로운 일은 없습니다. 레닌 동지가 창건하고 지도한 당의 당원이라는 칭호보다 더 고귀한 것은 없습니다. 그런 당의 당원은 아무나 될 수 있는 것이 아닙니다. 그런 당의 당원이 되기 위해 겪어야 할 질풍노도를 아무나 견딜 수 있는 것도 아닙니다. 무엇보다 노동계급의 아들, 빈곤과 투쟁의 아들, 엄청난 궁핍과 영웅적 노력의 아들이야말로 그런 당의 당원이 될 수 있습니다. 그래서 레닌주의자들의 당, 공산주의자들의 당을 노동계급의 당이라고도 부르는 것입니다.
>
> 우리 곁을 떠나면서 레닌 동지는 우리에게 당원이라는 위대한 칭호의 순수성을 지키고 높이 떠받들라고 명령했습니다. 레닌 동지, 당신에게 맹세하건대, 우리는 당신의 명령을 영예롭게 따르겠습니다!
>
> 우리 곁을 떠나면서 레닌 동지는 우리에게 당의 단결을 매우 소중하게 지키라고 명령했습니다. 레닌 동지, 당신에게 맹세하건대, 우리는 이 명령 또한 영예롭게 따르겠습니다!
>
> 우리 곁을 떠나면서 레닌 동지는 우리에게 온 힘을 다해 노동자·농민의 동맹을

---

* 트로츠키는 소비에트 대회는 말할 것도 없고 레닌의 장례식에도 참석하지 못했다. 당시 그는 모스크바에서 멀리 떨어진 트빌리시에 있었는데, 스탈린은 트로츠키가 참석하지 못하도록 일부러 장례식 날짜를 틀리게 알려 줬다.[27]
모스크바에서는 트로츠키가 일부러 장례식에 참석하지 않았다는 뒷말과 소문이 돌았고, 이것은 스탈린이 트로츠키를 음해하는 데 도움이 됐다. — 지은이.

강화하라고 명령했습니다. 레닌 동지, 당신에게 맹세하건대, 우리는 이 명령 또한 영예롭게 따르겠습니다!

우리 곁을 떠나면서 레닌 동지는 우리에게 여러 공화국의 단결을 강화하고 확대하라고 명령했습니다. 레닌 동지, 당신에게 맹세하건대, 우리는 이 명령 또한 영예롭게 따르겠습니다!

우리 곁을 떠나면서 레닌 동지는 우리에게 공산주의 인터내셔널의 원칙에 충실하라고 명령했습니다. 레닌 동지, 당신에게 맹세하건대, 우리는 전 세계 노동 대중의 연합, 즉 공산주의 인터내셔널을 강화하고 확대하는 일에 목숨을 아끼지 않겠습니다!²⁸

소비에트 대회의 바로 그 회의에서 페트로그라드가 레닌그라드로 이름이 바뀌었다. 그리고 1월 21일, 즉 레닌이 죽은 날을 국가적 추모의 날로 지정하고, 소련의 주요 도시에 레닌 기념물을 세우고, 레닌의 저작을 모아서 전집을 출판하기로 결정했다. 마지막 결정 사항은 다음과 같다.

1. 블라디미르 일리치 레닌의 시신을 영묘靈廟에 안치해서 방문객들이 볼 수 있게 한다.
2. 크렘린 벽 아래 10월 혁명 전사들의 무덤 사이에 레닌의 영묘를 건설한다.²⁹

크룹스카야는 레닌의 시신을 전시한다는 결정 또는 그런 결정의 가능성을 1월 29일쯤 알게 된 듯하다. 왜냐하면 그다음 날 그 결정에 간접적으로 항의하는 공개 서한을 〈프라우다〉에 발표했기 때문이다.

그녀는 모든 노동자·농민에게 다음과 같이 호소했다.

여러분께 간청합니다. 일리치를 잃은 여러분의 슬픔이 일리치 개인에 대한 외면적 숭배로 나타나지 않게 해 주십시오. 그를 기리는 기념비도 세우지 말고, 그의 이름을 딴 으리으리한 건물도 짓지 말고, 화려한 기념식 따위도 열지 마십시오. 일리치는 생전에 이런 일을 하찮게 생각했으며, 매우 부담스럽게 여겼습니다.[30]

그러나 노동자와 농민은 여전히 아무 말이 없었고, 떼를 지어 레닌 영묘로 계속 몰려들었다. 비록 이 전투에서는 패배했지만 크룹스카야는 자신의 수많은 저작에서 레닌 영묘를 공개적으로 거론하지도 않았고 영묘를 방문하지도 않았으며 당의 기념식 때 영묘 위에 서지도 않았다. 또, 자신이 쓴 글에서는 레닌그라드를 말할 때 항상 그 도시의 옛 별명, 즉 '피테르'를 사용했다.

레닌이 적극적으로 정치 활동을 하던 당시에는 결코 레닌주의라는 말이 쓰이지 않았다. 레닌은 분명히 그런 말을 용납하지 않았을 것이다. 그는 항상 자신을 마르크스의 제자이자 지지자라고 생각했다. 그런데 이제 레닌 숭배가 시작되자, 레닌의 저작은 서기장에 대한 비판과 이견을 모조리 억압하는 근거로 인용됐다.

레닌은 일찍이 《국가와 혁명》에서 혁명적 지도자가 죽으면 어떤 운명에 처하게 되는지를 묘사한 적 있는데, 이제 그 말이 레닌 자신에게 적용됐다.

억압 계급은 위대한 혁명가들이 살아 있는 동안에는 끊임없이 그들을 괴롭히고, 그들의 이론을 가장 악랄하게 취급하고 가장 격렬하게 증오하고 가장 뻔뻔하게 중상모략했다. 그리고 그들이 죽은 뒤에는 그들을 전혀 해롭지 않은 우상으로 변질시키고, 그들을 성인의 반열에 올리고, 말하자면 그들의 이름을 신성하게 만들어서 피억압 계급을 어느 정도 '위로'하고 기만함과 동시에 그들의 혁명적 이론에서 그 핵심을 제거하고 혁명적 예리함을 무디게 하고 혁명적 이론을 조야하게 만들려고 애쓴다.[31]

이집트의 파라오들이 미이라로 만들어진 것은 피억압 대중이 자기 분수를 알고 잠자코 지내게 하기 위해서였다. 모든 파라오는 자신의 통치 기반을 유지하기 위해 아버지 시신을 미이라로 만들었던 것이다. 레닌의 영묘는 스탈린의 열병식 사열대로 쓰기 위해 만들어졌다.

돌이켜 생각해 보기: 도덕적 고통

레닌이 완전히 의식을 잃기 전 몇 주 동안 그를 괴롭힌 것은 끔찍한 고립감만이 아니었다. 인간과 운동이 역사에서 거의 선례 없는 도덕적 고통도 그를 괴롭혔다. 그의 모든 말에는 개인적 죄책감이 배어 있었다.

러시아 혁명은 가짜 봄이었을까? 볼셰비키는 너무 일찍 권력을 잡았을까? 마르크스와 엥겔스는 혁명가들이 때이르게 권력을 장악하면 어떤 비극적 운명에 처하게 되는지를 거듭 지적했다.

혁명적 정당의 지도자가 처할 수 있는 최악의 상황은 운동이 아직 무르익지 않아서 그가 속한 계급의 지배와 그런 지배를 뒷받침할 조처들이 실현될 수 없는 상황에서 어쩔 수 없이 정부를 장악하는 것이다. … 그러면 그는 딜레마에 빠질 수밖에 없다. 그가 할 수 있는 일은 지금까지 그가 실천한 모든 행동, 그의 모든 원칙, 그의 당의 현재 이익과 반대된다. 반면에 그가 해야 하는 일은 실현될 수 없는 것들이다. 한마디로, 그는 자신의 당과 자신의 계급이 아니라 지배할 조건이 무르익은 계급을 대표할 수밖에 없다. 운동 자체의 이익을 위해, 그는 낯선 계급의 이익을 옹호할 수밖에 없고, 자신의 계급에게는 그 낯선 계급의 이익이 그들 자신의 이익이라고 단언하면서 빈말과 공허한 약속으로 그들을 만족시킬 수밖에 없다. 누구든 이런 곤란한 처지에 놓이면 돌이킬 수 없이 길을 잃고 만다.[32]

레닌은 러시아 혁명이 '때이른' 것이었는지 아닌지는 오직 **국제** 무대에서만 해결될 수 있는 문제라는 사실을 잘 알고 있었다. 러시아는 세계 자본주의 사슬에서 가장 약한 고리였고, 이 고리를 붙잡으면 다른 고리들을 잇따라 붙잡을 가능성이 있지 않았는가? 러시아는 비록 후진국이었지만 자본주의 세계 체제의 일부이지 않았는가? 코민테른의 첫 4년을 돌아보면, 우리는 이 물음들에 대해 10월 혁명이 **실제로** 유럽 전역에서 혁명과 혁명적 물결의 큰 반향을 불러일으켰고 1919년의 소규모 공산주의 종파들이 프롤레타리아 대중정당으로 급성장했다고 대답할 수 있다.

레닌과 트로츠키는 신생 공산당의 경험 없고 미숙한 지도자들을 훈련하는 일에 시간과 노력을 충분히 쏟지 않은 잘못을 범했을까?(그래서 그 지도자들이 자국의 개혁주의 전통에 짓눌린 것 아닐까?) 그러나 폐허가 된 나라에서 내전이 한창인 와중에 레닌과 트로츠키가 인터내셔널에 더 많은 시간을 쏟을 수 있었을까? 지도적 인물이 부족했던 상황을 감안하면, 지노비예프나 벨러 쿤처럼 코민테른 본부에서 기꺼이 일하려는 소수 사람들의 자격을 면밀히 조사하는 것 말고 레닌과 트로츠키에게 다른 대안이 있었을까? 물론 이런 질문에 레닌은 상투적으로 짧게 답변할 수 없었을 것이다.

프롤레타리아 독재가 사무국의 독재로 대체된 것은 볼셰비즘의 본질에서 비롯한 결과인가? 이 물음에 그렇다고 대답하는 것은 볼셰비즘에 너무 무거운 짐을 지우는 것일 뿐 아니라 볼셰비즘을 모욕하는 것이기도 하다. 즉, 볼셰비즘에 초역사적 능력을 요구하는 것이다.

볼셰비키당은 **실제로** 혁명을 성공적으로 지도했고 내전에서 승리했다. 역사 과정의 한 요소에 불과한 당이 전능하리라고, 즉 그 당이 속한 계급 자체가 완전히 궤멸하고 기진맥진한 상태에서도 당이 역사를 만들어 나갈 수 있으리라고 기대할 수 있을까?

올드 볼셰비키, 즉 '위원들'의 수치스런 구실(그들은 대개 처음에 스탈린을 지지했다)이 바로 혁명이 변질된 주된 원인 가운데 하나가 아니었을까? 레닌은 자신이 키운 베테랑 간부들이 1922~23년에 한 구실에 책임이 있지 않을까?[*]

1917년 4월에 레닌은 당이 사회주의 혁명을 목표로 삼도록 설득하고자 투쟁할 때 '올드 볼셰비키'(레닌 자신이 붙인 이름이다)의 저항을 극복해야 했다. 그는 또, 10월 혁명 직전에 똑같은 사람들의 다수가 무장봉기를 주저할 때도 그래야 했다. 그러나 1922~23년에 기계가 작동하지 않은 이유를 녹슨 부품 탓으로 설명할 수 있을까? 동력이 없는 상태에서 녹이 슬고 있었는데 말이다. 러시아 프롤레타리아가 더는 힘을 쓰지 못하는 세력이 돼 버린 마당에 아무리 능동적인 위원들이라 해도 혁명을 지탱할 수 있었을까?^{**}

---

* 올드 볼셰비키의 다수는 처음에 트로츠키에 맞서 스탈린을 지지했지만 나중에 이를 후회했다. 알다시피, 올드 볼셰비키 세대 전체가 나중에 스탈린에게 몰살당했다. 이것이 바로 스탈린주의는 레닌주의의 논리적 발전이 결코 아니라는 명백한 증거다. — 지은이.

** 올드 가드 사람들의 보수성을 경계했던 레닌은 그들이 트로츠키를 받아들이려 하지 않

나는 《레닌 평전 2》 머리말에서 다음과 같이 썼다. "레닌은 당에 영향을 미쳤고 당은 계급에 영향을 미쳤다. 물론 계급이 당에, 당이 레닌에게 영향을 미치기도 했다. 프롤레타리아는 당을 만들어 냈고, 당은 레닌을 만들어 냈다."[34] 그런데 혹독한 내전이 끝난 뒤에, 병든 프롤레타리아와 병든 당과 병든 레닌이 다시 서로 영향을 주고받았다. 계급과 당의 상태를 보며 레닌이 느낀 정신적 고통이 신체의 질병, 즉 극심한 만성 불면증과 뇌중풍의 원인이 됐는지(또는 적어도 촉진했는지) 누가 알겠는가? 국가가 볼셰비키의 손에서 빠져나가고 있다고 레닌이 불평했을 때("[국가]기구는 자신을 지도하는 손을 따르지 않았습니다") 그는 당과 국가의 운전대를 붙잡을 수 없는 자신의 개인적 무능을 암시한 것 아닐까? 레닌에게 전능함에 대한 환상 따위는 없었다. 그는 지도부의 자질이 역사 발전에 매우 중대한 영향을 미친다는 사실을 잘 알고 있었다. 그러나 그것은 하나의 요인일 뿐이고, 따지고 보면 결정적 요인도 아니었다.

물론 스탈린의 관료 집단이 완전히 승리할 수 있게 해 준 사건들과 상황은 당대의 사람들보다는 후대의 우리에게 훨씬 더 분명하게 보인다. 레닌이 임종 무렵 겪은 도덕적 고통은 십중팔구 주로 이런 상황이 분명하게 보이지 않았기 때문일 것이다. 그러나 이런 혁명의 드라마에 숙명론적 필연성 따위는 없다.

1921년에 볼셰비키의 주요 경제학자인 예브게니 프레오브라젠스키는

을 것이라는 사실을 잘 알고 있었다. 트로츠키는 1903년부터 1917년까지 오랫동안 볼셰비키당의 외부에 있었기 때문이다. 그래서 레닌은 '유언장'에서 트로츠키의 비非볼셰비키 과거를 이용해 그를 비판해서는 안 된다고 일부러 강조하기도 했다.[33] 그러나 1923년 말에 시작되고 그 후 몇 년 동안 계속된 대대적인 '트로츠키주의' 비난 공세 때 바로 이 과거가 이용됐다. 올드 볼셰비키의 단결 정신은 스탈린의 손에서 매우 효과적인 무기가 됐다. — 지은이.

《신경제정책에서 사회주의로: 러시아와 유럽의 미래를 힐끗 보기》라는 소설 비슷한 책을 썼다. 그 책에는 1970년에 유럽사회주의합중국의 주요 도시 가운데 하나인 모스크바의 과학기술박물관 강당에서 열린 강연회 장면이 나온다. 그 강연의 주제는 유럽에서 사회주의의 승리로 가는 문을 열어 준 러시아 혁명의 역사다. 강사는 소비에트 국가 초기의 몇 년 동안 힘겨웠던 투쟁 상황, 러시아의 후진성과 농촌의 성격에서 비롯한 장애물들, 혁명의 고립 등을 이야기하고 나서 다음과 같이 설명한다.

> 만약 서유럽에서 혁명이 너무 오래 지연됐다면, 이런 상황을 참기 힘들었던 러시아가 유럽 프롤레타리아의 지원을 받아서 자본주의 서유럽을 상대로 공격적인 사회주의 전쟁을 일으켰을 수도 있습니다. 그런 일이 일어나지 않은 이유는 프롤레타리아 혁명 자체의 내적 발전으로 말미암아 이때쯤 이미 혁명이 문을 두드리고 있었기 때문입니다.[35]

특히 독일에서 오랫동안 이원[이중] 권력이 지속되다가 많은 산업 도시에서 노동자 평의회가 권력을 장악하자 내전이 시작됐고, 이 전쟁에서 독일 노동자들이 승리했다. 그러나 이 승리는 프랑스와 폴란드 자본주의 정부들의 침입으로 위험해졌다. 소련의 적군이 그 공격을 물리치는 동안 제국주의 열강의 정권들은 국내의 혁명적 선전으로 말미암아 약해져 있던 차에 독일 혁명의 충격으로 붕괴했다. 결국 유럽 혁명이 승리해서 유럽사회주의합중국이 수립됐다. 강사는 다음과 같은 말로 강연을 마친다.

> 새로운 소비에트 유럽은 경제 발전의 새 장을 열었습니다. 독일의 공업 기술과 러시아의 농업이 결합됐고, 유럽의 영토에서 새로운 경제적 유기체가 급

속히 발전하고 강화되기 시작하면서 생산력 발전의 엄청난 가능성과 강력한 돌파구가 마련됐습니다. 그리고 이와 함께, 그때까지 정치적으로 유럽을 앞지르고 있던 소비에트 러시아가 이제는 겸손하게 선진 공업국의 프롤레타리아 독재 뒤에서 경제적 후진국으로서 제자리를 찾았습니다.[36]

이것은 현실주의적 이상이었을까 아니면 공상이었을까? 1923년에 독일 혁명은 승리할 수 있었을까? 물론 승리할 수 있었다고 해서 반드시 승리했을 것이라는 말은 아니다. 어쨌든 레닌이 없었다면, 즉 2월 혁명 후에 레닌이 러시아로 돌아오지 않았다면 볼셰비키당이 사회주의 혁명으로 방향을 전환하는 일이나 10월 혁명의 승리는 일어나지 않았을 것이라는 점은 거의 틀림없다. "레닌이 없었다면 10월 혁명도 없었을 것"이라는 말은 카를 카우츠키, 오토 바우어 등의 기계론적·숙명론적 '마르크스주의' 학파에게는 모순처럼 들리겠지만, 진정한 능동적 마르크스주의 개념과는 모순되지 않는다.[37] 만약 1923년의 독일 혁명 기간에 레닌이 아프지 않고 활동할 수 있었다면 … . 만약 트로츠키가 자신의 뜻대로 코민테른 대표로서 독일에 갈 수 있었다면 … . 만약 … . 만약 … . 여기서 문제의 핵심은 이 '만약'에 있다.

[만약 … 했다면] 레닌과 당과 프롤레타리아가 서로 맞물린 비극은 여전히 낙관적 비극이었을 것이라고, 그리고 모든 희생과 고통은 결코 헛되지 않았을 것이라고 기대하는 것은 너무 지나칠까?

레닌은 10월 혁명이 역사적으로 완전히 정당했다는 것, 그것이 프롤레타리아의 엄청난 성취였다는 사실을 결코 의심하지 않았다. 러시아의 혁명적 프롤레타리아는 끔찍한 세계 대학살에서 스스로 빠져나와 제국주의 전쟁과 그 전쟁을 낳은 사회질서를 끝장내기 위해 할 수 있는 모든

마지막 패배 331

일을 다하는 것 말고 다른 선택의 여지가 있었을까? 사회를 변혁하려고 노력하는 혁명적 계급과 혁명적 정당이 국가권력을 장악할 때까지 최대한 멀리 전진하지 않았다면 자신의 사명을 배반했을 것이다. 세계는 사회주의를 위해 무르익은 상태였다(너무 익지는 않았을지라도). 혁명이 일어나지 않으면 인류는 썩어 문드러질 위험에 처해 있었다. 혁명이 러시아에서 맨 처음 일어난 이유는 세계 자본주의라는 사슬이 가장 약한 고리에서 끊어졌기 때문이다. 물론 러시아보다 선진국에서, 예컨대 미국 같은 나라에서 혁명이 승리했다면 더 좋았을 것이다. 그러나 프롤레타리아 혁명은 우리가 주문한 대로 일어나지 않는다. 그것은 자본주의 체제의 불합리성의 산물이기 때문이다. 1917년 혁명은 실수가 아니었지만, 그것이 러시아 국경을 넘어 확산되지 못한 것은 실수였다. 단지 실수가 아니라 사회민주주의 정당들이 주로 책임져야 할 범죄였다.

레닌은 볼셰비키 혁명의 풍부한 경험이 다음 세대를 위한 유산이 될 것이라고 확신했다. 파리코뮌은 노동계급의 영웅적 행동과 노동계급이 국가권력을 장악해서 사회를 재구성하기(비록 멈칫거리면서도) 시작할 수 있다는 사실을 보여 줬다. 파리의 프롤레타리아는 매우 소수였고, 주로 소규모 작업장에 고용돼 있었고, 지도하는 당도 없었고, 분명한 이론적 지침도 없었다. 그래도 파리코뮌의 기억은 국제 노동계급의 가슴속에 영원히 간직돼 있다. 훨씬 더 성숙하고 더 잘 조직되고 더 의식적인 프롤레타리아가 권력을 장악한 러시아 혁명은 파리코뮌보다 훨씬 더 고무적인 사례였다. 러시아 프롤레타리아는 끔찍한 고통 속에서도 초인적 의지와 도덕적 자산을 보여 줬다.

아무리 나쁘게 말하더라도, 레닌과 그의 동지들은 적어도 그 후계자들에게 일련의 사상, 즉 [제2인터내셔널의 사회민주주의자들이 폐기한] 혁명적 정책을 복원해서 물려줬고, 이것들은 파리코뮌이 그랬듯이 다음 세대 사회주의자들에게 영감을 줄 것이다. 10월 혁명의 기억과 볼셰비즘은 세대를 이어서 전수될 것이다. 10월 혁명은 프롤레타리아의 **잠재력**을 보여 줬다. 마지막으로, 로자 룩셈부르크가 볼셰비즘의 역사적 정수를 요약한 말을 들어 보자.

> 그들은 국제 프롤레타리아의 선두에 서서 정치권력을 장악하고 사회주의 실현이라는 문제를 실천적으로 제기했고, 전 세계에서 노동이 자본에 대한 강력한 보복에 나서게 하는 등 불후의 역사적 공헌을 했다. 러시아에서는 문제가 제기될 수만 있었고 해결될 수는 없었다. 그리고 이런 의미에서 미래는 어디서나 볼셰비즘의 것이다.[38]

후주

1장 공산주의 인터내셔널의 창립과 성장

1   V I Lenin, *Collected Works* translated from the fourth Russian edition(이하 *Works*로 줄임), Vol 21, pp 33~34.
2   같은 책, pp 40~41.
3   더 자세한 설명은 T Cliff, *Lenin*, London 1976, Vol 2, Ch 1 참조[국역: 《레닌 평전 2》, 책갈피, 2009].
4   N K Krupskaya, *Memories of Lenin*, London 1970, p 285[국역: 《레닌을 회상하며》, 박종철출판사, 2011].
5   Lenin, *Works*, Vol 24, p 24.
6   같은 책, Vol 26, pp 470~471.
7   같은 책, Vol 27, p 95.
8   같은 책, p 98.
9   같은 책, Vol 29, p 153.
10 같은 책, Vol 31, pp 397~398.
11 같은 책, p 457.
12 같은 책, Vol 21, p 330.
13 L Fischer, *The Soviets in World Affairs*, London 1930, Vol 1, p 32.
14 B Lazitch and M M Drachkovitch, *Lenin and the Comintern*, Stanford 1972,

Vol 1, pp 31~32.

15 Lenin, *Sochineniia*, 2nd edition, Vol 24, p 128. E H Carr, *The Bolshevik Revolution, 1917-1923*, London 1953, Vol 3, p 74에서 재인용.
16 *Vosmoi sezd RKP(b)*, Moscow 1939, pp 501~504.
17 Lenin, *Works*, Vol 28, p 475.
18 J Degras(ed), *The Communist International(1919-1943): Documents*, London 1956, Vol 1, p 26.
19 Lazitch and Drachkovitch, 앞의 책, p 77.
20 H Gruber(ed), *International Communism in the Era of Lenin: a Documentary History*, New York 1972, p 81.
21 *Sedmoi sezd RKY(b)*, Moscow 1923, p 138.
22 Lenin, *Works*, Vol 28, pp 476~477.
23 같은 책, Vol 29, pp 306~307.
24 Carr, *The Bolshevik Revolution*, 앞의 책, Vol 3, p 128.
25 같은 책.
26 Lenin, *Works*, Vol 29, p 307.
27 같은 책, p 493.
28 Degras, 앞의 책, Vol 1, pp 50~53.
29 J Braunthal, *History of the International*, London 1967, Vol 2, p 168.
30 같은 책, p 184.
31 W H Crook, *The General Strike*, London 1931, pp 240~243; 같은 책.

2장 프롤레타리아의 공세가 실패하다 — 새로운 정책의 필요성

1 Trotsky, *The First Five Years of the Communist International*, New York 1945, Vol 1, pp 176, 294.
2 Lenin, *Works*, Vol 29, p 227.
3 Lazitch and Drachkovitch, 앞의 책, p 112.
4 Lenin, *Works*, Vol 30, p 354.
5 같은 책, Vol 31, p 111.
6 Lazitch and Drachkovitch, 앞의 책, p 113.

7   같은 책, pp 115~116.
8   Lenin, *Works*, Vol 31, pp 249~250.
9   P Frölich, *Rosa Luxemburg — Ideas in Action*, London 1972, p 281[국역: 《로자 룩셈부르크 생애와 사상》, 책갈피 2000].
10 P Broué, *Révolution en Allemagne, 1917-1923*, Paris 1971, p 218.
11 같은 책, pp 219~220.
12 J P Nettl, *Rosa Luxemburg*, London 1962, Vol 2, p 758.
13 Cliff, *Lenin*, 앞의 책, Vol 2, p 261에서 재인용.
14 Lenin, *Works*, Vol 25, p 312.
15 같은 책, Vol 29, p 396.
16 Broué, 앞의 책, pp 864~865.
17 Cliff, *Lenin*, 앞의 책, Vol 2, pp 6, 10~11 참조.
18 Cliff, *Rosa Luxemburg*, London 1968, pp 51~52 참조[국역: 《로자 룩셈부르크》, 북막스, 2001].
19 Nettl, 앞의 책, Vol 2, p 752.
20 Frölich, 앞의 책, p 279.
21 I Deutscher, 'Record of a Discussion with Heinrich Brandler', *New Left Review*, September-October 1977, p 48.

3장 코민테른 — 전략·전술의 학교

1   Lenin, *Works*, Vol 31, p 21.
2   같은 책, p 26.
3   같은 책, p 62.
4   같은 책, p 37.
5   같은 책, pp 68~69.
6   같은 책, p 77.
7   같은 책, p 70.
8   같은 책, Vol 30, p 55.
9   같은 책, pp 87~88.
10 같은 책, Vol 29, pp 562, 565.

11 같은 책, Vol 31, pp 56, 58~59.
12 같은 책, p 93.
13 같은 책, pp 59~60.
14 같은 책, pp 53, 55.
15 같은 책, p 55.
16 Cliff, *Lenin*, 앞의 책, Vol 1, pp 257~258[국역: 《레닌 평전 1》, 책갈피, 2010].
17 Lenin, *Works*, Vol 31, p 80.
18 같은 책, pp 95~96.
19 같은 책, Vol 29, pp 325~326.
20 *Der Zweite Kongress der Kommunistischen Internationale*, Hamburg 1921, p 370.
21 Degras, 앞의 책, Vol 1, pp 110~111.
24 *Der Zweite Kongress der Kommunistischen Internationale*, 앞의 책, pp 14~15.
23 같은 책, p 8.
24 J T Murphy, *New Horizons*, London 1941, p 152.
25 Cliff, *Lenin*, 앞의 책, Vol 1, p 126.
26 *Der Zweite Kongress der Kommunistischen Internationale*, 앞의 책, pp 407~408.
27 Lazitch and Drachkovitch, 앞의 책, p 254.
28 같은 책, p 255.
29 Degras, 앞의 책, Vol 1, pp 154~155.
30 Cliff, *Lenin*, 앞의 책, Vol 1, pp 211-227.
31 같은 책, Vol 2, p 217.
32 Degras, 앞의 책, Vol 1, pp 156~161.
33 *Der Zweite Kongress der Kommunistischen Internationale*, 앞의 책, p 318.
34 같은 책, p 561.
35 Lenin, *Works*, Vol 31, pp 144~151.
36 같은 책, p 244.
37 Marx's Introduction to the 1882 Russian edition of the Communist Manifesto: K Marx and F Engels, *Selected Works*, Moscow 1951, Vol 1, pp 23~24.

38 Lenin, *Works*, Vol 31, p 453.
39 같은 책, pp 206~207.
40 같은 책, pp 206~211.
41 Degras, 앞의 책, Vol 1, p 172.
42 *Der Zweite Kongress der Kommunistischen Internationale*, 앞의 책, p 695.
43 같은 책, p 300.

4장 레닌, 볼셰비즘, 코민테른

1 Degras, 앞의 책, Vol 1, p 164.
2 Broué, 앞의 책, p 865.
3 A Rosmer, *Lenin's Moscow*, London 1971, p 77.
4 같은 책, p 54.
5 Cliff, *Lenin*, 앞의 책, Vol 1, p 256.
6 Engels to Marx on 7 October 1858, and Engels to Kautsky on 12 September 1882, Marx and Engels, *Selected Correspondence*, London, 1942, pp 110, 351.
7 Lenin, *Works*, Vol 22, pp 301, 194.
8 T Cliff, 'Economic Roots of Reformism', June 1957, in *A Socialist Review*, London 1964, pp 48~58.
9 Lenin, *Works*, Vol 28, pp 292~293.
10 같은 책, Vol 29, p 310.
11 같은 책, Vol 31, pp 21~22, 91.
12 V Serge, *Memoirs of a Revolutionary, 1901-1941*, London 1963, p 107.
13 R Wohl, *French Communism in the Making, 1919-1924*, Stanford 1966, p 355.
14 *Der Zweite Kongress der Kommunistischen Internationale*, 앞의 책, p 79.
15 같은 책, p 315.
16 같은 책, p 340.
17 Murphy, 앞의 책, p 150.
18 *Bulletin of the IV Congress of the Communist International*, Moscow 1922, No 20.

19 Degras, 앞의 책, Vol 1, p 258.
20 같은 책, p 165.
21 Braunthal, 앞의 책, Vol 1, p 108.
22 *Der Zweite Kongress der Kommunistischen Internationale*, 앞의 책, p 238.
23 Lazitch and Drachkovitch, 앞의 책, p 19.
24 L J Macfarlane, *The British Communist Party: Its Origin and Development until 1929*, London 1966, p 139.
25 Broué, 앞의 책, p 825.
26 Deutscher, 'Record of a Discussion with Heinrich Brandler', *New Left Review*, 앞의 책, pp 50~51.
27 *Der Zweite Kongress der Kommunistischen Internationale*, 앞의 책, p 382.
28 L Trotsky, *History of the Russian Revolution*, London 1934, p 558[국역: 《러시아혁명사 상·중·하》, 풀무질, 2003~04].
29 같은 책, p 315.
30 Serge, *Memoirs of a Revolutionary*, 앞의 책, p 177.
31 Broué, 앞의 책, pp 826~827.
32 같은 책, p 830.
33 Lazitch and Drachkovitch, 앞의 책, p 455.
34 P Levi, *Unser Weg*, 같은 책 p 509에서 재인용.
35 같은 책, p 159.
36 Serge, *Memoirs of a Revolutionary*, 앞의 책, p 187.
37 Lenin, *Works*, Vol 33, p 430.
38 같은 책, p 431.
39 L Trotsky, *The Third International After Lenin*, New York 1936, p 159[국역: 《레닌 이후의 제3인터내셔널》, 풀무질, 2009].

5장 볼셰비즘을 이식하는 데 실패하다

1 Wohl, 앞의 책, p 82.
2 같은 책, p 91.
3 같은 책, pp 218~219.

4   같은 책, pp 438~439.
5   같은 책, p 174.
6   같은 책, pp 89~90.
7   같은 책, p 96.
8   같은 책, p 307.
9   Braunthal, 앞의 책, Vol 2, p 193.
10 Wohl, 앞의 책, p 218.
11 같은 책, p 288.
12 같은 책, pp 407~408.
13 D W Urquidi, *The Origins of the Italian Communist Party, 1918-1921*, Columbia University PhD, 1962, Preface, pp 1~2.
14 같은 책, p 390.
15 같은 책, pp 390~391.
16 같은 책, pp 306~307.
17 같은 책, p 393.
18 같은 책, p 394.
19 *Il Soviet*, 3 October 1920. Urquidi, p 269에서 재인용.
20 *Il Soviet*, 21 September 1919. Urquidi, p 54에서 재인용.
21 *Bulletin of the IV Congress of the Communist International*, 앞의 책, No 12.
22 같은 책, No 2.
23 같은 책, No 11.
24 Urquidi, 앞의 책, p 102.
25 Curt Geyer's interview with R Loewenthal, 'The Bolshevization of the Spartacus League', *International Communism*, St Antony's Papers, No 9, London 1960, p 57.
26 R Fischer, *Stalin and German Communism*, London 1948, pp 174~175.
27 Trotsky, *The Third International after Lenin*, 앞의 책, p 89.
28 W D Angress, *Stillborn Revolution: The Communist Bid for Power in Germany, 1921-1923*, Princeton 1963, p 145.
29 같은 책, pp 146, 149.
30 같은 책, pp 156~157.
31 H Malzahn in *Protokoll des III Kongresses der Kommunistischen Internationale*,

Hamburg 1921, p 251.

32 Broué, 앞의 책, p 484.

6장 영국과 불가리아 — 정반대 사례

1   K Marx and F Engels, *On Britain*, Moscow 1962, p 582.
2   H Collins, 'The Marxism of the Social Democratic Federation' in A Briggs and J Saville(eds), *Essays in Labour History, 1886-1923*, London 1971, p 55에서 인용.
3   W Kendall, *The Revolutionary Movement in Britain, 1900-1921*, London 1969, pp 60~61.
4   B Holton, *British Syndicalism, 1900-1914*, London 1976, pp 179~180; L J Macfarlane, 앞의 책, pp 18~19.
5   Holton, 앞의 책, p 172.
6   Lenin, *Works*, Vol 22, p 180.
7   Kendall, 앞의 책, p 388.
8   J Hinton, *The First Shop Stewards' Movement*, London 1973, p 183.
9   같은 책, pp 199~200.
10 같은 책, p 300.
11 Degras, 앞의 책, Vol 1, p 4.
12 Sheffield Workers' Committee, 1917로 처음 출간됐고 *Plebs*, London 1972로 재출간됐다.
13 R Challinor, *The Origins of British Bolshevism*, London 1977, pp 18, 40, 121, 151.
14 Holton, 앞의 책, p 56.
15 같은 책, p 60.
16 같은 책, p 139.
17 같은 책, p 66.
18 Challinor, 앞의 책, pp 120~121.
19 R Challinor, *John S Clarke*, London 1977, p 25.
20 Hinton, 앞의 책, p 131.
21 T J Murphy, *Preparing for Power*, London 1972, p 106.

22 Challinor, *The Origins of British Bolshevism*, 앞의 책, p 157.
23 Murphy, *New Horizons*, 앞의 책, p 116.
24 이 운동을 가장 잘 다룬 저작은 단연 힌턴(Hinton)의 책 *The First Shop Stewards' Movement*, London 1973이다.
25 Hinton, 앞의 책, pp 196~212.
26 같은 책, p 212.
27 같은 책, p 287.
28 같은 책, pp 223~233.
29 J Hinton's introduction to T J Murphy, *The Workers' Committee*, London 1972, p 5, and Hinton, 앞의 책, Ch 10.
30 M Woodhouse and B Pearce, *Essays on the History of Communism in Britain*, London 1975, p 38.
31 Hinton, 앞의 책, p 302.
32 같은 책, p 307.
33 같은 책, p 276.
34 Challinor, *The Origins of British Bolshevism*, 앞의 책, pp 176~180, 190~192 참조.
35 T Bell, *Pioneering Days*, London 1941, p 176.
36 V I Lenin, *On Britain*, Moscow, pp 423~424.
37 같은 책, pp 538~539.
38 같은 책, p 528.
39 Macfarlane, 앞의 책, pp 198~199.
40 같은 책, p 55.
41 Lenin, *On Britain*, 앞의 책, p 540.
42 Kendall, 앞의 책, p 400.
43 같은 책, p 423.
44 같은 책, p 274.
45 Macfarlane, 앞의 책, p 71.
46 J Klugmann, *History of the Communist Party of Great Britain*, London 1960, Vol 1, p 198.
47 같은 책, p 77.
48 Challinor, *The Origins of British Bolshevism*, 앞의 책, p 201.

49 같은 책, p 196.

50 Kendall, 앞의 책, p 190.

51 Challinor, *The Origins of British Bolshevism*, 앞의 책, p 199.

52 Murphy, *Preparing for Power*, 앞의 책, p 184.

53 Cliff, *Lenin*, 앞의 책, Vol 1, pp 30~31 참조.

54 Carr, *The Bolshevik Revolution*, 앞의 책, Vol 3, p 145.

55 Serge, *Memoirs of a Revolutionary*, 앞의 책, p 178.

56 J Rothschild, *The Communist Party of Bulgaria: Origins and Developments, 1883-1936*, New York 1959, p 39.

57 Cliff, *Lenin*, 앞의 책, Vol 1, p 179.

58 Rothschild, 앞의 책, pp 41, 80, 95.

59 같은 책, pp 41, 80.

60 같은 책, p 44.

61 같은 책, p 96.

62 같은 책, p 80.

63 같은 책, pp 119~120.

64 Gruber, 앞의 책, p 349.

65 같은 책, p 352.

66 Degras, 앞의 책, Vol 2, p 50.

67 Rothschild, 앞의 책, pp 122~123.

68 Gruber, 앞의 책, pp 359~360.

69 Rothschild, 앞의 책, pp 141~142.

70 *Pravda*, 9 October 1923. *Internationale Presse-Korrespondenz*, 15 October 1922에 번역돼 실려 있다.

71 Rothschild, 앞의 책, pp 152~156.

72 같은 책, p 134.

73 같은 책, pp 150~151.

74 같은 책, p 147.

75 Degras, 앞의 책, Vol 2, p 212.

76 Stalin, *Sochineniia*, Vol 7, p 293; Carr, *Socialism in One Country*, 앞의 책, Vol 3, p 410.

77 Rothschild, 앞의 책, p 260.
78 같은 책, p 41.
79 같은 책, p 95.
80 같은 책, p 106.
81 같은 책, pp 55, 95.
82 Cliff, *Lenin*, 앞의 책, Vol 1, p 238.
83 같은 책, pp 320~321, 365.
84 Rothschild, 앞의 책, p 54.
85 *Der Zweite Kongress der Kommunistischen Internationale*, 앞의 책, p 557.
86 Lenin, *Works*, 앞의 책, Vol 18, pp 586~587.
87 Rothschild, 앞의 책, p 115.
88 같은 책, pp 22~23, 108~110, 154 참조.

7장 거대한 은폐

1 Gruber, 앞의 책, p 286.
2 같은 책, p 288.
3 P Levi, *Unser Weg*, pp 55~56. H Gruber, 'Paul Levi and the Comintern', *Survey*, London, October 1964에서 재인용.
4 Degras, 앞의 책, Vol 1, p 218.
5 Trotsky, *The Stalin School of Falsification*, New York 1962, p 335.
6 Serge, *Memoirs of a Revolutionary*, 앞의 책, p 140.
7 Lenin, *Works*, Vol 42, pp 319~323.
8 *Protokoll des Ⅲ Kongresses der Kommunistischen Internationale*, 앞의 책, pp 184~185.
9 같은 책, pp 295~298.
10 Broué, 앞의 책, pp 520~522.
11 *Protokoll des Ⅲ Kongresses der Kommunistischen Internationale*, 앞의 책, pp 479~483.
12 같은 책, pp 650~651.
13 Trotsky, *The First Five Years of the Communist International*, 앞의 책, Vol 1,

pp 276~277.

14 같은 책.

15 Lenin, *Works*, Vol 32, pp 468~474.

16 K Zetkin, *Reminiscences of Lenin*, London 1929, pp 32~33.

17 같은 책, p 31.

18 Degras, 앞의 책, Vol 1, pp 230~239.

19 J Degras, 'United Front Tactics in the Comintern, 1921-1928', *International Communism*, St Antony's Papers, No 9, p 10.

20 Trotsky, *The First Five Years of the Communist International*. 앞의 책, Vol 1, p 122.

21 Angress, 앞의 책, p 196. A Rosenberg, *A History of the German Republic*, London 1936, p 392.

22 *Bulletin of the IV Congress of the Communist International*, 앞의 책, Nos 14~15.

23 H R Isaacs, *The Tragedy of the Chinese Revolution*, London 1938, p 51.

8장 위기에 빠진 볼셰비키 정권

1 L N Kritzman, *Die heroische Periode der grossen russischen Revolution*, Frankfurt a/M, 1971, p 166.

2 *Desiatyi sezd RKP(b)*, Moscow 1933, p 214.

3 같은 책, p 454.

4 Lenin, *Works*, Vol 32, pp 20~21.

5 같은 책, p 37.

6 같은 책, p 24.

7 같은 책, p 48.

8 같은 책, p 25.

9 같은 책, p 50.

10 같은 책, p 204.

11 *Desiatyi sezd RKP(b)*, 앞의 책, p 214.

12 L Trotsky, *My Life*, New York 1960, pp 465~466[국역: 《나의 생애 상·하》, 범우사, 2001].

13 Lenin, *Works*, Vol 32, p 172.
14 S Singleton, 'The Tambov Revolt(1920~1921)', *Slavic Review*, September 1966.
15 P Avrich, *Kronstadt 1921*, New York 1974, p 35.
16 같은 책, p 37.
17 같은 책, p 39.
18 Serge, *Memoirs of a Revolutionary*, 앞의 책, p 123.
19 Avrich, *Kronstadt 1921*, 앞의 책, p 42.
20 같은 책, p 45.
21 같은 책, p 42.
22 같은 책, pp 46~47.
23 같은 책, pp 89~90.
24 같은 책, p 93.
25 같은 책, p 69.
26 같은 책, pp 163~164.
27 같은 책, pp 179~180.
28 *Desiatyi sezd RKP(b)*, 앞의 책, p 243.
29 Avrich, *Kronstadt 1921*, 앞의 책, p 184.
30 Lenin, *Works*, Vol 32, p 279.
31 L Trotsky, *The Revolution Betrayed*, New York 1935, p 96[국역: 《배반당한 혁명》, 갈무리, 1995].
32 Lenin, *Works*, Vol 32, p 192.
33 같은 책, p 215.
34 같은 책, p 224.
35 같은 책, p 225.
36 *Odinnadtsatii sezd RKP(b)*, Moscow 1936, p 468.
37 Lenin, *Works*, Vol 32, p 43.
38 같은 책, Vol 42, p 275.
39 같은 책, Vol 32, p 169.
40 같은 책, p 178.
41 같은 책, pp 258~259.

42   같은 책, p 244.
43   같은 책, Vol 33, pp 281~282.
44   같은 책, Vol 32, p 261.
45   같은 책, p 243.
46   *Desiatyi sezd RKP(b)*, 앞의 책, p 540.

9장 신경제정책

1   *Leninskii Sbornik*, Vol 7, p 363.
2   같은 책, Vol 35, p 175.
3   Lenin, *Works*, Vol 31, p 505.
4   L Trotsky, *The New Course*, New York 1943, p 63.
5   Lenin, *Works*, Vol 32, p 133.
6   같은 책, p 156.
7   같은 책, p 229.
8   같은 책, p 326.
9   같은 책, Vol 33, pp 172~173.
10   같은 책, p 59.
11   같은 책, p 275.
12   같은 책, p 113.
13   같은 책, pp 112~113.
14   같은 책, Vol 32, p 350.
15   같은 책, p 225.
16   같은 책, p 236.
17   같은 책, pp 277~278.
18   같은 책, pp 95~96.
19   M Dobb, *Soviet Economic Development since 1917*, London 1948, p 143[국역: 《소련 경제사》, 형성사, 1989].
20   같은 책, p 183.
21   같은 책, p 42.
22   같은 책, pp 46~47.

23 같은 책, pp 89~90.

24 같은 책, p 93.

25 A Nove, *An Economic History of USSR*, London 1972, p 114.

26 Carr, *The Interregnum*, 앞의 책, p 75.

27 같은 책, pp 77~78.

28 *Sedmoi vsesoiuznyi sezd profsoiuzov*, Moscow 1927, p 373.

29 같은 책, p 243.

30 Carr, *The Interregnum*, 앞의 책, p 85.

31 Lenin, *Works*, Vol 42, pp 375~377.

32 *Stenograficheskii otchet piatogo vserossiiskogo sezda professionalnykh soiuzov*, Moscow 1922, p 82.

33 *Kommunisticheskaia partiia sovetskogo soiuza v rezoliutsiiakh i resheniiakh sezdov, konferentsii i plenumov TsK*, 7th edition, Moscow 1953(이하 *KPSS v rezoliutsiiakh*로 줄임), Vol 1, p 606.

34 M Dewar, *Labour Policy in the USSR, 1917-1928*, London 1956, pp 99~100.

35 같은 책, p 102.

36 Carr, *The Interregnum*, 앞의 책, p 73.

37 J B Sorenson, *The Life and Death of Soviet Trade Unionism, 1917-1928*, New York 1969, p 201.

38 J V Stalin, *Works*, Moscow 1952-5, Vol 5, p 364.

39 Carr, *The Interregnum*, 앞의 책, p 94.

40 E H Carr, *Socialism in One Country*, London 1958, Vol 1, p 101.

41 L Leonov, *The Thief*, London 1931, pp 54, 57~58, 116[국역: 《도적》, 중앙일보사, 1990].

42 W Duranty, *I Write as I Please*, New York 1935, p 138.

43 같은 책, pp 147~148.

44 I Ehrenburg, *Julio Jurenito*, London, 1958, p 295.

45 Lenin, *Works*, Vol 32, p 429.

46 *KPSS v rezoliutsiiakh*, 앞의 책, Vol 1, p 574.

47 Lenin, *Works*, Vol 32, p 447.

48 같은 책, Vol 42, p 327.

49 같은 책, Vol 33, p 116.

50 같은 책, p 160.
51 같은 책, p 280.
52 같은 책, Vol 36, p 571.
53 같은 책, Vol 33, p 274.
54 같은 책, p 276.
55 같은 책, pp 286~287.
56 *Odinnadtsatii sezd RKP(b)*, 앞의 책, p 83.
57 같은 책, p 134.
58 *Dvenadtastii sezd RKP(b)*, Moscow 1923, p 133.
59 L Trotsky, *The Challenge of the Left Opposition(1923-5)*, New York 1975, pp 149~150.
60 Lenin, *Works*, Vol 33, p 279.
61 같은 책, p 288.

10장 독일 혁명의 패배

1   Angress, 앞의 책, pp 285, 350.
2   E Anderson, *Hammer or Anvil*, London 1945, p 91.
3   Broué, 앞의 책, p 679.
4   같은 책, pp 698~700.
5   Rosenberg, 앞의 책, p 194.
6   Fischer, 앞의 책, p 293.
7   같은 책, pp 291~292.
8   Broué, 앞의 책, p 710.
9   Angress, 앞의 책, pp 371~372.
10 Anderson, 앞의 책, pp 92~93.
11 Angress, 앞의 책, p 302.
12 Broué, 앞의 책, p 554.
13 같은 책, p 706.
14 Fischer, 앞의 책, p 260; Degras, 앞의 책, Vol 2, pp 17~18.
15 Broué, 앞의 책, p 715.

16　Carr, *The Interregnum*, 앞의 책, p 201.

17　Angress, 앞의 책, pp 392~393.

18　*Protokoll des Fünfte Kongress der Kommunistischen Internationale*, 앞의 책, Vol 2, p 713.

19　Angress, 앞의 책, pp 339~341.

20　Broué, 앞의 책, p 718.

21　Trotsky, *The First Five Years of the Communist International*, 앞의 책, Vol 2, pp 347, 349~350.

22　Trotsky, *The Stalin School of Falsification*, 앞의 책, pp 195~196.

23　Lenin, *Works*, Vol 26, p 181. Cliff, *Lenin*, 앞의 책, Vol 2, Ch 19, 'Lenin Calls up the Insurrection' 참조.

24　I Deutscher, *The Prophet Unarmed*, London 1959, pp 111~112[국역: 《비무장의 예언자 트로츠키: 1921-1929》, 필맥, 2007].

25　Angress, 앞의 책, p 400.

26　Deutscher, 'Record of a Discussion with Heinrich Brandler', *New Left Review*, 앞의 책, pp 51~52, 76.

27　Angress, 앞의 책, p 430.

28　같은 책, pp 434~435.

29　Fischer, 앞의 책, p 337.

30　Carr, *The Interregnum*, 앞의 책, p 222.

31　*Bulletin of the IV Congress of the Communist International*, 앞의 책, Nos 14~15.

32　Lenin, *Works*, Vol 25, pp 285~286.

33　R Fischer, 앞의 책, p 312.

34　Angress, 앞의 책, pp 396~397.

35　Trotsky, *The New Course*, 앞의 책, pp 49~50.

36　L Trotsky, *Lessons of October*, New York 1937, p 23[국역: "10월의 교훈", 《10월의 교훈 및 이행기 강령》, 풀무질, 1996].

37　Carr, *The Interregnum*, 앞의 책, pp 230~231; W Korey, *Zinoviev on the Problems of World Revolution, 1919-27*, Columbia University PhD Thesis, 1960, p 174.

38　Trotsky, *The Third International after Lenin*, 앞의 책, p 100.

39　Degras, 앞의 책, Vol 2, p 87.

40   같은 책, p 77.
41   Trotsky, *The Third International after Lenin*, 앞의 책, p 95.

11장 레닌이 필생의 과업을 위해 투쟁하다

1   Lenin, *Works*, Vol 35, p 454.
2   *Leninskii sbornik*, Vol 35, p 172.
3   Lenin, *Works*, Vol 45, p 249.
4   Trotsky, *My Life*, 앞의 책, p 475.
5   Lenin, *Works*, Vol 42, p 492.
6   같은 책, p 621.
7   같은 책, Vol 45, p 497.
8   같은 책, Vol 42, p 418.
9   같은 책, p 600.
10   L A Fotieva, *Iz vospominanii o Lenine*, Moscow 1964, pp 28~29에서 인용.
11   Lenin, *Works*, Vol 45, p 601.
12   같은 책, Vol 33, pp 460~461.
13   같은 책, p 458.
14   같은 책, Vol 45, p 606.
15   Carr, *The Bolshevik Revolution*, 앞의 책, Vol 2, pp 310~311.
16   Lenin, *Works*, Vol 33, p 426.
17   같은 책, p 501.
18   Carr, *The Bolshevik Revolution*, 앞의 책, Vol 2, p 372.
19   Lenin, *Works*, Vol 31, pp 514, 516.
20   같은 책, Vol 35, p 475.
21   *The Trotsky Papers*, edited by J M Meijer, The Hague 1971, Vol 2, pp 745~749.
22   Lenin, *Works*, Vol 36, p 598.
23   같은 책, Vol 45, p 593.
24   Trotsky, *The First Five Years of the Communist International*, 앞의 책, Vol 2, pp 270~271.

25 Lenin, *Works*, Vol 29, p 194.
26 *Desiatyi sezd RKP(b)*, 앞의 책, pp 163~168.
27 *KPSS v rezoliutsiiakh*, 앞의 책, Vol 2, p 562.
28 *The Trotsky Papers*, 앞의 책, Vol 2, pp 347~349.
29 *Odinnadtsatii sezd RKP(b)*, 앞의 책, pp 72~75.
30 Lenin, *Works*, Vol 42, pp 602~603.
31 R Pipes, *The Formation of the Soviet Union: Communism and Nationalism, 1917-1923*, Cambridge 1964, p 271.
32 Lenin, *Works*, Vol 42, pp 421~423.
33 P N Pospelov et al, *Vladimir Ilyich Lenin, Biografiia*, Moscow 1963, p 611.
34 Trotsky, *The Stalin School of Falsification*, 앞의 책, pp 66~67.
35 Lenin, *Works*, Vol 33, p 372.
36 *Dvenadtsatyi sezd RKP(b)*, 앞의 책, p 150.
37 Lenin, *Sochineniia*, 5th edition, Vol 45, p 710. M Lewin, *Lenin's Last Struggle*, New York 1968, p 153에서 재인용.
38 Lenin, *Works*, Vol 42, p 485.
39 같은 책, p 486.
40 같은 책, pp 605~606.
41 같은 책, pp 607~608.
42 같은 책, pp 610~611.
43 같은 책, Vol 42, p 493.
44 같은 책, Vol 45, p 607.
45 같은 책, p 608.

12장 필사적 투쟁

1 *KPSS v rezoliutsiiakh*, 앞의 책, Vol 1, p 533.
2 I Deutscher, *The Prophet Unarmed*, London 1959, p 47.
3 Lenin, *Works*, Vol 33, pp 353~354.
4 같은 책, p 490.
5 같은 책, pp 490~491.

6   같은 책, p 494.
7   Trotsky, *The Stalin School of Falsification*, 앞의 책, p 72.
8   'Letter to the Congress', Lenin, *Works*, Vol 36, p 593.
9   같은 책, pp 596~597.
10 같은 책, Vol 33, p 482.
11 같은 책, pp 484~485.
12 Trotsky, *The Stalin School of Falsification*, 앞의 책, pp 73~74.
13 Lenin, *Works*, Vol 36, pp 594~595.
14 Lenin, *Sochineniia*, 5th edition, Vol 54, pp 674~675. Lewin, 앞의 책, pp 152~153에서 재인용.
15 Lenin, *Works*, Vol 36, p 596.
16 Cliff, *Lenin*, 앞의 책, Vol 1, p 115.
17 Lenin, *Works*, Vol 45, pp 607~608.
18 같은 책, Vol 32, p 34.

13장 마지막 패배

1   Trotsky, *My Life*, 앞의 책, p 482.
2   같은 책, p 486.
3   Stalin, 앞의 책, Vol 5, pp 261~262.
4   *Dvenadtsatyi sezd RKP(b)*, 앞의 책, p 563.
5   같은 책, p 526.
6   Stalin, 앞의 책, Vol 5, p 271.
7   *Dvenadtsatyi sezd RKP(b)*, 앞의 책, p 577.
8   같은 책, p 96.
9   Stalin, 앞의 책, Vol 5, pp 209~210.
10 같은 책, p 223.
11 *KPSS v rezolilltsiiakh*, 앞의 책, Vol 1, pp 719~723.
12 Stalin, 앞의 책, Vol 5, p 240.
13 *The Trotsky Papers*, 앞의 책, Vol 2, pp 813~815.
14 Trotsky, *The Challenge of the Left Opposition*, 앞의 책, pp 312~313.

15 Trotsky, *My Life*, 앞의 책, p 481.
16 같은 책, pp 481~482.
17 같은 책, p 537.
18 Trotsky, *The New Course*, 앞의 책, pp 27, 37.
19 Trotsky, *The Challenge of the Left Opposition*, 앞의 책, pp 154, 161.
20 Deutscher, *The Prophet Unarmed*, 앞의 책, p 93.
21 Trotsky, *Stalin*, 앞의 책, pp 242~243.
22 A Soboul, *The French Revolution. 1787-1799*, London 1974, Vol 2, p 422[국역: 《프랑스 대혁명사 상·하》, 두레, 1984].
23 같은 책, p 439.
24 Deutscher, *The Prophet Unarmed*, 앞의 책, pp 106~107.
25 Trotsky, *Stalin*, 앞의 책, p 387.
26 같은 책, pp 403~404.
27 Trotsky, *My Life*, 앞의 책, pp 508~509.
28 *Stalin*, 앞의 책, Vol 6, pp 47~53.
29 Carr, *The Interregnum*, 앞의 책, p 349.
30 R H McNeal, *Bride of the Revolution: Krupskaya and Lenin*, London 1973, p 242.
31 Lenin, *Works*, Vol 25, p 385.
32 F Engels, *The Peasant War in Germany*, London 1927, pp 135~136[국역: 《엥겔스의 독일혁명사 연구》, 아침, 1988].
33 Lenin, *Works*, Vol 36, p 595.
34 Cliff, *Lenin*, 앞의 책, Vol 2 p xi.
35 E A Preobrazhensky, *From NEP to Socialism: a Glance into the Future of Russia and Europe*, London 1971, p 99.
36 같은 책, p 116.
37 더 자세한 설명은 Cliff, *Lenin*, 앞의 책, Vol 2, pp 136~139 참조.
38 M A Waters(ed), *Rosa Luxemburg Speaks*, New York 1970, p 395.

찾아보기

ㄱ

갤러처(Gallacher, W) 60, 122, 132, 136

경제계획 272~277

공산주의 인터내셔널(코민테른): 기원 15~17, 창립 대회 15~21, 공산주의 인터내셔널과 바르샤바 진군 56~58, 의회주의 논쟁 59~61, 농업 문제 62~64, 민족·식민지 문제 64~67

국가자본주의 306

그람시(Gramsci, A) 103, 104, 321

그루지야 279~289, 309, 310

ㄴ

노동자반대파 177, 178, 194~196

노르웨이 공산당 17, 25

ㄷ

대러시아 국수주의 277~289

대외무역 독점 269~272

도이미히(Däumig, E) 56, 113

독립사회민주당(USPD) 25, 34, 35, 56, 64, 70

독일 공산당(KPD): 코민테른 창립 대회에서 19, 20, 독립사회민주당 좌파가 가입하다 25, 창당 대회 31~34, 제헌의회에 대한 태도 31, 32, 노동조합에 대한 태도 32, 33, 1919년의 취약한 대중적 기반 35, 1919년 1월의 초좌파주의 태도 34~37, 초좌파주의자들이 분당해 나가다 39, 초기의 규모 39, 카프 쿠데타에 대한 대응 39, 40, 3월 행동 107~114, 1923년의 독일 공산당 235~252

독일 사회민주당(SPD) 25, 35

디미트로프(Dimitrov, G) 92, 150, 153

ㄹ

라데크(Radek, K): 신생 독일 공산당의 미숙함에 대해 37, 38, 중국 공산당에게 멘셰비키 노선을 제안하다 84, 라데크와 3월 행동 160, 164, 165, 슐라게터 노선을 발의하다 238~240, 라데크와 1923년 독일 244~251, 라데크와 '노동자 정부' 253

라브크린 290~299, 311, 312

라코시(Rákosi, M) 93, 109, 110

라코프스키(Rakovsky, Ch) 176, 310

랴자노프(Riazanov, D B) 192, 195, 224

러시아 공산당(볼셰비키): 당내 분파 금지 192~196, 당 간부 기구 225

러시아에서 벌어진 파업 186~188, 212~215

레닌(Lenin, V I): 제2인터내셔널의 구실에 대해 12, 13, 20, 21, 새 인터내셔널의 필요성에 대해 12, 13, 혁명이 임박했다고 주장하다 14, 22, 러시아 혁명의 국제적 성격에 대해 14, 15, 코민테른 창립 대회에서 18~20, 코민테른의 역사적 구실에 대해 20~22, 헝가리 소비에트 공화국에 대해 28~31, 1917년 7월 사태의 모험주의에 반대하다 36, 러시아 혁명의 국제적 의의에 대해 43, 80, 81, 타협에 대해 44~46, 의회 선거에 대한 공산주의자의 태도 46~50, 노동조합에 대한 공산주의사의 태도 50, 51, 공산당 지도자들의 훈련에 대해 51~53, 레닌과 바이에른 소비에트 공화국 53, 54, 농업 문제에 대해 62~64, 민족·식민지 문제에 대해 64~67, 21개 조건의 초안을 작성하다 67~70, 레닌과 카우츠키 72, 81, 레닌과 노동귀족 77~80, 지노비예프에 대한 평가 91, 300, 코민테른이 너무 러시아적이라고 비판하다 95, 96, 영국 공산당 건설에서 한 구실 131~137, 영국 공산당에게 노동당에 가입하라고 권유하다 132~135, 레닌과 파울 레비 160~162, 165~170, 레닌과 3월 행동 160~162, 165~170, 레닌과 노동조합 논쟁 175, 176, 178~185, 레닌과 크론시타트 봉기 190, 191, 레닌과 '농민의 브레스트리토프스크' 191, 192, 당내 분파 금지를 지지하다 192~196, 레닌과 신경제정책 197~207, 220~224, 268, 269, 국가자본주의에 대해 202~204, 우스트랄로프에 대해 222~224, 관료주의의 성장에 대해 222~227, 291~298, 병상에서 부지런히 탐구하다 266, 267, 대외무역 독점을 옹호하다 269~272, 경제계획에 대해 273~277, 레닌의 건강 상태 265~267, 283, 284, 289, 대러시아 국수주의에 대해 277~289, 그루지야에 대해 280~289, 대러시아 국수주의에 맞서 싸우기 위해 트로츠키에게 연합을 제안하다 287, 288, 스탈린의 대러시아 국수주의를 공격하다 288, 289, 라브크린의 관료주의에 대해 291~299, 관료주의에 맞서 싸우기 위해 트로츠키에게 연합을 제안하다 296, 297, 레닌의 유언장 298~306, 스탈린에 대해 299~304, 트로츠키에 대해 300, 카메네프에 대해 300, 부하린에 대해 300, 레닌의 죽음 322, 레닌 숭배 322~326

레비(Levi, P): 스파르타쿠스단의 선전주의적 성격에 대해 37, 독일 공산당에서 초좌파주의를 제거하다 39, 이탈리아에서 코민테른 밀사들의 활동에 대해 93, 레비와 3월 행동 108~110, 159~165, 독일 공산당에서 제명당하다 159, 160, 레비와 레닌 161, 162, 166~170

로스메르(Rosmer, A) 75, 76, 92

로이드조지(Lloyd George, D) 21

루카치(Lukács, G) 60

룩셈부르크(Luxemburg, R): 룩셈부르크와 독일 공산당 창당 대회 31~34, 제헌의회 보이콧에 반대하다 31, 32, 노동조합 탈퇴에 반대하다 32, 33, 1919년 1월 봉기에 반대하다 34, 룩셈부르크의 조직은 느슨한 선전 그룹이었다 37, 38, 108, 룩셈부르크의 숙명론 74, 75, 룩셈부르크와 볼셰비즘의 국제적 의의 82, 333

륄레(Rühle, O) 32

리프크네히트(Liebknecht, K) 34, 35, 108, 242, 255

ㅁ

마르크스(Marx, K) 66

마이어(Meyer, E) 91, 235

만(Mann, T) 124, 125

머피(Murphy, J T) 83, 123, 124, 127, 129, 138, 139

뮤어(Muir, J) 126, 127

ㅂ

바르샤바 진군 56~58

바이에른 소비에트 공화국 22, 27, 39, 40, 53, 54

베인코프(Wijnkoop, D) 70

보르디가(Bordiga, A) 103~107

볼셰비키당: 러시아 공산당(볼셰비키) 참조

부하린(Bukharin, N I): 이탈리아·프랑스·스웨덴 공산당의 기회주의를 묘사하다 59, 코민테른 지도부를 맡다 90, 독일 공산당의 공동전선 정책을 반대하다 108, 109, 부하린과 3월 행동 110, 160, 168~170, 러시아와 동맹을 맺은 나라의 국가 방어를 주장하다 172, 173, 당의 간부 임명 방식에 대해 225, 대외무역 독점에 대한 태도 270~272, 레닌이 부하린의 마르크스주의를 현학적이라고 평가하다 300, 대러시아 국수주의에 대해 310

불가리아 공산당(BKP) 24, 25, 116, 117, 143~157

브란들러(Brandler, H) 39, 88, 89, 235~238, 243~252

블라고예프(Blagoev, D) 143, 145, 151, 156

ㅅ

사카조프(Sakazov, Y) 143, 151

사회민주연맹(SDF) 117~120, 123, 125

사회주의노동당(SLP) 122~138

성매매 219

세라티(Serrati, G M) 64, 83, 93, 94, 105, 107

세르주(Serge, V) 91, 95, 144, 160, 187

수바린(Souvarine, B) 82

슈타인하르트(Steinhardt, K) 17

'슐라게터 노선' 238~243

스크리프니크(Skrypnik, M) 279

스탈린(Stalin, I V): 스탈린과 코민테른 82, 노동조합 논쟁에 대한 태도 176, 스탈린과 1923년 독일 245~247, 대외무역 독점에 대한 태도 270, 대러시아 국수주의 문제 279, 280, 라브크린 문제 290~293, 그루지야 문

제 309, 레닌의 유언장을 공개하지 못하게 막다 313, 레닌 추모 연설 323, 324

스탐볼리스키(Stamboliyski, A) 145~148

스파르타쿠스단 33, 39, 74, 75

신경제정책: 신경제정책 시기의 노동자 207~215, 신경제정책 시기의 노동조합 211~215, 신경제정책 시기의 농민 204~207, 신경제정책 시기의 실업 207, 208

실랴프니코프(Shliapnikov, A G) 176, 177, 311

ㅇ

에벌라인(Eberlein, H) 17~20, 111, 112

엥겔스(Engels, F): 영국 노동계급의 관료화에 대해 77, 사회민주연맹에 대해 118, 때이른 혁명에 대해 326, 327

영국 공산당: 의회 선거 문제 47, 코민테른의 재정 지원 88, 영국 공산당과 레닌 131~137, 창당 과정 137~139

영국 사회당(BSP) 117~122, 127~131, 135

오르조니키제(Ordzhonikidze, G K) 282~289, 298, 301, 308, 309

오스트리아 공산당 17, 55, 60, 70

요기헤스(Jogiches, L) 34, 108

우스트랼로프(Ustryalov, N V) 222, 223

유고슬라비아 공산당 17, 18, 25, 70

이탈리아 공산당 59, 84, 102~107

이탈리아 사회당 24, 70, 93

ㅈ

'적색 경영자' 208~210, 268

중간주의 19, 60, 61

중국 공산당 84

지노비예프(Zinoviev, G Y): 코민테른 창립 대회 선언문에 대해 20, 1919년에 세계혁명이 임박했다고 주장하다 22, 23, 이듬해 같은 주장을 반복하다 57, '21개 조건'에 대해 70, 아첨꾼들을 코민테른 지도자로 선발하다 82, 84, 코민테른의 중앙집중주의에 대해 90, 트로츠키의 평가 90, 레닌의 평가 91, 세르주의 평가 91, 파시즘에 대해 107, 지노비예프와 3월 행동 107~113, 160~164, 168~171, 불가리아의 1923년 9월 모험을 칭찬하다 151, 지노비예프와 노동조합 논쟁 176, 178, 184, 지노비예프와 크론시타트 봉기 187, 188, 지노비예프와 '노동자 정부' 252, 253, 지노비예프와 1923년 독일 혁명 237, 247, 248, 258~262, 10월 봉기에 반대하다 264, 300, 레닌의 유언장 공개를 반대하다 313

ㅊ

체코슬로바키아 공산당 25

체코슬로바키아 사회당 70

체트킨(Zetkin, C) 33, 37, 84, 110, 163, 164, 167, 243, 255

치머발트 대회 13

ㅋ

카메네프(Kamenev, L B): 3월 행동을 비난하다 160, 카메네프와 노동조합 논쟁 176, 트로츠키에 맞서 3인방을 구축하다 246, 247, 10월 봉기에 반대하다 264, 레닌의 유언장에서 카메네프에 대한 언급 300, 스탈린과 트로츠키 사이에서 중재자 노릇을 하다 307, 308, 레닌의 유언장 공개를 반대하다 313

카바크치예프(Kabakchiev, H) 92, 93, 144, 150, 151

카생(Cachin, M) 99, 100

카프 쿠데타 39, 40

코널리(Connolly, J) 123, 125

코시오르(Kossior, V) 224

콜라로프(Kolarov, V) 92, 144, 150

콜론타이(Kollontai, A) 104, 176, 177

쿤, 벨러(Kun, B): 사회민주당과 연립정부를 꾸리다 28~30, 농민 문제를 잘못 처리하다 30, 31, 의회 선거 보이콧을 지지하다 60, 코민테른의 핵심 지위를 맡다 92, 레닌에게 신랄하게 비판받다 94, 95, 벨러 쿤과 3월 행동 110, 111, 159, 코민테른 3차 대회에서 165

크론시타트 봉기 188~190

크룹스카야(Krupskaya, N K) 267, 283, 292, 301~304, 308, 322~325

크리스피엔(Crispien, A I) 64, 83

키엔탈 대회 13

ㅌ

태너(Tanner, J) 83, 137

테스냐키(Tesniaki) 143, 144

톰스키(Tomsky, M P) 175, 176, 210, 313

투라티(Turati, F) 59, 104, 105, 109

트로츠키(Trotsky, L D): 코민테른 선언문을 쓰다 20, 1919년의 혁명적 상황에 대해 27, 코민테른 2차 대회에서 55, 지노비예프에 대해 90, 코민테른 지도자들의 선발과 훈련에 대해 96, 97, 트로츠키와 3월 행동 165~171, 노동조합 논쟁 174~177, 곡물 강제 징발 정책의 폐지를 주장하다 197, 198, 트로츠키와 1923년 독일 237, 238, 243, 244, 257, 258, 코민테른 4차 대회에서 252, 253, 코민테른 지도자들의 '선발'에 대해 262, 대외무역 독점을 옹호하다 269~272, 트로츠키와 경제계획 274~277, 트로츠키와 대러시아 국수주의 278, 279, 라브크린의 관료주의에 대해 291~293, 스탈린을 과소평가하다 308, 레닌의 유언장이 존재한다는 사실을 부인하다 314, 당내 분파 결성에 반대하다 317, 318, 레닌의 장례식에 참석하지 못하다 323

ㅍ

팽크허스트(Pankhurst, S) 47, 132, 133

퍄타코프(Pyatakov, G L) 238, 249, 270, 299, 300

포티예바(Fotieva, L A) 266, 284, 287, 307

프랑스 공산당: 창립 26, 기회주의 59, 75, 76, 러시아 공산당에 대한 아부 82~85, 파업에 대한 태도 101, 식민지 혁명에 대한 태도 101, 102

프랑스 사회당(SFIO) 26, 70, 99

프레오브라젠스키(Preobrazhensky, Y) 176, 206, 225, 329~331

프로사르(Frossard, L O) 76, 100, 101

프뢸리히(Frölich, P) 32, 38, 39

피셔(Fischer, R) 109, 110, 240, 243, 251, 255

ㅎ

하인드먼(Hyndman, H M) 117~121

헝가리 공산당 18, 28~31, 70

헝가리 혁명 22, 27~31

헤케르트(Heckert, F) 32, 250

기타

3월 행동 107~114, 158~172